SOM

MATHÉMATIQUES

ESPACE ET GÉOMÉTRIE

ALGORITHMIQUE ET PROGRAMMATION

SCIENCES ET TECHNOLOGIE

PHYSIQUE-CHIMIE

SVT

TECHNOLOGIE

FRANÇAIS

RÉUSSIR L'ÉPREUVE DU BREVET

COMPRENDRE LE FONCTIONNEMENT DE LA LANGUE

HISTOIRE • GÉOGRAPHIE • EMC

MÉTHODES POUR L'ÉPREUVE ORALE

Mathématiques

*Cochez la case
quand vous avez révisé ☑
la fiche ou la partie*

SOMMAIRE
MATHÉMATIQUES

CHECK LIST

ORGANISATION ET GESTION DE DONNÉES, FONCTIONS

GRANDEURS ET MESURES

ESPACE ET GÉOMÉTRIE

▷ **Triangle rectangle, trigonométrie et théorème de Pythagore**　　*OK* ☐

▷ **Configuration de Thalès**　　*OK* ☐

▷ **Transformations géométriques et triangles**　　*OK* ☐

▷ **Représentation de l'espace**　　*OK* ☐

ALGORITHMIQUE ET PROGRAMMATION

▷ **Écriture et exécution d'un programme simple**　　*OK* ☐

Maîtriser les quatre opérations élémentaires sur les nombres relatifs **1**

① *Nombre relatif*

▶ Un nombre relatif est composé de deux éléments : son **signe** et sa **distance à 0.**

EXEMPLES $+2,5$ est un nombre relatif positif dont la distance à 0 est 2,5. $-3,5$ est un nombre relatif négatif dont la distance à 0 est 3,5.

▶ Un nombre relatif peut être représenté sur une **droite graduée.**

② *Addition de nombres relatifs*

▶ La somme de deux nombres relatifs de **même signe** est un nombre relatif dont :
• le signe est le signe commun aux deux nombres ;
• la distance à 0 est la somme de leurs distances à 0.

EXEMPLES $(+2,4)+(+3,7)=+6,1$ et $(-4,4)+(-2,1)=-6,5$

▶ La somme de deux nombres relatifs de **signes contraires** est un nombre relatif dont :
• le signe est celui du nombre possédant la plus grande distance à 0 ;
• la distance à 0 est la différence de leurs distances à 0.

EXEMPLES $(-2,4)+(+3,7)=+1,3$ et $(-4,4)+(+2,1)=-2,3$

③ *Soustraction de nombres relatifs*

Pour soustraire un nombre relatif d'un autre nombre relatif, on lui ajoute son **opposé.**

EXEMPLES $(+5,25)-(+3,7)=(+5,25)+(-3,7)=+1,55$
et $(-5,25)-(+3,7)=(-5,25)+(-3,7)=-8,95$

④ *Multiplication, division de nombres relatifs*

▶ Le produit (ou la division) de deux nombres relatifs est un nombre relatif dont le signe est donné par la « **règle des signes** » et dont la distance à 0 est le produit (ou la division) de leurs distances à zéro.

▶ La « règle des signes » est la suivante :
• Le produit (ou la division) de deux nombres de même signe est positif.
• Le produit (ou la division) de deux nombres de signes différents est négatif.

EXEMPLES $(+5,25) \times (+2) = +10,5$ et $(+4,9) \times (-2) = -9,8$
$(+1,87) \div (-1,1) = -1,7$ et $(-4,48) \div (-3,2) = +1,4$

MÉTHODES

● **Calculer avec des nombres relatifs**

Compléter les égalités suivantes :

a. $(-5) \times (\ldots) = -7,5$ **b.** $(-3,7) - (\ldots) = +5,5$
c. $(-6,45) + (\ldots) = -7,5$ **d.** $(-6,45) \div (\ldots) = -1,5$

SOLUTION

a. $(-5) \times (+1,5) = -7,5$ **b.** $(-3,7) - (-9,2) = +5,5$
c. $(-6,45) + (-1,05) = -7,5$ **d.** $(-6,45) \div (+4,3) = -1,5$

● **Effectuer des calculs enchaînés**

On donne $x = -5$, $y = +3,2$, $z = -2,4$ et $t = +4,8$. Donner les écritures décimales des nombres suivants :

a. $A = \dfrac{x+y}{z-t}$ **b.** $B = \dfrac{3x - 2z}{-4y + 3t}$

CONSEILS

Calculez séparément le numérateur, puis le dénominateur de A. Déduisez-en alors A. Procédez de la même façon pour calculer B.

SOLUTION

a. Notons respectivement N_A et D_A le numérateur et le dénominateur de A.
$N_A = (-5) + (+3,2) = -1,8$
et $D_A = (-2,4) - (+4,8) = -7,2$.
Alors $A = \dfrac{-1,8}{-7,2}$, soit $A = +0,25$.

b. De même, nous avons $N_B = 3(-5) - 2(-2,4) = -10,2$
et $D_B = -4(+3,2) + 3(+4,8) = +1,6$.
Alors $B = \dfrac{-10,2}{+1,6} = -6,375$.

Utiliser diverses représentations d'un même nombre

2

1 Nombres entiers, décimaux et rationnels

▶ Un **nombre entier** est un nombre qui s'écrit sans décimales.

▶ Un **nombre décimal** est un nombre qui s'écrit avec un nombre fini de chiffres après la virgule.

▶ Un **nombre rationnel** (ou **fraction**) est un nombre qui peut s'écrire sous la forme $\dfrac{a}{b}$, où a et b sont des nombres entiers et $b \neq 0$.

▶ Les nombres rationnels dont le dénominateur est 10, 100, 1 000… sont appelés des **fractions décimales**.

EXEMPLES $\dfrac{7}{8}$; $\dfrac{-6}{13}$ et $\dfrac{5}{17}$ sont des nombres rationnels.

$\dfrac{34}{10}$; $\dfrac{5}{1\,000}$ et $\dfrac{-51}{100}$ sont des fractions décimales.

▶ Une **fraction irréductible** est une fraction qui ne peut pas être simplifiée.

EXEMPLES $\dfrac{5}{11}$ est une fraction irréductible. En revanche, $\dfrac{15}{33}$ n'est
pas une fraction irréductible (car
$\dfrac{15}{33} = \dfrac{3 \times 5}{3 \times 11} = \dfrac{5}{11}$).

> **À NOTER !** Tous les nombres ne sont pas rationnels !
> Les nombres irrationnels sont les nombres que l'on ne peut pas écrire sous la forme d'une fraction, par exemple $\sqrt{2}$ et π.

2 Puissances et racine carrée

▶ Soient a un nombre non nul et n un entier naturel positif.
Le produit de n facteurs égaux à a se note a^n (on dit « a **puissance n** ») :

$$a^n = \underbrace{a \times a \times \ldots \times a}_{n \text{ fois}}$$

a^{-n} est l'**inverse** de a^n. Donc $a^{-n} = \dfrac{1}{a^n}$.

EXEMPLES $10^3 = 10 \times 10 \times 10 = 1\,000$; $5^3 = 5 \times 5 \times 5 = 125$;
$10^{-2} = \dfrac{1}{10^2} = \dfrac{1}{100} = 0{,}01$.

▶ Soit a un nombre positif. La ==racine carrée== du nombre a est le nombre positif dont le carré est égal à a. On le note $\sqrt{a}$.

EXEMPLES $\sqrt{25} = 5$; $\sqrt{56,25} = 7,5$.

③ Notation scientifique

Tout nombre positif x peut s'écrire sous la forme : $x = a \times 10^n$ où $1 \leqslant a < 10$ et n est un entier relatif.

EXEMPLES $2,7512 \times 10^2$ est l'écriture scientifique de $275,12$.
$5,4 \times 10^{-3}$ est l'écriture scientifique de $0,0054$.

MÉTHODES

● Écrire des nombres en notation scientifique

Écrire $C = 0,00000543$; $D = 432,65$ et $E = 21,65 \times 10^3$ en notation scientifique.

SOLUTION

$$C = \frac{5,43}{1\,000\,000} = \frac{5,43}{10^6}, \text{ soit } C = 5,43 \times 10^{-6} \left(\text{rappel } \frac{1}{10^n} = 10^{-n}\right).$$

De même, $D = 4,3265 \times 10^2$ et $E = 2,165 \times 10^4$.

● Passer d'une écriture décimale à une écriture fractionnaire, et inversement

a. Soit $A = \dfrac{7}{4}$. Donner une écriture décimale de A.

b. Soit $B = 2,3$. Donner une écriture fractionnaire de B.

c. Soit $C = \dfrac{11}{3}$. Donner une écriture décimale de C.

SOLUTION

a. $A = 1,75$.   **b.** $B = \dfrac{23}{10}$.

c. $C = \dfrac{11}{3} \approx 3,66666...$ Le nombre de chiffres après la virgule n'est pas fini, donc C n'a pas d'écriture décimale.

● Utiliser des puissances de 10

La distance de la Terre à la Lune est environ égale à $d_1 = 384\,000$ km et celle de la Terre au Soleil à environ $d_2 = 149\,600\,000$ km. Donner l'écriture scientifique de ces deux distances.

SOLUTION

$d_1 = 3,84 \times 10^5$ km et $d_2 = 1,496 \times 10^8$ km.

▶ Calculer avec des fractions

3

❶ Règles de calcul sur les fractions

▶ Pour **additionner** (ou **soustraire**) deux fractions, on les réduit au même dénominateur, puis on additionne (ou on soustrait) les numérateurs et on conserve le dénominateur commun.

▶ Pour **multiplier** deux fractions, on multiplie les numérateurs entre eux et les dénominateurs entre eux.

▶ Pour **diviser** deux fractions, on multiplie la fraction numérateur par l'inverse de la fraction dénominateur.

❷ Règles de priorité

Dans une expression qui comporte plusieurs opérations, on effectue les calculs dans l'ordre suivant :

1. Commencer toujours par effectuer les calculs entre parenthèses (s'il en existe !).

2. Effectuer toujours les multiplications et les divisions avant les additions et les soustractions.

3. S'il n'y a que des additions et des soustractions, les effectuer dans l'ordre où elles sont indiquées.

S'il n'y a que des multiplications et des divisions, les effectuer dans l'ordre où elles sont indiquées.

EXEMPLE $B = \left(-\dfrac{3}{4} + \dfrac{1}{4} \right) \times \dfrac{1}{2} - \dfrac{5}{8}$, soit $B = -\dfrac{2}{4} \times \dfrac{1}{2} - \dfrac{5}{8}$ ou

$B = -\dfrac{2}{8} - \dfrac{5}{8} = -\dfrac{7}{8}$.

❸ Inverse, opposé

▶ Deux nombres sont **opposés** si leur somme est nulle.

EXEMPLES $- 5$ est l'opposé de 5 ;

$-\dfrac{1}{3}$ est l'opposé de $\dfrac{1}{3}$.

> **ATTENTION !** Ne pas confondre l'opposé et l'inverse d'un nombre.

▶ Deux nombres sont **inverses** si leur produit est 1.

EXEMPLES $\dfrac{1}{5}$ est l'inverse de 5 ; $-\dfrac{1}{3}$ est l'inverse de $- 3$.

● Calculer avec des fractions

Soient les fractions $A = \dfrac{7}{9}$; $B = -\dfrac{2}{7}$; $C = \dfrac{5}{3}$; $D = -\dfrac{9}{14}$.

Calculer $E = A + B$; $F = D - C$; $G = A \times B$ et $H = \dfrac{C}{D}$.

■ SOLUTION

- $E = \dfrac{7}{9} - \dfrac{2}{7}$, soit $E = \dfrac{49}{63} - \dfrac{18}{63}$ ou encore $E = \dfrac{31}{63}$.

- $F = -\dfrac{9}{14} - \dfrac{5}{3}$, soit $F = -\dfrac{27}{42} - \dfrac{70}{42}$ ou encore $F = -\dfrac{97}{42}$.

- $G = \dfrac{7}{9} \times \left(-\dfrac{2}{7} \right)$, soit $G = \dfrac{7 \times (-2)}{9 \times 7}$ ou encore $G = -\dfrac{2}{9}$.

- $H = \dfrac{\dfrac{5}{3}}{-\dfrac{9}{14}}$, soit $H = \dfrac{5}{3} \times \left(-\dfrac{14}{9} \right)$ d'où $H = -\dfrac{70}{27}$.

● Utiliser les règles de priorité

Soient les expressions $A = \left(2 - \dfrac{3}{2} \right)\left(\dfrac{2}{3} - 3 \right)$ et $B = \dfrac{3}{10} + \dfrac{3}{7} \div \dfrac{5}{14}$.

Calculer A et B en donnant les résultats sous la forme de fractions irréductibles.

■ SOLUTION

- On commence par effectuer les calculs entre parenthèses. Pour cela réduisons les fractions au même dénominateur :

$$A = \left(\dfrac{4}{2} - \dfrac{3}{2} \right)\left(\dfrac{2}{3} - \dfrac{9}{3} \right) = \left(\dfrac{4 - 3}{2} \right) \times \left(\dfrac{2 - 9}{3} \right),$$

soit $A = \left(\dfrac{1}{2} \right) \times \left(-\dfrac{7}{3} \right)$.

Multiplions les numérateurs entre eux et les dénominateurs entre eux :

$$A = \dfrac{1 \times (-7)}{2 \times 3} \text{ ou encore } A = -\dfrac{7}{6}.$$

- Diviser par $\dfrac{5}{14}$, c'est multiplier par $\dfrac{14}{5}$. D'où $B = \dfrac{3}{10} + \dfrac{3}{7} \times \dfrac{14}{5}$.

On effectue la multiplication en premier :

$$B = \dfrac{3}{10} + \dfrac{3 \times 14}{7 \times 5} = \dfrac{3}{10} + \dfrac{6}{5} = \dfrac{3}{10} + \dfrac{12}{10}, \text{ soit } B = \dfrac{3}{2}.$$

▶ Rechercher des multiples et des diviseurs

4

1 *Multiples et diviseurs*

▶ L'entier naturel non nul a est un **multiple** de l'entier naturel b s'il existe un entier m tel que $a = m \times b$.

EXEMPLE 91 est un multiple de 13 car $91 = 7 \times 13$ (91 est aussi un multiple de 7).

▶ L'entier naturel non nul d est un **diviseur** de l'entier naturel a si la division de a par d se fait exactement, c'est-à-dire sans reste.

EXEMPLES

• 5 est un diviseur de 15, car la division de 15 par 5 ne donne pas de reste.

> À SAVOIR ! Le nombre 1 est un diviseur de tous les nombres !

• 11 n'est pas un diviseur de 28, car la division de 28 par 11 donne un reste qui vaut 6 (→ FICHE 5).

2 *Critères de divisibilité par 2, par 3, par 4, par 5 et par 10*

Un entier naturel est divisible :

• **par 2** si son chiffre des unités est 0 ou un nombre pair.

EXEMPLE 146 est divisible par 2 car ce nombre se termine par 6, qui est un nombre pair.

• **par 3** si la somme de ses chiffres est un multiple de 3.

EXEMPLE 258 est divisible par 3, car $2 + 5 + 8 = 15$, qui est un multiple de 3.

• **par 4** si le nombre formé par ses deux derniers chiffres est un multiple de 4.

EXEMPLE 5 468 est divisible par 4 car 68 est divisible par 4.

• **par 5** s'il se termine par 0 ou 5.

EXEMPLE 285 est divisible par 5 car ce nombre se termine par le chiffre 5.

• **par 10** s'il se termine par 0.

EXEMPLE 750 est divisible par 10 car ce nombre se termine par le chiffre 0.

> À SAVOIR ! Ces critères sont à connaître par cœur ! Ils permettent de gagner beaucoup de temps !

Rechercher des multiples communs de deux entiers naturels

Soient les entiers 15 et 18. Trouver leur(s) multiple(s) commun(s) inférieurs à 140.

SOLUTION

Les multiples de 15 inférieurs à 140 sont :
15 ; 30 ; 45 ; 60 ; 75 ; 90 ; 105 ; 120 et 135.
Les multiples de 18 inférieurs à 140 sont :
18 ; 36 ; 54 ; 72 ; 90 ; 108 et 126.
Conclusion : il existe un seul multiple commun à 15 et 18 qui soit inférieur à 140. Il s'agit de 90.

Rechercher les diviseurs d'un entier naturel

Quels sont les 12 diviseurs du nombre 60 ?

SOLUTION

Nous pouvons remarquer que $60 = 2 \times 2 \times 3 \times 5$.
Les diviseurs de 60 sont :
1 ; 2 ; 3 ; 4 ; 5 ; 6 ; 10 ; 12 ; 15 ; 20 ; 30 et 60.

Résoudre un problème grâce à la divisibilité

Deux coureurs cyclistes A et B parcourent, à vitesse constante et dans le même sens, une piste circulaire. Ils partent en même temps du même point. A effectue un tour de piste en 20 s et B a besoin de 25 s pour faire lui aussi un tour de piste.

a. Au bout de combien de temps A et B repasseront-ils pour la première fois en même temps au point de départ ?
b. Combien chaque coureur aura-t-il effectué de tours de piste quand ils passeront en même temps sur la ligne de départ pour la première fois ?

SOLUTION

a. Les multiples de 20 sont : 20 ; 40 ; 60 ; 80 ; 100 ; 120, etc.
Les multiples de 25 sont : 25 ; 50 ; 75 ; 100 ; 125, etc.
Le plus petit multiple commun de 20 et de 25 est 100. Après 100 s, A et B repassent pour la première fois ensemble au point de départ.
b. On remarque que $100 = 5 \times 20 = 4 \times 25$.
Au bout de 100 s, A a effectué 5 tours de piste tandis que B en a effectué 4.

Comprendre les nombres premiers 5

1 Division euclidienne

Lorsque l'on divise un entier naturel a par un entier naturel b, on trouve un entier naturel q et il reste un entier naturel r.

On a alors la relation $a = b \times q + r$.

a est le dividende, b est le diviseur, q est le quotient et r le reste.

EXEMPLE Si on divise 69 par 19, on trouve le quotient 3 et il reste 12.
On a $69 = 19 \times 3 + 12$.

2 Nombres premiers

▶ Un **nombre premier** est un entier naturel divisible **seulement** par lui-même et par 1.

> **À SAVOIR !** Un entier est divisible par un autre entier si le reste est nul dans la division euclidienne de ces deux nombres.

EXEMPLES

• 31 est un nombre premier car il est divisible seulement par 31 et 1.
• 35 n'est pas un nombre premier car il est divisible, entre autres, par 5.

▶ Il existe 25 nombres premiers inférieurs à 100. Ce sont les nombres : 2 ; 3 ; 5 ; 7 ; 11 ; 13 ; 17 ; 19 ; 23 ; 29 ; 31 ; 37 ; 41 ; 43 ; 47 ; 53 ; 59 ; 61 ; 67 ; 71 ; 73 ; 79 ; 83 ; 89 et 97.

▶ Décomposer un nombre n en un **produit de facteurs premiers**, c'est écrire ce nombre en un produit de nombres premiers.

EXEMPLES

La décomposition en produit de facteurs premiers de $n = 42$ est :
$n = 2 \times 3 \times 7$. Pour $n = 3\,300$, on a : $n = 2^2 \times 3 \times 5^2 \times 11$.

● Décomposer un nombre en produit de facteurs premiers

Décomposer le nombre 84 en un produit de facteurs premiers.

CONSEILS

Essayez de diviser le nombre donné par les nombres premiers successifs en commençant par le plus petit (c'est-à-dire 2). Arrêtez-vous quand le quotient vaut 1 !

$$\text{Quotients obtenus} \atop \text{successivement} \left\{ \begin{array}{c|c} \mathbf{84} & 2 \\ 42 & 2 \\ 21 & 3 \\ 7 & 7 \\ \mathbf{1} & \end{array} \right\} \text{Diviseurs du nombre,} \atop \text{dans l'ordre croissant}$$

Nous obtenons donc $84 = 2 \times 2 \times 3 \times 7$ ou encore
$84 = 2^2 \times 3 \times 7$.

Simplifier une fraction

Rendre la fraction $F = \dfrac{168}{140}$ irréductible.

CONSEILS

Commencez par décomposer le numérateur et le dénominateur de la fraction en produits de facteurs premiers.

SOLUTION

$168 = 2 \times 2 \times 2 \times 3 \times 7 = 2^3 \times 3 \times 7$ et
$140 = 2 \times 2 \times 5 \times 7 = 2^2 \times 5 \times 7$.

Alors : $F = \dfrac{2 \times 2 \times 2 \times 3 \times 7}{2 \times 2 \times 5 \times 7}$, soit après simplification

$F = \dfrac{2 \times 3}{5}$ ou encore $F = \dfrac{6}{5}$.

Trouver des nombres premiers jumeaux

a. Deux nombres entiers naturels successifs peuvent-ils être premiers ? Pourquoi ?

b. Deux nombres premiers jumeaux sont deux nombres premiers dont la différence vaut 2. Citer 3 paires de nombres premiers jumeaux.

SOLUTION

a. 2 et 3 sont deux nombres entiers consécutifs qui sont premiers. Cependant, lorsqu'on considère deux entiers naturels consécutifs et supérieurs à 3, l'un d'eux est nécessairement pair, donc divisible par 2. Alors ce nombre ne peut pas être premier. Donc, à part 2 et 3, il n'est pas possible que deux nombres consécutifs soient tous les deux premiers.

b. Il existe beaucoup de paires de nombres premiers jumeaux, par exemple (3 ; 5), (11 ; 13) et (29 ; 31).

▶ Appliquer des identités remarquables   **6**

● *Identités remarquables*

Quels que soient les nombres réels a et b, nous avons :

- $(a + b)^2 = a^2 + 2ab + b^2$ (1)
- $(a - b)^2 = a^2 - 2ab + b^2$ (2)
- $a^2 - b^2 = (a + b)(a - b)$ (3)

REMARQUE N'oubliez pas que les identités remarquables se lisent **dans les deux sens**. Par exemple, (3) peut se lire : $(a + b)(a - b) = a^2 - b^2$.

● *Reconnaître les identités remarquables*

Compléter les égalités suivantes :

a. $(2x + \ldots)^2 = \ldots + \ldots + 49$

b. $(\ldots - 3)^2 = \ldots - 24y + \ldots$

c. $(\ldots - \ldots)^2 = 64z^2 - 80z + \ldots$

d. $9y^2 - 84y + \ldots = (\ldots - \ldots)^2$

▸ **CONSEILS**

Écrivez côte à côte l'égalité donnée et l'identité remarquable qui lui ressemble le plus.

▸ **SOLUTION**

a. $(2x + \ldots)^2 = \ldots + \ldots + 49$ ressemble à

$(a + b)^2 = a^2 + 2ab + b^2$.

Nous remarquons alors que $a = 2x$ et $b = +7$.

Conclusion : $(2x + 7)^2 = 4x^2 + 28x + 49$.

b. $(\ldots - 3)^2 = \ldots - 24y + \ldots$ ressemble à

$(a - b)^2 = a^2 - 2ab + b^2$.

Nous remarquons alors que $b = 3$ et $2ab = 24y$.

En remplaçant b par 3, nous avons $6a = 24y$, soit $a = 4y$.

Conclusion : $(4y - 3)^2 = 16y^2 - 24y + 9$.

c. $(\ldots - \ldots)^2 = 64z^2 - 80z + \ldots$ ressemble à

$(a - b)^2 \quad = a^2 \quad - 2ab + b^2$

avec $a^2 = 64z^2$ et $2ab = 80z$, soit $ab = 40z$.

Alors nous pouvons prendre $a = 8z$ et $b = 5$.

Conclusion : $(8z - 5)^2 = 64z^2 - 80z + 25$.

d. $9y^2 - 84y + \ldots = (\ldots - \ldots)^2$ ressemble à

$(a - b)^2 = a^2 - 2ab + b^2$

avec $9y^2 = a^2$ et $84y = 2ab$ ou $42y = ab$.

Alors nous pouvons prendre $a = 3y$ et $b = 14$.

Conclusion : $9y^2 - 84y + 196 = (3y - 14)^2$.

Utiliser les identités remarquables pour calculer mentalement

Calculer A, B et C sans utiliser de calculatrice.

$A = 101 \times 99 \qquad B = 29^2 \qquad C = 51^2$

SOLUTION

• Nous avons $A = (100 + 1) \times (100 - 1)$.

Nous savons que $(a + b)(a - b) = a^2 - b^2$.

Alors $A = 100^2 - 1^2$ ou encore $A = 10\,000 - 1 = 9\,999$.

• $B = (30 - 1)^2$ et nous savons que $(a - b)^2 = a^2 - 2ab + b^2$.

Alors $B = 30^2 - 2 \times 30 \times 1 + 1^2$ ou encore $B = 900 - 60 + 1$, soit $B = 841$.

• $C = (50 + 1)^2$ et nous savons que $(a + b)^2 = a^2 + 2ab + b^2$.

Alors $C = 50^2 + 2 \times 50 \times 1 + 1^2$ ou encore $C = 2500 + 100 + 1$, soit $C = 2\,601$.

À NOTER ! Vous pouvez vérifier tous ces résultats avec votre calculatrice.

Développer puis réduire des expressions

7

① *Développer une expression*

Développer, c'est transformer un produit en somme.

Pour cela, on utilise soit la propriété de **distributivité** soit les **identités remarquables** (→ FICHE 6).

② *Propriété de distributivité*

La multiplication est distributive par rapport à l'addition, c'est-à-dire que, quels que soient les nombres a, b, c et d, on a :

- $a \times (b + c) = a \times b + a \times c$
- $(a + b) \times (c + d) = a \times c + a \times d + b \times c + b \times d$

MÉTHODES

● *Développer à l'aide de la propriété de distributivité*

Développer puis réduire les expressions suivantes :

$A = 5x(2x - 4)$

$B = (2x - 5)(- 4x + 3)$

$C = (x^2 - x + 1)(x + 1)$

CONSEILS

- Pour développer, appliquez la distributivité.
- Pour réduire, effectuez les sommes algébriques de même nature.

Par exemple : $5x^2 - 2x^2 = (5 - 2)x^2 = 3x^2$.

SOLUTION

- $A = 5x \times 2x - 5x \times 4$

  $= 10x^2 - 20x$

- $B = 2x \times (- 4x) + 2x \times 3 - 5 \times (- 4x) - 5 \times 3$,

soit $B = - 8x^2 + 26x - 15$.

- $C = x^2 \times x + x^2 \times 1 - x \times x - x \times 1 + x \times 1 + 1 \times 1$

  $= x^3 + x^2 - x^2 - x + x + 1$,

soit $C = x^3 + 1$.

● Développer à l'aide des identités remarquables

Développer puis réduire les expressions suivantes :

$A = 2(2x + 3)^2$ $\qquad\qquad$ $B = (1 + 3x)(1 - 3x)$

$C = (3 - 4x)^2 - 5x(3 - 4x)$

SOLUTION

• Utilisons l'identité remarquable $(a + b)^2 = a^2 + 2ab + b^2$
avec $a = 2x$ et $b = 3$:

$A = 2\left[(2x)^2 + 2 \times 2x \times 3 + 3^2\right]$

$A = 2(4x^2 + 12x + 9)$ ou encore $A = 8x^2 + 24x + 18$.

• Utilisons l'identité remarquable $(a + b) \times (a - b) = a^2 - b^2$
avec $a = 1$ et $b = 3x$:

$B = 1^2 - (3x)^2$, soit $B = 1 - 9x^2$.

• Pour développer $(3 - 4x)^2$, utilisons l'identité remarquable
$(a - b)^2 = a^2 - 2ab + b^2$ avec $a = 3$ et $b = 4x$; pour développer
$5x(3 - 4x)$, utilisons la distributivité :

$C = (9 - 24x + 16x^2) - (15x - 20x^2)$

$C = 9 - 24x + 16x^2 - 15x + 20x^2$

ou encore $C = 36x^2 - 39x + 9$.

● Développer pour mieux calculer mentalement

1. Développer puis réduire l'expression $E = (n + 1)^2 - (n - 1)^2$.

2. En déduire, sans calculatrice, le nombre $F = 51^2 - 49^2$.

SOLUTION

1. Utilisons l'identité remarquable $a^2 - b^2 = (a + b)(a - b)$ avec
$a = n + 1$ et $b = n - 1$:

$E = [(n + 1) + (n - 1)][(n + 1) - (n - 1)]$,

soit $E = [n + 1 + n - 1][n + 1 - n + 1]$ ou encore $E = 4n$.

Nous avons démontré que $E = (n + 1)^2 - (n - 1)^2 = 4n$.

2. Remplaçons n par 50 dans l'expression E.

Alors : $(50 + 1)^2 - (50 - 1)^2 = 4 \times 50$.

Le nombre F est égal à 200.

► Factoriser des expressions

8

1 *Factoriser une expression*

Factoriser, c'est transformer une somme en produit.
Pour cela, on utilise soit la propriété de **distributivité**, soit les **identités remarquables** (→ FICHE 6).

2 *Propriété de distributivité*

Quels que soient les nombres a, b, c, d, e et f, on a :
- $a \times b + a \times c = a \times (b + c)$
- $(ax + b)(cx + d) + (ax + b)(ex + f)$
  $= (ax + b)\big[(cx + d) + (ex + f)\big]$

MÉTHODES

● *Factoriser à l'aide de la propriété de distributivité*

Factoriser les expressions suivantes :
$A = 3x^2 - 9x$
$B = (2x + 7)^2 - 3(2x + 7)(-x + 1)$

CONSEILS

- Pour factoriser A, remarquez que $3x$ est un facteur commun.
- Pour factoriser B, remarquez que $(2x + 7)$ est un facteur commun.

SOLUTION

- $A = 3x \times x - 3x \times 3$

Mettons $3x$ en facteur. Alors $A = 3x(x - 3)$.

- $B = (2x + 7)(2x + 7) - 3(2x + 7)(-x + 1)$

Mettons $(2x + 7)$ en facteur :
$B = (2x + 7)\big[(2x + 7) - 3(-x + 1)\big]$
$B = (2x + 7)(2x + 7 + 3x - 3)$
$B = (2x + 7)(5x + 4)$

● Factoriser à l'aide des identités remarquables

Factoriser les expressions suivantes :

$C = 9x^2 - 30x + 25$

$D = 64x^2 - 121$

$E = (-z + 3)^2 - (4 + 3z)^2$

$F = 4 - 9x^2 + (2 + 3x)(-5x + 8)$

SOLUTION

• $C = (3x)^2 - 2 \times (3x) \times 5 + 5^2$, donc $C = (3x - 5)^2$.

• $D = (8x)^2 - (11)^2$, donc $D = (8x + 11)(8x - 11)$.

À NOTER ! Pour reconnaître les identités remarquables, commencez par repérer les nombres élevés au carré.

• Posons $a = -z + 3$ et $b = 4 + 3z$, alors l'identité remarquable $a^2 - b^2 = (a + b)(a - b)$ permet d'écrire :

$E = [(-z + 3) + (4 + 3z)][(-z + 3) - (4 + 3z)]$

$E = (-z + 3 + 4 + 3z)(-z + 3 - 4 - 3z)$

$E = (2z + 7)(-4z - 1)$.

• Posons $G = 4 - 9x^2$.

On a $G = 2^2 - (3x)^2$, soit $G = (2 + 3x)(2 - 3x)$ d'après l'identité remarquable $a^2 - b^2 = (a + b)(a - b)$.

Alors : $F = (2 + 3x)(2 - 3x) + (2 + 3x)(-5x + 8)$.

$F = (2 + 3x)[(2 - 3x) + (-5x + 8)]$,

soit $F = (2 + 3x)(-8x + 10)$.

AIDE Gardez sous les yeux les différentes identités remarquables (sur une fiche par exemple) lorsque vous essayez de résoudre ces exercices.

Résoudre une équation du premier degré

9

1 Résoudre une équation

Résoudre une équation, c'est trouver la ou les valeurs de l'inconnue (souvent désignée par x) vérifiant l'équation.
On obtient ainsi **la ou les solutions** de l'équation.

2 Équation produit

▶ Une **équation produit** est une équation de la forme $(ax + b)(cx + d) = 0$, où a, b, c et d sont donnés et x est l'inconnue.

▶ Pour la résoudre, on utilise le théorème suivant :

THÉORÈME Si un **produit de facteurs est nul**, alors l'un au moins des facteurs est nul. Ou encore, si $A \times B = 0$, alors $A = 0$ ou $B = 0$.

MÉTHODES

● Résoudre une équation du type ax + b = 0

Résoudre les équations suivantes :
a. $3x + 1 = 0$ **b.** $5x = 0$ **c.** $5 - 2(-2x + 3) + [4 - 2(x + 2)] = 9$

> **CONSEILS**
>
> Si aucune factorisation n'est possible, alors il peut être utile de :
> **1.** développer les produits dans les deux membres ;
> **2.** regrouper les termes relatifs à l'inconnue dans un membre et les termes connus dans l'autre membre ;
> **3.** simplifier afin d'obtenir une équation de la forme $ax = b$.
>
> Si $a \neq 0$, alors l'équation admet $x = \dfrac{b}{a}$ pour solution.

> **SOLUTION**
>
> **a.** $3x + 1 = 0$ ou encore $3x = -1$, soit $x = -\dfrac{1}{3}$.
>
> **b.** La solution est $x = 0$.
>
> **c.** Développons puis réduisons :
> $5 + 4x - 6 + 4 - 2x - 4 = 9$
> $4x - 2x = 9 - 5 + 6$, soit $2x = 10$.
> Conclusion : 5 est la solution de l'équation.

IMPORTANT !
N'oubliez pas de vérifier les résultats obtenus !

● *Résoudre une équation produit*

Résoudre les équations suivantes :

a. $(-3x + 4)(2x + 9) = 0$

b. $(5x - 3)^2 - 4x(5x - 3) = 0$

c. $(-7x + 9)^2 - (2x - 3)^2 = 0$

◢ CONSEILS

Factorisez afin d'obtenir un produit de facteurs nul.

◢ SOLUTION

a. Puisque nous avons un produit de facteurs nul, alors l'un au moins des facteurs est nul, donc : $-3x + 4 = 0$, soit $x = \dfrac{4}{3}$, ou bien $2x + 9 = 0$, soit $x = -\dfrac{9}{2}$.

Conclusion : les solutions de l'équation sont $-\dfrac{9}{2}$ et $\dfrac{4}{3}$.

b. Nous pouvons mettre $(5x - 3)$ en facteur :

$(5x - 3)\big[(5x - 3) - 4x\big] = 0$

$(5x - 3)(x - 3) = 0$

Puisque nous avons un produit de facteurs nul, alors l'un au moins des facteurs est nul. Donc : $5x - 3 = 0$, soit $x = \dfrac{3}{5}$, ou bien $x - 3 = 0$, soit $x = 3$.

Conclusion : les solutions de l'équation sont $\dfrac{3}{5}$ et 3.

c. En utilisant l'identité remarquable $a^2 - b^2 = (a + b)(a - b)$ avec $a = -7x + 9$ et $b = 2x - 3$, on obtient :

$\big[(-7x + 9) + (2x - 3)\big]\big[(-7x + 9) - (2x - 3)\big] = 0$

ou encore, après simplification, $(-5x + 6)(-9x + 12) = 0$.

Puisque nous avons un produit de facteurs nul, alors l'un au moins des facteurs est nul.

Donc : $-5x + 6 = 0$, soit $x = \dfrac{6}{5}$,

ou bien $-9x + 12 = 0$, soit $x = \dfrac{4}{3}$.

Conclusion : les solutions de l'équation sont donc $\dfrac{6}{5}$ et $\dfrac{4}{3}$.

Résoudre une inéquation du premier degré

10

❶ Solutions d'une inéquation

▶ Résoudre une inéquation, c'est trouver la ou les valeurs de l'inconnue (souvent désignée par x) vérifiant l'inéquation.
On obtient ainsi **la ou les solutions** de l'inéquation.

▶ On peut **représenter** l'ensemble des solutions sur une droite graduée.

❷ Règles

▶ On peut ajouter ou soustraire un même nombre à chacun des membres d'une inéquation.

▶ On peut multiplier ou diviser chacun des membres d'une inéquation par un même nombre non nul.
ATTENTION ! Si ce nombre est positif, on conserve le sens de l'inégalité. Si ce nombre est négatif, on **change le sens** de l'inégalité.

MÉTHODES

● Résoudre une inéquation

Résoudre l'inéquation suivante :
$3(-2x + 3) \geqslant 8 - (7 - 5x)$

CONSEILS

1. Après simplification de chaque membre de l'inéquation, isolez les termes relatifs à l'inconnue dans un membre.
2. Simplifiez afin d'obtenir une inéquation de la forme $ax < b$ (ou $ax > b$), les inégalités pouvant être aussi au sens large.
3. Concluez par une phrase ou à l'aide d'une droite graduée.

SOLUTION

Développons chaque membre de l'inéquation :
$-6x + 9 \geqslant 8 - 7 + 5x$.
Isolons l'inconnue : $-6x - 5x \geqslant 1 - 9$ ou encore $-11x \geqslant -8$.

Divisons chaque membre de l'inégalité par -11 en changeant le sens de l'inégalité, on obtient : $x \leqslant \dfrac{-8}{-11}$, soit $x \leqslant \dfrac{8}{11}$.

Conclusion : les solutions de l'inéquation sont tous les nombres inférieurs ou égaux à $\dfrac{8}{11}$. Ils sont représentés par la partie hachurée :

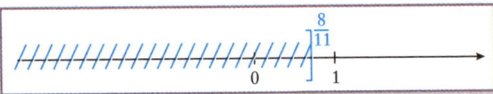

● *Reconnaître des inéquations ayant les mêmes solutions*

Parmi les trois inéquations suivantes, deux (et deux seulement) admettent les mêmes solutions. Quelle est l'inéquation qui n'admet pas les mêmes solutions que les deux autres ?

a. $-\dfrac{5x}{2} + \dfrac{5}{2} < \dfrac{x}{2} - 20$ **b.** $\dfrac{x}{15} - 7 > -6,5$

c. $5x \times 10^{-2} + 9 + 0,3x < 9,375 + \dfrac{4,5x}{15}$

◖ SOLUTION

a. Multiplions par 2 chaque membre de l'inéquation.
Nous obtenons $-5x + 5 < x - 40$.
Isolons l'inconnue : $-5x - x < -40 - 5$, soit $-6x < -45$.
Nous obtenons $x > \dfrac{-45}{-6}$ ou encore $x > 7,5$.
Les solutions de l'inéquation sont tous les nombres supérieurs à 7,5.

b. Ajoutons 7 à chaque membre de l'inéquation.
Nous obtenons $\dfrac{x}{15} > -6,5 + 7$ ou encore $\dfrac{x}{15} > 0,5$.
Multiplions par 15 chaque membre de l'inéquation.
Nous obtenons $x > 7,5$.
Les solutions de l'inéquation sont tous les nombres supérieurs à 7,5.

c. Nous avons $0,05x + 9 + 0,3x < 9,375 + 0,3x$ ou encore, après simplification : $0,05x < 9,375 - 9$, soit $x < \dfrac{0,375}{0,05}$.
Les solutions de l'inéquation sont tous les nombres inférieurs à 7,5.

Conclusion : l'inéquation **c** n'admet pas les mêmes solutions que les autres ; c'est l'intruse cherchée.

Mettre un problème en équation

11

Les différentes étapes pour mettre un problème en équation

1. Choisir l'inconnue (la plupart du temps, on choisit pour inconnue le nombre recherché dans le problème).

ATTENTION ! Parfois, il est nécessaire d'effectuer des calculs avant de pouvoir formuler l'équation.

2. Traduire l'énoncé du problème par une **équation**.

3. Résoudre l'équation obtenue.

4. Conclure.

MÉTHODES

Mettre un problème en équation

Lors d'un match de basket-ball, John Smith a marqué 33 points en tout.

Il a réussi 5 lancers francs rapportant 1 point chacun, un certain nombre de paniers à 3 points chacun et deux fois plus de paniers à 2 points chacun que de paniers à 3 points.

Combien John Smith a-t-il marqué de paniers à 2 points chacun ?

CONSEILS

Notez au brouillon les nombres de paniers et de points rapportés pour chaque type de lancer, quand l'énoncé les donne. Ensuite, suivez les étapes indiquées dans le rappel de cours.

SOLUTION

1. Choix de l'inconnue : soit x le nombre de paniers à 2 points.

2. Traduction de l'énoncé du problème par une équation :

On sait que ce basketteur a réussi :

- x paniers à 2 points qui lui ont rapporté $x \times 2$ points ;
- $\dfrac{x}{2}$ paniers à 3 points qui lui ont rapporté $\dfrac{x}{2} \times 3$ points ;
- 5 lancers francs à 1 point qui lui ont rapporté 5 points.

Nous avons donc $\dfrac{x}{2} \times 3 + x \times 2 + 5 = 33$.

3. Résolution de l'équation obtenue :

$1,5x + 2x = 33 - 5$, soit $3,5x = 28$ ou encore $x = \dfrac{28}{3,5}$

donc $x = 8$.

4. Conclusion : John Smith a marqué 8 paniers à 2 points.

De plus, on peut vérifier que $\dfrac{8}{2} \times 3 + 8 \times 2 + 5 = 33$.

● Vérifier si la réponse est plausible

Aujourd'hui Zoé a 12 ans et Antoine en a 42. Dans combien d'années l'âge d'Antoine sera-t-il le quadruple de celui de Zoé ?

> **CONSEILS**
>
> Traduisez le problème en équation, résolvez-la et vérifiez si la solution a un sens.

> **SOLUTION**

Soit x le nombre d'années dans lequel Antoine aura le quadruple de l'âge de Zoé.

Dans x années, Antoine aura $42 + x$ ans et Zoé sera âgée de $12 + x$ ans. On recherche donc à résoudre l'équation :
$42 + x = 4 \times (12 + x)$.

Nous avons $42 + x = 4 \times 12 + 4x$, soit $42 + x = 48 + 4x$ ou encore $3x = -6$.

Cette équation admet pour solution $x = -2$.

Conclusion : l'équation admet mathématiquement une solution, mais le problème posé est impossible car x représente un nombre d'années dans le futur. Il ne peut donc pas être négatif ici !

L'âge d'Antoine ne sera jamais le quadruple de celui de Zoé. Cet événement s'est déjà déroulé… il y a 2 ans !

> **ATTENTION !** De façon générale, il faut toujours regarder la cohérence du résultat, son interprétation, son ordre de grandeur…

● *Conjecturer, puis vérifier la conjecture*

▶ Une **conjecture** est une supposition, une hypothèse que l'on pressent être vraie.

▶ **Valider une conjecture** signifie **démontrer** qu'elle est exacte.

▶ **Réfuter une conjecture** signifie **démontrer** qu'elle est fausse.

> **ATTENTION !** Une conjecture vérifiée par un exemple n'est pas nécessairement vraie en général. En revanche, un contre-exemple suffit pour réfuter une conjecture.

● *Émettre puis démontrer une conjecture*

Voici un programme de calcul.
- Prendre un nombre.
- Lui ajouter 0,5.
- Élever au carré le dernier résultat.
- Ajouter – 0,25.
- Enlever le carré du nombre de départ.

a. Appliquer ce programme de calcul aux nombres $3, -2, \dfrac{5}{2}$.

b. Que remarquez-vous ? Que pouvez-vous alors conjecturer ?

c. Démontrer cette conjecture.

SOLUTION

a. Avec 3 comme nombre de départ, on obtient les différents résultats suivants : $3 \to 3,5 \to 12,25 \to 12 \to 3$.

Avec – 2 au départ, on obtient : $-2 \to -1,5 \to 2,25 \to 2 \to -2$.

Avec $\dfrac{5}{2}$ au départ, on obtient :

$$\frac{5}{2} \to 3 \to 9 \to 8,75 \to 2,5 \left(\text{ou } \frac{5}{2} \right).$$

b. Pour les trois nombres choisis, nous remarquons que le résultat obtenu est égal au nombre de départ.

Nous pouvons alors conjecturer que ce programme donne pour résultat final le nombre de départ, quel que soit ce nombre.

c. On choisit x comme nombre de départ.

On lui ajoute 0,5 : on obtient $x + 0,5$.

On élève au carré : on trouve $(x + 0,5)^2$, c'est-à-dire $x^2 + x + 0,25$ en appliquant l'identité remarquable $(a + b)^2 = a^2 + 2ab + b^2$.

On ajoute $-0,25$: on obtient $x^2 + x$.

On enlève le carré du nombre de départ, c'est-à-dire x^2 : donc on obtient x.

La conjecture est ainsi démontrée.

● **Émettre puis réfuter une conjecture**

Arthur prend la liste des 100 premiers nombres premiers et calcule les différences entre deux nombres premiers consécutifs.

Il trouve : $1 - 2 - 2 - 4 - 2 - 4$ et s'arrête à $19 - 17 = 2$.

Il dit alors : « J'ai compris ! J'émets la conjecture suivante : la différence entre deux nombres premiers consécutifs est toujours inférieure ou égale à 4. »

En utilisant un contre-exemple, peut-on réfuter cette conjecture ?

▶ **SOLUTION**

Si l'on considère la liste des 100 premiers nombres premiers, on remarque que 23 et 29 sont deux nombres premiers consécutifs dont la différence est égale à 6. La conjecture est ainsi réfutée.

● **Émettre puis démontrer une conjecture en géométrie**

a. Soit un triangle ABC tel que AB = 6,3 cm, AC = 8,4 cm et BC = 10,5 cm.

Au brouillon, faire une figure à l'échelle. Émettre une conjecture sur la nature du triangle ABC.

b. Démontrer ou réfuter cette conjecture.

▶ **SOLUTION**

a. Nous pouvons émettre la conjecture : le triangle ABC est rectangle en A.

b. $AB^2 = 6,3^2 = 39,69$;

$AC^2 = 8,4^2 = 70,56$;

$BC^2 = 10,5^2 = 110,25$

et $AB^2 + AC^2 = BC^2$.

D'après la réciproque du théorème de Pythagore (→ FICHE 31), le triangle ABC est rectangle en A. La conjecture émise est ainsi démontrée.

Calculer et interpréter des caractéristiques de position

13

● *Moyenne, mode et médiane*

▶ La **moyenne** d'une série statistique est égale au quotient de la somme de toutes les valeurs de la série par l'effectif total.

▶ Le **mode** d'une série statistique est toute valeur de la série d'effectif maximum.

▶ La **médiane** d'une série statistique est la valeur qui partage cette série, rangée par ordre croissant (ou décroissant), en deux parties de même effectif. Si l'effectif total est un nombre impair, la médiane est une valeur de la série. Sinon, c'est un nombre compris entre deux valeurs de la série. Dans ce cas, on prend souvent la moyenne de ces deux valeurs.

EXEMPLE Dans une classe de troisième, le professeur de mathématiques a corrigé l'épreuve du brevet blanc effectuée par ses 25 élèves. Les notes sont les suivantes :
2 – 4 – 4 – 6 – 6 – 7 – 7 – 7 – 9 – 9 – 10 – 10 – 10 – 10 – 11 – 11 – 13 – 13 – 13 – 13 – 15 – 15 – 15 – 17 – 20.

• Le tableau des effectifs pour chaque note est le suivant :

Note	2	4	6	7	9	10	11	13	15	17	20
Effectif	1	2	2	3	2	4	2	4	3	1	1

• Il permet de construire un diagramme en bâtons.

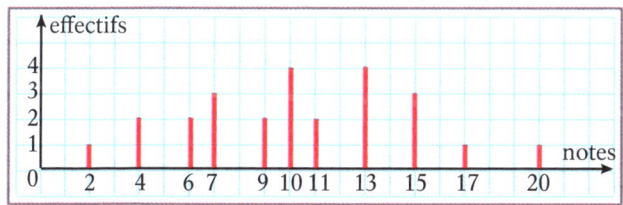

• La moyenne m de la série est égale à :

$$m = \frac{2 + 2 \times 4 + 2 \times 6 + 3 \times 7 + 2 \times 9 + 4 \times 10 + 2 \times 11 + 4 \times 13 + 3 \times 15 + 17 + 20}{25}$$

$$m = \frac{257}{25} \text{ soit } m = 10{,}28.$$

- La série statistique admet deux modes : ce sont les valeurs 10 et 13 car leur effectif est maximum (il est égal à 4).
- L'effectif total est impair, donc la médiane est une valeur de la série. C'est la 13e valeur de cette série classée par ordre croissant. La médiane est la note 10.

Interprétation : un élève qui a obtenu la note 11 est situé dans la première moitié de la classe et un élève qui a obtenu la note 9 est situé dans la seconde moitié de la classe.

MÉTHODE

● Étudier la répartition de salaires dans une entreprise

Voici un tableau donnant la répartition des salaires mensuels bruts, en euros, dans une petite entreprise européenne :

Salaire	1 500	1 800	2 200	2 500	3 600
Effectif	10	5	3	1	1

a. Calculer le salaire moyen dans cette entreprise.
b. Quelle est la médiane de cette même série statistique ?
c. Est-il exact de dire que, dans cette entreprise, plus de 75 % des salariés ont un salaire inférieur à la moyenne des salaires ?

CONSEILS

Commencez par calculer l'effectif des employés de l'entreprise.

SOLUTION

a. L'effectif total des employés est égal à 10 + 5 + 3 + 1 + 1 = 20.
Notons S_m le salaire moyen dans cette entreprise.

$$S_m = \frac{10 \times 1\,500 + 5 \times 1\,800 + 3 \times 2\,200 + 2\,500 + 3\,600}{20}$$

$S_m = 1\,835$ euros

b. Il existe 10 salaires plus élevés ou égaux à 1 800 euros, et 10 salaires moins élevés ou égaux à 1 500 euros. Tout salaire compris entre 1 500 et 1 800 euros peut donc être la médiane, par exemple la moyenne de ces deux nombres : la médiane est alors 1 650 euros.

c. Dans cette entreprise, 15 salariés perçoivent un salaire inférieur à 1 835 euros, cela correspond à exactement 75 % de l'effectif. L'affirmation est donc inexacte.

Déterminer et interpréter des caractéristiques de dispersion

14

Étendue et quartiles

▶ L'**étendue** d'une série statistique est la différence entre la plus grande et la plus petite valeur de cette série.

▶ Le **premier quartile** d'une série est la plus petite valeur q_1 des termes de la série ordonnée dans l'ordre croissant pour laquelle au moins un quart (25 %) des données sont inférieures ou égales à q_1.

▶ Le **troisième quartile** d'une série est la plus petite valeur q_3 des termes de la série ordonnée pour laquelle au moins trois quarts (75 %) des données sont inférieures ou égales à q_3.

MÉTHODE

Comparer deux séries statistiques

Un sélectionneur organise un test pour choisir lequel de ses deux meilleurs lanceurs de poids, Pat et Jim, représentera le club aux prochains championnats. Chacun d'eux effectue dix lancers dont les résultats sont (en mètres) :

Lancer	1	2	3	4	5	6	7	8	9	10
Pat	14,5	14,8	15,8	14,4	15	15,3	15,5	16,2	14,1	14,2
Jim	10,2	19	18,5	12	18,4	8	18,8	17,8	14	15,2

Lors des championnats régionaux, le concurrent ne peut lancer qu'une seule fois le poids.

a. Quelles sont les étendues de chacune des séries de lancers ?

b. Quelle est la moyenne de chaque lanceur ?

c. Déterminer le premier et le troisième quartile de chacune des deux séries de lancers. Interpréter les résultats obtenus.

d. Si vous étiez sélectionneur, quel lanceur enverriez-vous aux championnats régionaux ? Pourquoi ?

CONSEILS

Classez les valeurs de chaque série dans l'ordre croissant pour déterminer les quartiles.

a.

	Meilleur lancer (en m)	Moins bon lancer (en m)	Étendue E (en m)
Pat	16,2	14,1	$E_P = 16,2 - 14,1 = 2,1$
Jim	19	8	$E_J = 19 - 8 = 11$

Conclusion : Pat est un lanceur « plus régulier » que Jim.

b. Notons m_P et m_J les moyennes réalisées respectivement par Pat et Jim : $m_P = 14,98$ m et $m_J = 15,19$ m.

c. Chaque série comporte 10 valeurs. Alors :

• Le premier quartile q_1 correspond à 25 % des valeurs, à savoir à la 2,5e valeur. On arrondit par excès à 3. Donc q_1 correspond à la 3e valeur de la **série rangée** dans l'ordre croissant. Il s'agit de la valeur 14,4 pour Pat, et de la valeur 12 pour Jim.

• Le troisième quartile q_3 correspond à 75 % des valeurs, soit à la 7,5e valeur. On arrondit par excès à 8. Donc q_3 correspond à la 8e valeur de la **série rangée** dans l'ordre croissant. Il s'agit de la valeur 15,5 pour Pat, et de la valeur 18,5 pour Jim.

• Interprétation :

Cas de Pat : au moins 25 % des lancers sont inférieurs ou égaux à 14,4 m et au moins 75 % des lancers sont inférieurs ou égaux à 15,5 m. Donc environ 50 % des lancers sont compris entre 14,4 m et 15,5 m.

ATTENTION ! Lorsque le quart de l'effectif n'est pas un entier, il faut arrondir ce nombre par excès.

Cas de Jim : environ 50 % des lancers sont compris entre 12 m et 18,5 m.

• Conclusion : la dispersion des lancers de Jim est beaucoup plus grande que celle des lancers de Pat. Pat est un lanceur beaucoup plus fiable, quant à ses performances, que ne l'est Jim.

d. Si vous voulez être quasiment sûr que le lancer atteindra environ 15 m, alors vous ne prendrez pas beaucoup de risques en sélectionnant Pat. Par contre, si vous sélectionnez Jim, il a de bonnes chances de battre le record régional… ou bien de rater son lancer et d'être classé dernier !

Notions élémentaires de probabilité

15

1 Vocabulaire

▶ Une **expérience aléatoire** est une expérience dont le résultat est déterminé par le hasard. On ne peut pas, a priori, prévoir ce résultat à l'avance.

▶ Tout résultat obtenu par une expérience aléatoire est une **issue.**

▶ Un **événement** est un ensemble d'issues.

EXEMPLE Lancer un dé et noter le résultat qui apparaît sur la face supérieure du dé est une expérience aléatoire. Lorsqu'on lance un dé, obtenir le chiffre 2 est une issue, et obtenir un chiffre pair est un événement.

2 Calculer une probabilité

Soit E un événement.

▶ La probabilité de réalisation de E est un nombre $p(E)$ compris entre 0 et 1.

▶ Si l'événement E est **impossible**, alors $p(E) = 0$.

EXEMPLE Soit E_1 l'événement « Obtenir un nombre négatif en lançant un dé ». $p(E_1) = 0$ car cet événement est impossible.

▶ Si l'événement E est **certain**, alors $p(E) = 1$.

▶ Quand les résultats d'une expérience ont tous la même probabilité :

$$p(E) = \frac{n}{N} = \frac{\text{nombre de résultats favorables}}{\text{nombre de résultats possibles}}$$

À NOTER !
Deux événements sont incompatibles s'ils ne peuvent pas se réaliser en même temps.

MÉTHODES

● Calculer la probabilité d'un tirage dans une urne

Une urne contient 10 boules identiques au toucher, mais de couleurs différentes : 5 blanches, 3 rouges et 2 noires.
On tire une boule. Calculer la probabilité de sortir une boule :
a. noire
b. blanche ou rouge

Comptez le nombre de tirages qui réalisent l'événement demandé, puis calculez la probabilité correspondante.

SOLUTION

a. Appelons E_1 l'événement : « la boule sortie est noire ».

Lors du tirage, il existe 10 résultats possibles, mais seulement deux résultats favorables à l'obtention de l'événement (puisqu'il n'y a que deux boules noires dans l'urne). Donc :

$$p(E_1) = \frac{2}{10}, \text{ soit } p(E_1) = 0,2.$$

b. Appelons E_2 l'événement : « la boule sortie est blanche ou rouge ». Lors du tirage, 8 résultats sont favorables à l'obtention de l'événement E_2 (puisqu'il y a 5 boules blanches et 3 boules rouges dans l'urne). Donc $p(E_2) = \frac{8}{10}$, soit $p(E_2) = 0,8$.

● Calculer la probabilité d'obtenir un événement donné

Un jeu de construction comporte 36 éléments dont les formes et les couleurs sont indiquées dans le tableau ci-contre. On choisit au hasard un élément. Quelle est la probabilité pour que celui-ci soit :

	Jaune	Vert	Rouge
Carré	2	1	4
Rectangle	3	2	1
Triangle	4	3	6
Cercle	1	5	4

a. un quadrilatère ?　　　　**b.** un triangle non rouge ?

CONSEILS

À l'aide du tableau donné ci-dessus, évaluez le nombre de résultats favorables à la réalisation de l'événement étudié et le nombre de résultats possibles.

SOLUTION

a. Notons E_1 l'événement : « l'élément choisi est un quadrilatère », c'est-à-dire un carré ou un rectangle. Lors du tirage, il existe 36 résultats possibles, mais seulement 13 résultats favorables à l'obtention de l'événement E_1 : $p(E_1) = \frac{13}{36}$.

b. Notons E_2 : « l'élément choisi est un triangle non rouge », alors

$$p(E_2) = \frac{7}{36}.$$

Calculer des probabilités dans des contextes familiers

1 Événement contraire

Soit E un événement. On note $\overline{E}$ l'**événement contraire** de E.

Alors on a : $p(E) + p(\overline{E}) = 1$.

2 Somme des probabilités

▶ L'ensemble de toutes les issues d'une expérience aléatoire est appelé **univers**.

▶ Considérons tous les résultats possibles d'une expérience aléatoire, la somme de leurs probabilités de réalisation est égale à 1.

EXEMPLE On lance un dé bien équilibré. Soit A_1 l'événement « obtenir 1 », A_2 l'événement « obtenir 2 », etc.

Puisque le dé est équilibré, la probabilité de chaque événement est donc égale à $\dfrac{1}{6}$, et on a :

$$p(A_1) + p(A_2) + p(A_3) + p(A_4) + p(A_5) + p(A_6) = 6 \times \dfrac{1}{6} = 1.$$

MÉTHODES

● Calculer la probabilité d'obtenir un couple particulier

Un grand clapier abrite 5 lapins : 3 femelles et 2 mâles. On sort simultanément au hasard 2 lapins du clapier. On obtient alors une paire de lapins.

1. Combien de paires différentes de lapins peut-on sortir ?

2. Calculer la probabilité de sortir :

a. 2 mâles

b. 2 femelles

c. 2 lapins de sexes différents

CONSEILS

Dénombrez bien toutes les paires différentes que l'on peut sortir.

SOLUTION

1. Notons M_1 et M_2 les deux lapins mâles. Notons F_1, F_2 et F_3 les trois lapins femelles.

Les 10 paires différentes que l'on peut sortir du clapier sont :
(F_1, F_2), (F_1, F_3), (F_2, F_3), (M_1, M_2), (F_1, M_1), (F_1, M_2), (F_2, M_1), (F_2, M_2), (F_3, M_1) et (F_3, M_2).

2. a. Appelons A l'événement : « sortir 2 lapins mâles ». Il n'y a qu'un seul résultat favorable à l'obtention de l'événement A : la paire (M_1, M_2).

Donc $p(A) = \dfrac{1}{10}$, soit $p(A) = 0{,}1$.

b. Appelons B l'événement : « sortir 2 lapins femelles ». Il y a trois résultats favorables à l'obtention de l'événement B : (F_1, F_2), (F_1, F_3) et (F_2, F_3). Donc $p(B) = \dfrac{3}{10}$, soit $p(B) = 0{,}3$.

c. Appelons C l'événement : « sortir 2 lapins de sexes différents ».
On a $p(A) + p(B) + p(C) = 1$.
Alors $p(C) = 1 - p(A) - p(B)$,
soit $p(C) = 1 - 0{,}1 - 0{,}3 = 0{,}6$.

> **À NOTER !** Vous pouvez aussi calculer directement la probabilité $p(C)$.
> Pour vérifier, assurez-vous que $p(A) + p(B) + p(C) = 1$.

● Calculer une probabilité avec une pièce de monnaie truquée

On dispose d'une pièce de monnaie truquée dont la probabilité d'obtenir « pile » est le triple de la probabilité d'obtenir « face ». Calculer lors d'un lancer :
a. la probabilité d'obtenir « face »
b. la probabilité d'obtenir « pile »

▸ SOLUTION

Notons $p(P)$ et $p(F)$ les probabilités respectives d'obtenir « pile » ou « face » lorsqu'on lance la pièce truquée. D'après l'énoncé, nous savons que $p(P) = 3p(F)$ et que $p(P) + p(F) = 1$.

a. En combinant les deux équations, nous avons :

$3p(F) + p(F) = 1$, soit $4p(F) = 1$ ou encore $p(F) = \dfrac{1}{4}$.

b. 1re méthode : Puisque $p(P) = 3p(F)$, alors $p(P) = \dfrac{3}{4}$.

2e méthode : On peut aussi considérer que l'événement « obtenir pile » est l'événement contraire de l'événement « obtenir face ». Par conséquent :

$p(P) = 1 - p(F) = 1 - \dfrac{1}{4}$, d'où $p(P) = \dfrac{3}{4}$.

1 Construire un arbre de probabilité

▶ Un **arbre** des possibles est un schéma permettant de représenter les différentes issues d'une expérience aléatoire. Chaque issue est représentée par une branche ou un chemin.

▶ Si l'on indique sur chaque branche de cet arbre les probabilités associées, on obtient un arbre **pondéré**.

▶ La probabilité du résultat auquel conduit un chemin est égale au produit des probabilités rencontrées le long de ce chemin.

2 Construire un tableau à double entrée

Un **tableau à double entrée** permet de représenter tous les couples de résultats possibles de deux expériences aléatoires simultanées. Les lignes se rapportent à une expérience aléatoire, les colonnes à l'autre.

3 Fréquence et probabilité

Lorsqu'une expérience aléatoire est répétée un très grand nombre de fois, la **fréquence** de réalisation d'un événement se rapproche de sa probabilité.

● Calculer des probabilités à l'aide d'un arbre

On lance une pièce de monnaie trois fois de suite. Si un lancer donne « pile », on note P le résultat obtenu et F s'il donne « face ».
1. Combien existe-t-il d'issues possibles ?
2. Quelle est la probabilité d'obtenir les événements :
a. A : trois fois « pile » ?　　**b.** B : exactement une fois « face » ?

SOLUTION

1. L'arbre ci-contre indique qu'il existe 8 issues.

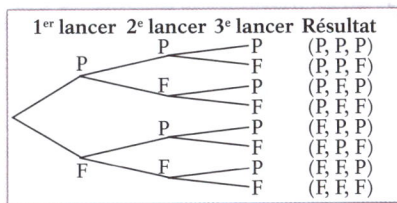

1er lancer	2e lancer	3e lancer	Résultat
P	P	P	(P, P, P)
		F	(P, P, F)
	F	P	(P, F, P)
		F	(P, F, F)
F	P	P	(F, P, P)
		F	(F, P, F)
	F	P	(F, F, P)
		F	(F, F, F)

2. a. D'après l'arbre, il existe une seule possibilité d'obtenir trois fois « pile » : cela correspond à l'issue (P,P,P). Donc $p(A) = \dfrac{1}{8}$.

b. D'après l'arbre, il existe trois possibilités d'obtenir exactement une fois « face » : (P,P,F), (P,F,P) et (F,P,P). Donc $p(B) = \dfrac{3}{8}$.

● Utiliser un tableau à double entrée

Pour pouvoir lancer les dés, le joueur doit s'acquitter d'un droit de participation de 6 euros. Il lance simultanément deux dés cubiques équilibrés (un jaune et un bleu) et empoche, en euros, un gain égal à la somme des points affichés par les dés. On appelle gain final du joueur la différence entre le montant gagné après le lancer des dés et le droit d'entrée. Si la différence est positive, le joueur a gagné ; si elle est négative, il a perdu.

1. Indiquer les différents montants que l'on peut gagner.

2. Calculer la probabilité pour qu'un joueur :

a. réalise un gain final de 4 euros   **b.** perde à ce jeu

SOLUTION

1. Il existe 36 résultats possibles :

Dé jaune / Dé bleu	1	2	3	4	5	6
1	2	3	4	5	6	7
2	3	4	5	6	7	8
3	4	5	6	7	8	9
4	5	6	7	8	9	10
5	6	7	8	9	10	11
6	7	8	9	10	11	12

2. a. Appelons G l'événement : « le joueur réalise un gain final de 4 euros » (c'est-à-dire après soustraction des droits de participation de 6 euros). Cet événement se réalise quand le joueur obtient 10 points. Il existe 3 résultats favorables, donc $p(G) = \dfrac{3}{36} = \dfrac{1}{12}$.

b. Appelons P l'événement : « le joueur perd à ce jeu ». Cet événement se réalise quand le joueur obtient moins de 6 points.

Il existe 10 résultats correspondant à ce cas, donc $p(P) = \dfrac{10}{36} = \dfrac{5}{18}$.

Appliquer et calculer des pourcentages

18

1 Augmenter ou diminuer une quantité de n %

Soit Q une quantité.

▶ Une **augmentation de n %** de la quantité Q correspond à une augmentation de $\dfrac{n}{100} \times Q$. La quantité augmentée vaut alors :

$$Q' = Q + \frac{n}{100} \times Q \quad \text{ou encore} \quad Q' = Q\left(1 + \frac{n}{100}\right)$$

▶ Une **diminution de n %** de la quantité Q correspond à une diminution de $\dfrac{n}{100} \times Q$. La quantité diminuée vaut alors :

$$Q'' = Q - \frac{n}{100} \times Q \quad \text{ou encore} \quad Q'' = Q\left(1 - \frac{n}{100}\right)$$

2 Calculer un pourcentage d'augmentation

Soit Q une quantité. Après une augmentation, cette quantité devient égale à Q_1. Le pourcentage n de cette augmentation est égal à $n = \dfrac{Q_1 - Q}{Q} \times 100$.

REMARQUE Pour obtenir un pourcentage de diminution de la quantité diminuée Q_2, on calcule $\dfrac{Q - Q_2}{Q} \times 100$.

MÉTHODES

Appliquer un pourcentage d'augmentation

Pour aller en automobile d'une ville V_1 à une ville V_2, il existe deux possibilités : la route nationale et l'autoroute. La longueur du trajet par la route nationale est de 450 km. Le trajet par autoroute est plus long de 12,5 %. Calculer la longueur du trajet par autoroute.

CONSEILS

Appliquez la formule $Q' = Q + \dfrac{n}{100} \times Q = Q\left(1 + \dfrac{n}{100}\right)$.

Notons d_1 la distance à parcourir pour aller de V_1 à V_2 par la route nationale et d_2 la distance à parcourir pour aller de V_1 à V_2 par l'autoroute. Nous avons $d_1 = 450$ km.

Alors $d_2 = d_1 + \dfrac{12,5}{100} \times d_1$ ou encore $d_2 = d_1\left(1 + \dfrac{12,5}{100}\right)$, soit $d_2 = 506,25$ km.

● Appliquer un pourcentage de diminution

On applique une baisse de 25 % au prix d'un vêtement coûtant 155 euros. Combien coûte ce vêtement désormais ?

SOLUTION

Notons p_1 le prix du vêtement avant la baisse et p_2 le nouveau prix. Nous avons $p_1 = 155$ euros.

Alors $p_2 = p_1 - \dfrac{25}{100} \times p_1$ ou encore $p_2 = p_1\left(1 - \dfrac{25}{100}\right)$, soit $p_2 = 116,25$ euros.

● Appliquer des pourcentages successifs

Un objet coûte 100 euros au 1/1/2012.
Il augmente de 5 % au 1/1/2013.
Ce dernier prix est diminué de 5 % au 1/1/2014.
Le prix de l'objet est-il revenu à sa valeur du 1/1/2012 ?
Si non, calculer le pourcentage de différence entre le premier et le dernier prix.

SOLUTION

• Notons p_1, p_2 et p_3 les prix respectifs de cet objet au 1/1/2012, au 1/1/2013 et au 1/1/2014. Nous avons donc :

$$p_2 = 100 \times \left(1 + \dfrac{5}{100}\right) = 105 \text{ euros}$$

et $p_3 = 105 \times \left(1 - \dfrac{5}{100}\right) = 99,75$ euros.

Conclusion : au 1/1/2014, l'objet coûte moins cher qu'au 1/1/2012.

• Notons n le pourcentage de diminution recherché.

Nous avons : $n = \dfrac{p_1 - p_3}{p_1} \times 100$, soit $n = \dfrac{100 - 99,75}{100} \times 100$ ou encore $n = 0,25$ %.

1 *Nombres proportionnels*

Soient quatre nombres non nuls a, b, c et d.

► Les nombres a et b sont respectivement proportionnels aux nombres c et d si : $\dfrac{a}{c} = \dfrac{b}{d} = k$.

► k représente le **coefficient de proportionnalité**.

2 *Représentations*

► Une situation de proportionnalité peut se représenter par un tableau. Un **tableau de proportionnalité** comporte deux suites de nombres. Ces nombres sont tels que l'on passe de la première ligne à la seconde en multipliant tous les nombres de la première ligne par un même nombre.

EXEMPLE

2	3	5	8
3	4,5	7,5	12

On passe de la première à la seconde ligne en multipliant chaque nombre de la première ligne par 1,5.

CONTRE-EXEMPLE

2	4	5	8
5	9,5	12,5	20

On ne passe pas de la première à la seconde ligne en multipliant chaque nombre de la première ligne par le même nombre.

► Une situation de proportionnalité peut se représenter graphiquement par des points alignés sur une droite passant par l'origine du repère.

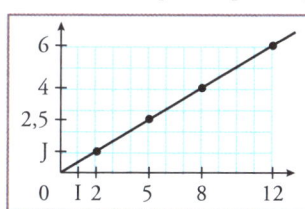

Calculer des quantités proportionnelles

Pour fabriquer la pâte d'une tarte aux noix pour 6 personnes, il faut :
100 g de sucre, 120 g de beurre, 200 g de farine et 2 œufs.
Un pâtissier désire fabriquer cette tarte pour 15 personnes.
Calculer les nouvelles quantités de chaque ingrédient.

SOLUTION

Pour trouver les nouvelles proportions, il faut diviser par 6 celles indiquées par la recette puis les multiplier par 15. Il faut donc les multiplier par 2,5.

Ingrédients	sucre	beurre	farine	œufs
Pour 6	100 g	120 g	200 g	2
Pour 15	250 g	300 g	500 g	5

Trouver une distance réelle à partir d'une échelle

Sur une carte, à l'échelle 1 / 50 000, la distance entre deux carrefours est égale à 12,5 cm.

Quelle est la distance réelle entre ces deux carrefours ?

CONSEILS

Réalisez un tableau de proportionnalité. Attention aux unités !

SOLUTION

Une échelle de 1 / 50 000 signifie que 1 cm sur la carte représente 50 000 cm en réalité.
Les distances réelles sont proportionnelles aux distances mesurées sur la carte.
On peut réaliser le tableau de proportionnalité suivant où d représente la distance réelle entre les deux carrefours.

Distance sur la carte	1 cm	12,5 cm
Distance réelle	50 000 cm	d en cm

Nous obtenons en utilisant le « produit en croix » :
$1 \times d = 12,5 \times 50\ 000$ soit $d = 625\ 000$ cm ou encore $d = 6,25$ km.

Déterminer des antécédents, des images

20

1 Définition et notation

Une fonction est un procédé qui à un nombre x, appelé **antécédent**, fait correspondre un seul autre nombre, appelé **image**.

NOTATION On note $f(x)$ l'image de x par la fonction f, ou encore $f : x \mapsto f(x)$.

2 Détermination d'une fonction

Une fonction f peut être déterminée par :

• son **expression algébrique**, c'est-à-dire la relation existant entre l'antécédent x et son image $f(x)$;

• sa **représentation graphique**, c'est-à-dire l'ensemble des points du plan de coordonnées $(x; f(x))$ (→ **FICHE 23**) ;

• un **tableau de valeurs**, c'est-à-dire un tableau où figurent quelques valeurs de x et leurs images respectives par la fonction f.

MÉTHODES

● Calculer images et antécédents par une fonction donnée

Soit la fonction $f : x \mapsto 3x - 2$.

a. Écrire l'expression algébrique de f.

b. Quelles sont les images par f des nombres suivants :

$0 ; -3 ; \dfrac{1}{4}$ et $\sqrt{2}$?

c. Quels sont les antécédents par f des nombres :

$0 ; -3 ; \dfrac{1}{4}$ et $\sqrt{2}$?

> **CONSEILS**
>
> Utilisez l'expression donnant $f(x)$ en fonction de x pour déterminer les images, et l'expression donnant x en fonction de $f(x)$ pour déterminer les antécédents.

a. L'expression algébrique de f est : $f(x) = 3x - 2$.

b. On utilise l'expression algébrique de f pour calculer les images. L'image de 0 par f est $f(0) = 3 \times 0 - 2 = -2$.

De même, $f(-3) = -11$; $f\left(\dfrac{1}{4}\right) = -\dfrac{5}{4}$ et $f\left(\sqrt{2}\right) = 3\sqrt{2} - 2$.

c. Puisque $f(x) = 3x - 2$, alors $x = \dfrac{f(x) + 2}{3}$.

Si $f(x) = 0$, alors $x = \dfrac{0 + 2}{3} = \dfrac{2}{3}$.

De même, les antécédents par f des nombres -3 ; $\dfrac{1}{4}$ et $\sqrt{2}$ sont

respectivement : $-\dfrac{1}{3}$; $\dfrac{3}{4}$ et $\dfrac{\sqrt{2} + 2}{3}$.

Réaliser un tableau de valeurs pour une fonction donnée

Soit la fonction $g : x \longmapsto -2x(x - 4)$.

Compléter le tableau de valeurs ci-dessous :

x	0	-2	$\dfrac{5}{4}$	10^{-1}	$-\sqrt{2}$	
$g(x)$						8

Utilisez l'expression algébrique de g, soit $g(x) = -2x(x - 4)$.

SOLUTION

x	0	-2	$\dfrac{5}{4}$	10^{-1}	$-\sqrt{2}$	2
$g(x)$	0	-24	$\dfrac{55}{8}$	0,78	$-4 - 8\sqrt{2}$	8

REMARQUE Pour trouver l'antécédent de 8, il faut résoudre $-2x(x - 4) = 8$, soit $x^2 - 4x + 4 = 0$. Après factorisation, nous avons $(x - 2)^2 = 0$, soit $x = 2$.

Connaître les fonctions linéaires   **21**

1 ***Définition d'une fonction linéaire***

Soit a un nombre réel donné.

▶ La fonction f qui, au nombre x, fait correspondre le nombre ax est appelée **fonction linéaire**.

On note $f : x \mapsto ax$ ou encore $f(x) = ax$.

▶ Une fonction linéaire reflète une situation de proportionnalité.

2 ***Représentation graphique d'une fonction linéaire***

▶ La représentation graphique d'une fonction linéaire $f : x \mapsto ax$ est une **droite qui passe par l'origine** du repère.

Il suffit donc de connaître un point appartenant à la droite (autre que l'origine) pour la tracer.

▶ a est appelé le **coefficient directeur** de la droite.

MÉTHODES

● ***Rechercher des images et des antécédents***

Monsieur Toutaubeurre vend de nombreux gâteaux (tous au même prix). Pour gagner du temps, il a collé sur son comptoir le tableau suivant, mais certaines données ont été malencontreusement effacées :

Nombre de gâteaux	1		3	5	6	9	12	
Prix à payer (en euros)		6,40			19,20			57,60

a. Compléter le tableau.

b. On note x le nombre de gâteaux achetés par un client et $f(x)$ le prix que ce dernier doit payer. Compléter l'expression algébrique :
$f(x) = \ldots \times x$.

CONSEILS

Utilisez le fait que 6 gâteaux coûtent 19,20 euros pour obtenir le prix d'un gâteau.

a.

Nombre de gâteaux	1	2	3	5	6	9	12	18
Prix à payer (en euros)	3,20	6,40	9,60	16	19,20	28,80	38,40	57,60

b. D'après le tableau précédent, nous savons qu'un gâteau coûte 3,20 euros, donc $f(x) = 3,2x$.

● Utiliser la représentation graphique d'une fonction linéaire

Soit un repère orthonormal où l'unité choisie est le centimètre.

a. Représenter graphiquement la fonction linéaire $h : x \mapsto -3x$.

b. Répondre en utilisant la représentation graphique de h :
• quelle est l'image par h du nombre -2 ?
• quel nombre a pour image le nombre $-4,5$?

c. Répondre à la question **b** en effectuant les calculs appropriés.

CONSEILS

c. Utilisez les expressions $h(x) = -3x$ et aussi $x = -\dfrac{h(x)}{3}$.

SOLUTION

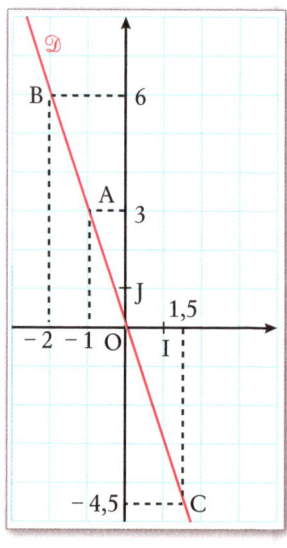

a. La fonction h est représentée par la droite $\mathcal{D}$ qui passe par l'origine O du repère et par le point $A(-1 ; 3)$.

b. • Le point B, situé sur la droite $\mathcal{D}$ et d'abscisse -2, a pour ordonnée $+6$. Donc l'image de -2 par h est $+6$.
• Le point C, situé sur la droite $\mathcal{D}$ et d'ordonnée $-4,5$, a pour abscisse $+1,5$. Donc le nombre 1,5 a pour image le nombre $-4,5$ par h.

c. Par le calcul, nous retrouvons que :
• l'image du nombre -2 par h est $h(-2) = -3(-2) = 6$;
• le nombre qui a pour image $-4,5$ par la fonction h est le nombre $x = -\dfrac{-4,5}{3}$, soit $x = 1,5$.

▶ Connaître les fonctions affines

22

1 *Définition d'une fonction affine*

Soient a et b deux nombres réels donnés.

▶ La fonction f qui, au nombre x, fait correspondre le nombre $ax + b$ est appelée **fonction affine**.

▶ On note $f : x \mapsto ax + b$ ou encore $f(x) = ax + b$.

2 *Représentation graphique d'une fonction affine*

▶ La représentation graphique d'une fonction affine $f : x \mapsto ax + b$ est une **droite**. Il suffit donc de connaître deux points appartenant à la droite pour la tracer.

▶ a est le **coefficient directeur** de la droite et b est l'**ordonnée à l'origine**.

MÉTHODES

● *Rechercher des images et des antécédents*

Tous les clients de la station service Au Bon Relais effectuent le plein du réservoir de leur voiture avec un carburant à 1,50 euro le litre et font une vérification rapide des niveaux pour une somme forfaitaire de 3 euros.

Soit x le nombre de litres de carburant achetés.

a. Exprimer le prix $f(x)$ payé par un client.

b. Compléter le tableau suivant :

Nombre de litres achetés	10		24	28		36	48	
Prix à payer (en euros)		90			102			114

Pour rechercher les antécédents, on exprime x en fonction de $f(x)$ en utilisant l'expression algébrique de f.

a. Nous avons $f(x) = 1,5x + 3$.

b. Utilisons les expressions $f(x) = 1,5x + 3$ et $x = \dfrac{f(x) - 3}{1,5}$.

Nombre de litres achetés	10	58	24	28	66	36	48	74
Prix à payer (en euros)	18	90	39	45	102	57	75	114

● Utiliser la représentation graphique d'une fonction affine

a. Représenter graphiquement, dans un repère orthonormal, la fonction affine $h : x \mapsto 2x - 1$.

b. À l'aide du graphe obtenu, répondre aux questions suivantes :
- quelle est l'image par cette fonction du nombre -1 ?
- quel nombre a pour image, par cette même fonction, le nombre 5 ?

c. Retrouver ces résultats par le calcul.

CONSEILS

a. Calculez les coordonnées de deux points appartenant à la droite et placez-les dans le repère pour tracer la représentation graphique de la fonction h.

c. Utilisez l'expression algébrique $h(x) = 2x - 1$.

a. La représentation graphique d'une fonction affine est une droite. Celle de h passe par les points $A(0 ; -1)$ et $B(2 ; 3)$.

b. • Le point E, situé sur la droite et d'abscisse -1, a pour ordonnée -3. L'image du nombre -1 par h est donc le nombre -3.

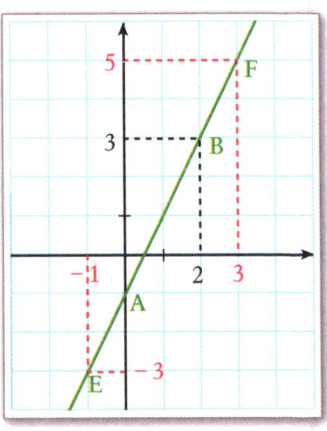

• Le point F situé sur la droite et d'ordonnée 5 a pour abscisse 3. Le nombre qui a pour image 5 par la fonction h est 3.

c. • $h(-1) = 2 \times (-1) - 1 = -3$.
L'image de -1 par h est -3.

• $2x - 1 = 5$, soit $x = 3$. Le nombre 3 a pour image 5 par h.

● Lecture des images et des antécédents de nombres sur un graphique

Soit une fonction f et $\mathscr{C}$ sa représentation graphique dans un repère $(O\,;I\,;J)$.

▶ Lire l'**image** d'un nombre donné, c'est lire l'**ordonnée** du point de $\mathscr{C}$ qui a pour abscisse le nombre donné.

▶ Lire l'**antécédent** d'un nombre donné, c'est lire l'**abscisse** du point de $\mathscr{C}$ qui a pour ordonnée le nombre donné.

> **ATTENTION !** Les lectures graphiques sont plus ou moins précises. Seule la connaissance de l'expression algébrique de la fonction f pourrait permettre d'obtenir des valeurs exactes.

● Lire des images et des antécédents

Le graphique ci-contre représente une fonction f sur l'intervalle $[-1\,;5]$.

Répondre par lecture graphique aux questions suivantes :

a. Quelle est l'image de $+1$?
b. De quels nombres $+6$ est-il l'image ?
c. Quel est l'antécédent de -3 ?
d. Quels nombres ont des images négatives ?

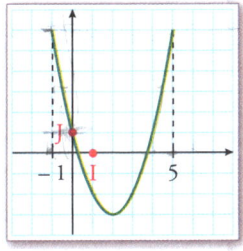

SOLUTION

a. Le point de la courbe $\mathscr{C}$ d'abscisse 1 a une ordonnée égale à -2.
Conclusion : l'image de $+1$ par la fonction f est -2.

b. Il existe deux points sur la courbe $\mathscr{C}$ dont l'ordonnée vaut $+6$. Ces points ont pour abscisses -1 et $+5$.
Conclusion : $+6$ est l'image de -1 et $+5$ par la fonction f.

c. Le point de $\mathscr{C}$ d'ordonnée -3 a pour abscisse $+2$.
Conclusion : $+2$ est l'antécédent de -3 par la fonction f.

d. On peut lire que les points de la courbe $\mathscr{C}$ dont les abscisses sont comprises entre 0,3 et 3,7 ont des ordonnées négatives. Toutefois, les valeurs 0,3 et 3,7 ne sont que des valeurs approchées. On ne peut pas donner de réponse précise !

● Résoudre un problème graphiquement

Un cinéma propose deux tarifs aux spectateurs :
• le tarif T_1 à 8 euros la place ;
• le tarif T_2 qui correspond à un abonnement annuel de 30 euros et 5 euros la place.

a. Julie se rend au cinéma x fois par an. Calculer le coût annuel (en fonction de x) de ce loisir selon qu'elle choisit le tarif T_1 ou le tarif T_2. Ces coûts seront respectivement notés $f(x)$ et $g(x)$.

b. Donner un encadrement pour x sachant que Julie ne va pas plus de 15 fois par an au cinéma.

c. Tracer les représentations graphiques des fonctions f et g.

d. À l'aide du graphique obtenu, indiquer, selon les valeurs de x, la formule la plus avantageuse pour Julie.

SOLUTION

a. $f(x) = 8x$ et
$g(x) = 30 + 5x$.
b. On a $0 \leqslant x \leqslant 15$.
c. f est une fonction linéaire. Sa représentation graphique est la droite $\mathscr{D}_1$ passant par l'origine O et par le point A $(15 ; 120)$. g est une fonction affine. Sa représentation graphique est la droite $\mathscr{D}_2$

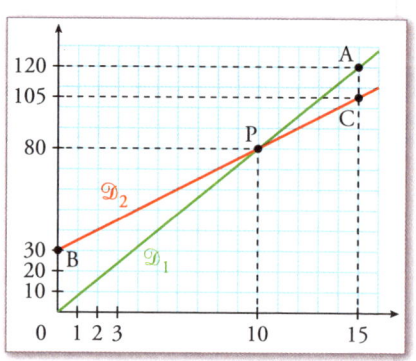

passant par les points B $(0 ; 30)$ et C $(15 ; 105)$.

d. Graphiquement, on remarque que $\mathscr{D}_1$ et $\mathscr{D}_2$ se coupent en P $(10 ; 80)$. Si $0 \leqslant x < 10$, alors $\mathscr{D}_1$ est au-dessous de $\mathscr{D}_2$, ce qui signifie que le tarif T_1 est le moins cher. Si $10 < x \leqslant 15$, alors $\mathscr{D}_2$ est au-dessous de $\mathscr{D}_1$, ce qui signifie que le tarif T_2 est le moins cher. Si $x = 10$, alors les deux tarifs reviennent au même prix pour Julie.

Calculer des périmètres

24

● Formules donnant les principaux périmètres

Figure usuelle	Dimensions	Périmètre
Carré	côté a	$4a$
Rectangle	longueur L et largeur l	$2(L + l)$
Cercle	rayon r diamètre d	$2 \times \pi \times r$ ou encore $\pi \times d$
Polygone quelconque		Somme des mesures de tous les côtés

● Calculer le périmètre d'une pelouse

Monsieur Dujardin aime beaucoup les formes géométriques. Devant sa maison il a créé une pelouse dont voici un plan sommaire.

Le quadrilatère ABCD est un rectangle de longueur AB = 24 m et de largeur AD = 15 m.

$\mathscr{C}_1$, $\mathscr{C}_2$ et $\mathscr{C}_3$ sont trois demi-cercles de diamètres respectifs [AD], [BC] et [AB]. Monsieur Dujardin souhaite enclore sa pelouse. Quelle longueur de clôture doit-il

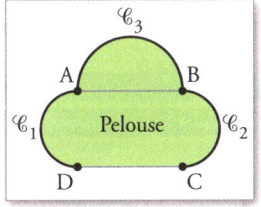

acheter ? (Donner la valeur exacte puis un arrondi au mètre près.)

CONSEILS

Calculez les périmètres de chacun des trois demi-cercles… et n'oubliez pas [CD] !

SOLUTION

Notons p_1, p_2, p_3 les périmètres respectifs des demi-cercles $\mathscr{C}_1$, $\mathscr{C}_2$ et $\mathscr{C}_3$. Le périmètre p de la pelouse est tel que :

$p = p_1 + p_2 + p_3 + \text{CD}$.

Le périmètre d'un cercle de rayon r mesure $2 \times \pi \times r$, donc le périmètre d'un demi-cercle de rayon r mesure $\pi \times r$.

Nous avons $p = \pi \times \dfrac{AD}{2} + \pi \times \dfrac{BC}{2} + \pi \times \dfrac{AB}{2} + CD$ ou encore

$p = \pi \times \dfrac{15}{2} + \pi \times \dfrac{15}{2} + \pi \times \dfrac{24}{2} + 24,$

soit $p = 27 \times \pi + 24$ mètres ou, arrondi au mètre près, $p = 109$ m.

Conclusion : Monsieur Dujardin devra acheter 109 m de clôture.

● Calculer le périmètre d'un octogone régulier

Soit $\mathcal{F}$ un octogone régulier inscrit dans un cercle de rayon 10 cm. Calculer la mesure exacte du périmètre de cet octogone. En donner ensuite une valeur approchée au mm près.

CONSEILS

Calculez la mesure de l'angle $\widehat{AOB}$ puis celle de l'angle $\widehat{AOI}$ et enfin, à l'aide de la trigonométrie, la mesure de la distance AI. Déduisez-en la mesure d'un côté de l'octogone, puis la mesure du périmètre de la figure $\mathcal{F}$.

SOLUTION

Puisque l'octogone $\mathcal{F}$ est régulier, ses 8 côtés ont la même mesure.

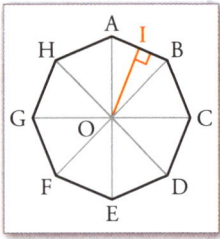

On a : $\widehat{AOB} = \dfrac{360°}{8} = 45°$ et OA = 10 cm.

Le triangle AOB est isocèle en O, donc (OI) est bissectrice de l'angle $\widehat{AOB}$ et médiatrice du segment [AB].

En conséquence, $\widehat{AOI} = \dfrac{\widehat{AOB}}{2} = 22{,}5°$ et AI $= \dfrac{AB}{2}$.

Dans le triangle AOI, nous avons $\sin \widehat{AOI} = \dfrac{AI}{OA}$,

soit $\sin 22{,}5° = \dfrac{AI}{10}$ et AB $= 20 \times \sin 22{,}5°$.

Notons p le périmètre de l'octogone régulier ABCDEFGH.

Alors $p = 8 \times AB$ et $p = 160 \times \sin 22{,}5°$ est la valeur exacte de son périmètre.

$p = 61{,}2$ cm en est une valeur arrondie au millimètre.

Calculer des aires

25

● *Formules donnant les principales aires*

Carré	Rectangle	Triangle
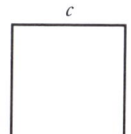	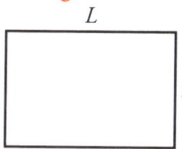	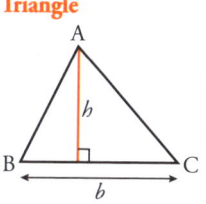
côté c $\mathcal{A} = c^2$	longueur L et largeur l $\mathcal{A} = L \times l$	base b et hauteur h $\mathcal{A} = \dfrac{b \times h}{2}$
Parallélogramme	**Losange**	**Trapèze**
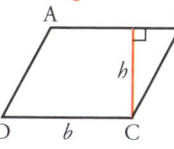	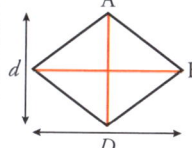	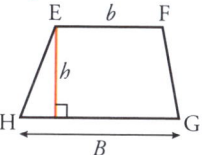
base b et hauteur h $\mathcal{A} = b \times h$	diagonales D et d $\mathcal{A} = \dfrac{D \times d}{2}$	bases de longueurs B et b, hauteur h $\mathcal{A} = \dfrac{(B + b) \times h}{2}$
Disque	**Boule**	**Cylindre de révolution**
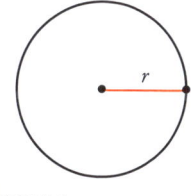	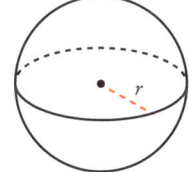	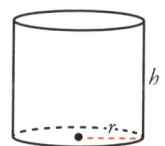
rayon r $\mathcal{A} = \pi \times r^2$	rayon r $\mathcal{A} = 4\pi \times r^2$	hauteur h, base de rayon r Aire latérale : $\mathcal{A}_1 = 2\pi \times r \times h$ Aire totale : $\mathcal{A}_2 = 2\pi r h + 2\pi r^2$

● **Calculer les aires de figures planes**

Soient un triangle de base $b = 10$ cm et de hauteur $h = 4,5$ cm ; un disque de rayon $r = 2,7$ cm et un trapèze de bases $B = 6$ cm et $b = 5$ cm et de hauteur $h' = 4,1$ cm.

Classer en ordre décroissant les aires de ces trois figures.

SOLUTION

Soit $\mathcal{A}_1$ l'aire du triangle : $\mathcal{A}_1 = \dfrac{b \times h}{2} = \dfrac{10 \times 4,5}{2}$ ou encore $\mathcal{A}_1 = 22,5$ cm^2.

Soit $\mathcal{A}_2$ l'aire du disque : $\mathcal{A}_2 = \pi \times r^2 = \pi \times 2,7^2$ ou encore $\mathcal{A}_2 = 22,90$ cm^2 à 10^{-2} près.

Soit $\mathcal{A}_3$ l'aire du trapèze : $\mathcal{A}_3 = \dfrac{(B + b) \times h'}{2} = \dfrac{(6 + 5) \times 4,1}{2}$ ou encore $\mathcal{A}_3 = 22,55$ cm^2.

Conclusion : le classement en ordre décroissant des trois aires est $\mathcal{A}_2$, $\mathcal{A}_3$ et $\mathcal{A}_1$.

● **Calculer les aires d'une boule et d'un cylindre**

Soit une boule de rayon $r = 5$ cm et un cylindre de révolution de hauteur $h = 5$ cm et dont la base a pour rayon $r' = 11,5$ cm. L'aire latérale du cylindre $\mathcal{A}_2$ dépasse-t-elle de 15 % l'aire $\mathcal{A}_1$ de la boule ?

CONSEILS

• Calculez les valeurs exactes des deux aires.
• Évaluez la différence des deux aires en fontion de l'aire de la boule.

SOLUTION

• $\mathcal{A}_1 = 4 \times \pi \times r^2 = 4 \times \pi \times 5^2$ ou $\mathcal{A}_1 = 100\pi$ cm^2.
• $\mathcal{A}_2 = 2\pi \times r' \times h = 2\pi \times 11,5 \times 5$ ou $\mathcal{A}_2 = 115\pi$ cm^2.
• Nous avons $\mathcal{A}_2 - \mathcal{A}_1 = 115\pi - 100\pi$, soit $\mathcal{A}_2 - \mathcal{A}_1 = 15\pi$ ou encore $\mathcal{A}_2 - \mathcal{A}_1 = \dfrac{15}{100} \times 100\pi$. Donc $\mathcal{A}_2 - \mathcal{A}_1 = \dfrac{15}{100}\mathcal{A}_1$.

Conclusion : l'aire latérale du cylindre de révolution dépasse bien de 15 % celle de la boule.

ATTENTION ! Il est demandé de calculer l'aire latérale et non l'aire totale du cylindre !

🔴 *Formules donnant les principaux volumes*

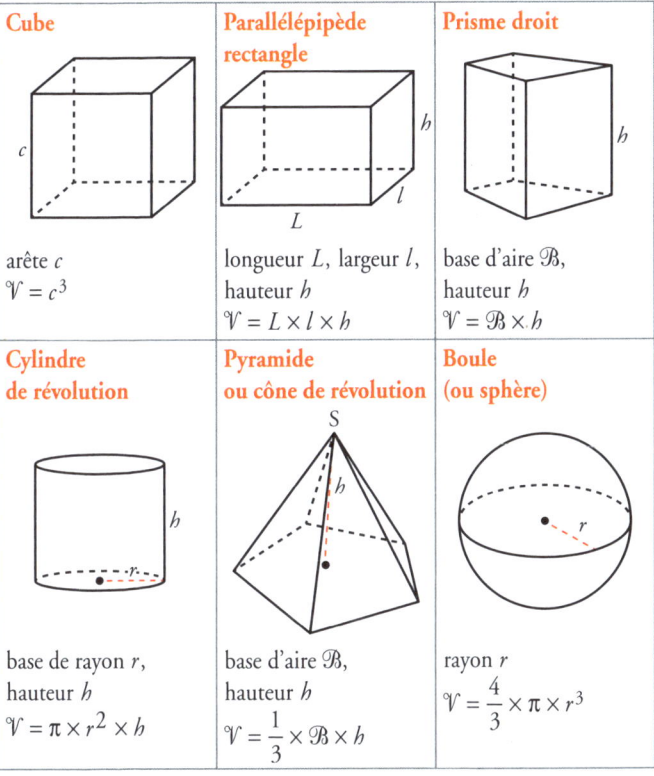

Cube	Parallélépipède rectangle	Prisme droit
arête c $\mathcal{V} = c^3$	longueur L, largeur l, hauteur h $\mathcal{V} = L \times l \times h$	base d'aire $\mathcal{B}$, hauteur h $\mathcal{V} = \mathcal{B} \times h$
Cylindre de révolution	Pyramide ou cône de révolution	Boule (ou sphère)
base de rayon r, hauteur h $\mathcal{V} = \pi \times r^2 \times h$	base d'aire $\mathcal{B}$, hauteur h $\mathcal{V} = \dfrac{1}{3} \times \mathcal{B} \times h$	rayon r $\mathcal{V} = \dfrac{4}{3} \times \pi \times r^3$

🔴 *Trouver une relation entre deux rayons*

On considère une boule de rayon R et un cône de révolution dont la base a pour rayon x et dont la hauteur mesure R.

a. Exprimer les volumes de la boule et du cône.

b. Sachant que la boule et le cône ont le même volume, calculer, en fonction de R, le rayon x de la base du cône.

a. Le volume de la boule est : $\mathcal{V}_1 = \dfrac{4}{3} \times \pi \times R^3$.

Le volume du cône est : $\mathcal{V}_2 = \dfrac{1}{3} \times (\pi \times x^2) \times R$.

b. Les deux solides ayant même volume, nous avons donc : $\mathcal{V}_1 = \mathcal{V}_2$,

soit $\dfrac{1}{3} \times (\pi \times x^2) \times R = \dfrac{4}{3} \times \pi \times R^3$.

Donc $\dfrac{1}{3} \times \pi \times R \times (x^2) = \dfrac{1}{3} \times \pi \times R \times (4R^2)$.

En simplifiant, nous obtenons : $x^2 = 4R^2$.

Comme x et R sont des longueurs, ce sont des nombres positifs et nous avons : $x = 2R$.

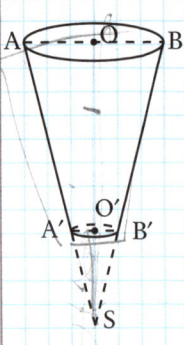

● Calculer le volume d'un seau

Un seau a la forme d'un tronc de cône.
Les deux bases circulaires sont parallèles et ont pour diamètres $[AB]$ et $[A'B']$ et pour centres respectifs O et O'. On donne $AB = 12$ cm, $SO = 24$ cm et $SO' = 8$ cm.

a. Calculer la longueur du segment $[O'A']$.

b. Calculer le volume $\mathcal{V}$ du seau à 1 cm^3 près.

a. Appliquez le théorème de Thalès pour trouver la distance OA.

b. Calculez le volume des deux cônes de sommet S, puis déduisez-en le volume du tronc de cône.

a. Les rayons $[OA]$ et $[O'A']$ sont parallèles, on peut donc appliquer le théorème de Thalès. On obtient : $\dfrac{O'A'}{OA} = \dfrac{SO'}{SO}$.

Comme $OA = \dfrac{AB}{2} = \dfrac{12}{2} = 6$, nous avons $\dfrac{O'A'}{6} = \dfrac{8}{24}$,

soit $O'A' = \dfrac{8 \times 6}{24}$ ou encore $O'A' = 2$ cm.

b. $\mathcal{V} = \dfrac{1}{3} \times \pi \times OA^2 \times SO - \dfrac{1}{3} \times \pi \times O'A'^2 \times SO'$

$\mathcal{V} = \dfrac{1}{3} \times \pi \times 6^2 \times 24 - \dfrac{1}{3} \times \pi \times 2^2 \times 8$

$\mathcal{V} = \dfrac{832}{3} \pi$, soit $\mathcal{V} = 871$ cm^3 à 1 cm^3 près.

Utiliser des grandeurs produits et des grandeurs quotients

27

1 Grandeur composée produit

Une **grandeur composée produit** est une grandeur obtenue en multipliant d'autres grandeurs.

EXEMPLES

- Une aire est le produit de deux longueurs.
- Un volume est le produit de trois longueurs.
- Une puissance électrique est le produit d'une tension (une différence de potentiel) et d'une intensité.

2 Grandeur composée quotient

Une **grandeur composée quotient** est une grandeur obtenue en divisant deux autres grandeurs.

EXEMPLES

- Une vitesse est le quotient d'une distance (une longueur) par un temps.
- Un débit est le quotient d'un volume par un temps (une durée).
- Une masse volumique est le quotient d'une masse par un volume.

MÉTHODES

● Calculer le volume d'un pavé droit

Un aquarium ayant la forme d'un parallélépipède rectangle a les dimensions suivantes : longueur : 75 cm ; largeur : 3,5 dm et hauteur : 0,5 m.

Quel volume maximal d'eau peut-il contenir ? Le résultat sera donné en litres.

CONSEILS

Exprimez les trois longueurs dans la même unité, le cm par exemple. Le résultat sera alors en cm^3. Il faudra ensuite transformer les cm^3 en litres.

SOLUTION

Nous avons : $L = 75$ cm ; $l = 3,5$ dm $= 35$ cm et $h = 0,5$ m $= 50$ cm.

Alors le volume V cherché est donné par la formule $V = L \times l \times h$, soit $V = 75 \times 35 \times 50$ ou encore $V = 131\,250$ cm^3.

Conclusion : $V = 131,25$ dm^3. Puisque 1 dm^3 = 1 L, on a : $V = 131,25$ litres.

● Calculer un débit

Léna a décidé de vider sa piscine avec une pompe électrique. La piscine contient 62 m^3 d'eau. Elle est entièrement vide au bout de 1 jour et 48 minutes.

Quel est, en litres par heure, le débit de la pompe utilisée ?

CONSEILS

Exprimez le volume d'eau en litres et la durée en heures.

SOLUTION

Le débit correspond à un volume de liquide par unité de temps.

Il est donné par la relation $D = \dfrac{V}{t}$ où D représente le débit de la pompe, V le volume d'eau à pomper et t la durée de l'opération.

Nous avons : $V = 62$ m^3 = 62 000 litres puisque

1 m^3 = 1 000 litres et $t = \left(24 + \dfrac{48}{60} \right)$ heures, soit $t = 24,8$ h.

Alors $D = \dfrac{62\,000}{24,8}$, soit $D = 2\,500$ litres par heure (2 500 L/h).

● Calculer une masse volumique

Marius possède de nombreuses boules de pétanque. Le diamètre de chacune est de 72 mm et la masse de 0,720 kg.

Calculer en g/cm^3 la masse volumique d'une boule de pétanque.

SOLUTION

La masse volumique correspond à une masse par unité de volume.

Appliquons la relation $\rho = \dfrac{m}{v}$ où ρ représente la masse volumique, m la masse de la boule de pétanque et v son volume.

Nous avons : $m = 0,720$ kg, soit $m = 720$ g.

De plus, le rayon r de la boule mesure 36 mm ou encore 3,6 cm.

Alors $v = \dfrac{4}{3} \times \pi \times r^3 = \dfrac{4}{3} \times \pi \times 3,6^3$, soit $v = 195,432$ cm^3.

Alors $\rho = \dfrac{m}{v} = \dfrac{720}{195,432}$ ou encore $\rho = 3,7$ g/cm^3 (valeur arrondie au dixième).

Calculer une vitesse, une durée ou une distance

28

1 La relation fondamentale $d = v \times t$

▶ Si d désigne la distance parcourue ;
t le temps mis pour parcourir cette distance ;
et v la vitesse moyenne réalisée,
alors on peut appliquer la relation $d = v \times t$.

▶ Si l'on connaît deux grandeurs parmi d, t et v, la relation permet de trouver la troisième grandeur.

2 Unités

▶ Si la vitesse est exprimée en mètres par seconde et le temps en secondes, alors on trouve la distance en mètres.

> **ATTENTION !**
> **Faites très attention aux unités utilisées !**

▶ Mais si la vitesse est exprimée en km/h et le temps en secondes, il convient d'écrire d'abord celle-ci en m/s pour obtenir la distance en mètres.

MÉTHODES

● Calculer une distance parcourue

Un avion effectue un vol sans escale entre Paris et Antananarivo (ville située à Madagascar). Le vol s'effectue en 10 heures et 48 minutes à la vitesse moyenne de 815 km/h.
Quelle distance l'avion a-t-il parcouru ?

CONSEILS

Appliquez la relation $d = v \times t$, avec la vitesse moyenne v en km/h et le temps t en heures.

SOLUTION

Nous savons que $v = 815$ km/h et $t = 10$ h 48 min.
Exprimons le temps en heures :

$t = 10$ h $+ 48$ min, soit $t = 10$ h $+ \dfrac{48}{60}$ h ou encore $t = 10{,}8$ h.
Alors $d = 815 \times 10{,}8$, soit $d = 8\,802$ km.

Calculer la durée d'un trajet

Lors d'un récent « Tour de France » à vélo, le vainqueur a parcouru les 3 657 km à la vitesse moyenne de 40,782 km/h. Calculer le temps mis pour accomplir le parcours. Le résultat sera donné en heures, minutes et secondes, et il sera arrondi à une seconde près.

SOLUTION

- Nous savons que $d = 3\,657$ km et que $v = 40,782$ km/h.

Alors $t = \dfrac{d}{v} = \dfrac{3\,657}{40,782}$ soit $t = 89,672$ h.

- Exprimons le temps en heures, minutes et secondes.

$t = 89$ h $+ 0,672$ h

$0,672$ h $= 0,672 \times 60$ min,

soit $0,672$ h $= 40,32$ min $= 40$ min $+ 0,32$ min

$0,32$ min $= 0,32 \times 60$ s soit $0,32$ min $= 19$ s, valeur arrondie à la seconde près.

Conclusion : $t = 89$ h 40 min 19 s, valeur arrondie à la seconde près.

Calculer une vitesse moyenne

Un brillant athlète a couru un 400 mètres haies en 46 secondes et 78 centièmes. Calculer sa vitesse moyenne. Cette vitesse sera d'abord indiquée en m/s et arrondie au cm/s près, puis en km/h et arrondie au centième.

SOLUTION

- Nous savons que $d = 400$ m et que $t = 46,78$ s.

Alors $v = \dfrac{d}{t} = \dfrac{400}{46,78}$ et, arrondie à 1 cm/s près, $v = 8,55$ m/s.

- Exprimons maintenant la vitesse moyenne v en km/h :

il y a 3 600 secondes dans 1 heure et 1 km = 1 000 m, d'où :

$v = \dfrac{8,55}{1\,000}$ km/s ou encore $v = \dfrac{8,55}{1\,000} \times 3\,600$ km/h.

Conclusion : $v = 30,78$ km/h, valeur arrondie au centième.

> **RAPPELS DE COURS**

1 **Relations trigonométriques dans le triangle rectangle**

Soit un triangle ABC, rectangle en A.

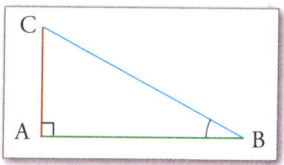

- $\sin \widehat{ABC} = \dfrac{AC}{BC} = \dfrac{\text{côté opposé}}{\text{hypoténuse}}$

- $\cos \widehat{ABC} = \dfrac{AB}{BC} = \dfrac{\text{côté adjacent}}{\text{hypoténuse}}$

- $\tan \widehat{ABC} = \dfrac{AC}{AB} = \dfrac{\text{côté opposé}}{\text{côté adjacent}}$

2 **Relations fondamentales**

Pour tout angle aigu de mesure x, on a :

$$\cos^2 x + \sin^2 x = 1 \quad \text{et} \quad \tan x = \frac{\sin x}{\cos x}.$$

> **MÉTHODES**

● **Calculer les mesures des côtés et des angles d'un triangle rectangle**

Soit un triangle ABC rectangle en A.

On pose : BC = a, AC = b et AB = c.

Les mesures des côtés du triangle sont exprimées en centimètres et seront calculées à 0,1 cm près. Les mesures des angles sont exprimées en degrés et seront calculées à un degré près.

Compléter le tableau suivant, en indiquant succinctement les calculs effectués.

a	b	c	$\widehat{B}$	$\widehat{C}$
9				32
	4,5		54	
		8	76	
	3	4		
		9	60	

- Commencez par tracer une figure.
- $\widehat{B} + \widehat{C} = 90°$ puisque le triangle ABC est rectangle en A.
- Utilisez votre calculatrice.

SOLUTION

Utilisons les formules suivantes :

- $\cos\widehat{B} = \dfrac{c}{a}$
- $\sin\widehat{B} = \dfrac{b}{a}$
- $\tan\widehat{B} = \dfrac{b}{c}$

- $\cos\widehat{C} = \dfrac{b}{a}$
- $\sin\widehat{C} = \dfrac{c}{a}$
- $\tan\widehat{C} = \dfrac{c}{b}$

a	b	c	$\widehat{B}$	$\widehat{C}$
9	7,6	4,8	58	32
5,6	4,5	3,3	54	36
33,1	32,1	8	76	14
5	3	4	37	53
18	15,6	9	60	30

● Calculer le cosinus d'un angle aigu connaissant son sinus

L'un des angles aigus d'un triangle rectangle mesure x degrés. Sachant que $\sin x = 0,6$, calculer la valeur exacte de $\cos x$.

CONSEILS

Utilisez la formule $\cos^2 x + \sin^2 x = 1$.

SOLUTION

Nous savons que, pour tout angle aigu de mesure x, on a :
$\cos^2 x + \sin^2 x = 1$.
Alors $\cos^2 x = 1 - \sin^2 x$.
$\cos^2 x = 1 - (0,6)^2$ soit $\cos^2 x = 1 - 0,36$ ou encore $\cos^2 x = 0,64$.
Nous avons deux solutions : $\cos x = +\sqrt{0,64}$ et $\cos x = -\sqrt{0,64}$.

Puisque $\cos x$ doit être positif, la réponse finale est :
$\cos x = +\sqrt{0,64} = 0,8$.

> **ATTENTION !** $\cos x$ est positif car c'est le quotient de deux distances.
> Donc $\cos x = -\sqrt{0,64}$ ne peut pas être une solution.

▶ Appliquer le théorème de Pythagore ③⓪

● Théorème de Pythagore

▶ Si un triangle ABC est rectangle en A, alors :

$$BC^2 = AB^2 + AC^2$$

▶ Autre formulation : dans un triangle rectangle, le carré de l'hypoténuse est égal à la somme des carrés des côtés de l'angle droit.

EXEMPLE Soit un triangle ABC rectangle en A et tel que AB = 15 cm et BC = 18,75 cm. On veut calculer la mesure exacte de la distance AC.

• [AB] et [AC] sont les côtés de l'angle droit, [BC] est l'hypoténuse.
• Nous pouvons appliquer le théorème de Pythagore et écrire :
$BC^2 = AB^2 + AC^2$.
Alors $AC^2 = BC^2 - AB^2$ ou encore $AC^2 = 18,75^2 - 15^2$.
Donc $AC^2 = 126,5625$, soit AC = 11,25 cm.

MÉTHODES

● Appliquer le théorème de Pythagore dans l'espace

L'unité de longueur est le centimètre.

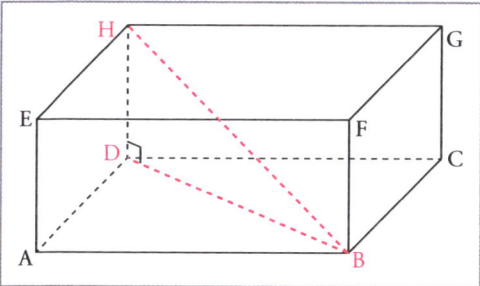

Soit un parallélépipède rectangle ABCDEFGH. La base ABCD a pour longueur AB = 12 et pour largeur AD = 8.
La hauteur mesure AE = 9.

a. Calculer la mesure exacte de la distance BD.

b. Calculer la mesure exacte du segment [BH] en admettant que le triangle HDB soit rectangle en D.

c. Un crayon de 16,5 cm de longueur pourrait-il rentrer dans une boîte de mêmes dimensions que ce parallélépipède ? Justifier.

CONSEILS

Repérez bien les côtés de l'angle droit et l'hypoténuse des triangles rectangles ABD et BDH.

SOLUTION

a. Appliquons le théorème de Pythagore au triangle ABD rectangle en A : $BD^2 = AB^2 + AD^2 = 12^2 + 8^2$
ou encore $BD^2 = 208$, donc $BD = 4\sqrt{13} \approx 14{,}4$.

b. Appliquons le théorème de Pythagore au triangle BDH rectangle en D : $BH^2 = BD^2 + DH^2 = 208 + 9^2$
ou encore $BH^2 = 289$, donc $BH = 17$.

c. Puisque $14{,}4 < 16{,}5 < 17$, pour rentrer dans la boîte, le crayon doit être disposé selon une diagonale ($[BH]$ par exemple).

● *Résoudre un problème à l'aide du théorème de Pythagore*

Deux chemins rectilignes $\mathcal{D}_1$ et $\mathcal{D}_2$ se coupent perpendiculairement en O. Deux très bons marcheurs P_1 et P_2 partent simultanément du point O et prennent chacun un des deux chemins à vitesse constante : $v_1 = 2$ m/s pour P_1 et $v_2 = 2{,}5$ m/s pour P_2.
Calculer la distance séparant les deux marcheurs 600 secondes après leur départ. En donner une valeur approchée au mètre près.

CONSEILS

Calculez les distances parcourues par chacun des marcheurs en 600 secondes, puis appliquez le théorème de Pythagore au triangle obtenu.

SOLUTION

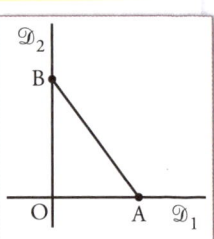

Au bout de 600 secondes, P_1 sera en A avec $OA = 2 \times 600 = 1\ 200$ m et P_2 sera en B avec $OB = 2{,}5 \times 600 = 1\ 500$ m.
Le triangle OAB est rectangle en O.
Le théorème de Pythagore permet d'écrire :
$AB^2 = OA^2 + OB^2$.
$AB^2 = 1\ 200^2 + 1\ 500^2 = 3\ 690\ 000$,
soit $AB = \sqrt{3\ 690\ 000}$.
Nous obtenons $AB = 1\ 921$ m, valeur approchée au mètre près.

Appliquer la réciproque du théorème de Pythagore

31

● *Réciproque du théorème de Pythagore*

▶ Si un triangle ABC est tel que $BC^2 = AB^2 + AC^2$, alors ce triangle est rectangle en A.

▶ Autre formulation : Si, dans un triangle, le carré du plus grand côté est égal à la somme des carrés des deux autres côtés, alors le triangle est rectangle et admet pour hypoténuse le plus grand des côtés.

EXEMPLE Soit un triangle ABC tel que AB = 5,7 ; AC = 8,4 et BC = 10. Montrons que le triangle ABC n'est pas rectangle.

1. [BC] est le plus grand des côtés du triangle ABC.

2. Calculons : $AB^2 = 5,7^2 = 32,49$; $AC^2 = 8,4^2 = 70,56$; $BC^2 = 10^2 = 100$.

3. Puisque $32,49 + 70,56 = 103,05$, alors $32,49 + 70,56 \neq 100$. Par conséquent : $AB^2 + AC^2 \neq BC^2$.

Conclusion : Si le triangle ABC avait été rectangle en A, alors nous aurions pu appliquer le théorème de Pythagore et écrire que $AB^2 + AC^2 = BC^2$. Mais $AB^2 + AC^2 \neq BC^2$, donc le triangle ABC n'est pas rectangle en A.

MÉTHODES

● *Appliquer la réciproque du théorème de Pythagore dans le plan*

Soit un triangle ABC tel que AB = 36, AC = 48 et BC = 60 (les longueurs sont exprimées en millimètres).

a. Quelle est la nature du triangle ABC ?

b. Soit H le point du segment [BC] tel que CH = 38,4. On sait de plus que AH = 28,8. Quelle est la nature du triangle AHC ? Que représente la droite (AH) pour le triangle ABC ?

CONSEILS

Calculez les carrés des mesures de chacun des côtés du triangle considéré. Additionnez les deux plus petits carrés et comparez cette somme au troisième carré.

a. On a : $AB^2 = 36^2 = 1\,296$; $AC^2 = 48^2 = 2\,304$;
$BC^2 = 60^2 = 3\,600$.

Nous remarquons que $1\,296 + 2\,304 = 3\,600$, c'est-à-dire $AB^2 + AC^2 = BC^2$. D'après la réciproque du théorème de Pythagore, le triangle ABC est rectangle en A.

b. On a : $AH^2 = 28{,}8^2 = 829{,}44$; $CH^2 = 38{,}4^2 = 1\,474{,}56$;
$AC^2 = 48^2 = 2\,304$.

Nous remarquons que $829{,}44 + 1\,474{,}56 = 2\,304$, c'est-à-dire $AH^2 + CH^2 = AC^2$. D'après la réciproque du théorème de Pythagore, le triangle AHC est rectangle en H. La droite (AH) représente donc la hauteur issue de A dans le triangle BAC.

● Déterminer si une étagère est horizontale ou non

Les différentes longueurs sont données en cm.
L'étagère [AB] est fixée à un mur vertical et maintenue par un support [CD]. On donne : AC = 40, AD = 60 et DC = 70.

a. L'étagère est-elle horizontale ? Pourquoi ?

b. Le point C est fixe tandis que le point D peut coulisser sur [AE]. À quelle distance de A (arrondie à 0,1 près) doit-on placer le point D pour que l'étagère soit horizontale ?

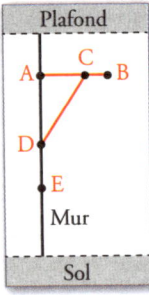

a. L'étagère est horizontale si (AC) est perpendiculaire à (AD), donc si le triangle DAC est rectangle en A.

a. $AD^2 + AC^2 = 60^2 + 40^2 = 5\,200$ et $CD^2 = 70^2 = 4\,900$.

Donc $AD^2 + AC^2 \neq CD^2$. Donc le triangle DAC n'est pas rectangle en A, et l'étagère n'est pas horizontale.

b. Notons D′ la nouvelle position du point D qui permet d'avoir un triangle D′AC rectangle en A. Appliquons le théorème de Pythagore dans le triangle D′AC rectangle en A : $AD'^2 + AC^2 = CD'^2$, soit $AD'^2 = CD'^2 - AC^2 = 70^2 - 40^2 = 3\,300$.

$AD' = \sqrt{3\,300} \simeq 57{,}4$ (valeur arrondie à 0,1 près).

Il faut placer le point D′ (ou D) à 57,4 cm du point A pour que l'étagère soit horizontale.

Appliquer le théorème de Thalès

32

● *Théorème de Thalès*

Soient :
- deux droites $\mathscr{D}$ et $\mathscr{D}'$ sécantes en A ;
- B et M deux points de $\mathscr{D}$ distincts de A ;
- C et N deux points de $\mathscr{D}'$ distincts de A.

Si les droites (BC) et (MN) sont parallèles, alors :

$$\frac{AM}{AB} = \frac{AN}{AC} = \frac{MN}{BC}.$$

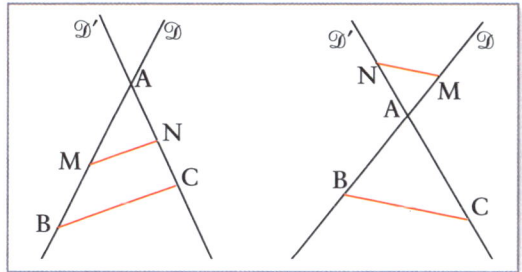

MÉTHODES

● *Calculer des distances dans le plan*

L'unité de longueur est le centimètre.

Les droites (AB) et (EF) sont parallèles.

De plus, OA = 2 ; OF = 1,5 ; OB = 3 et EF = 1,8.

Calculer les distances OE et AB.

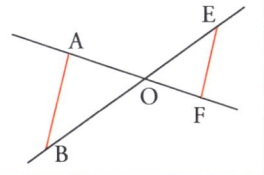

CONSEILS

- Faites attention à l'ordre des points considérés !
- N'oubliez pas de justifier l'application du théorème de Thalès.

SOLUTION

Les points A, O, F sont alignés dans le même ordre que les points B, O, E. De plus, les droites (AB) et (EF) sont parallèles.

Nous pouvons donc appliquer le théorème de Thalès et écrire :
$$\frac{OA}{OF} = \frac{OB}{OE} = \frac{AB}{EF}.$$

En remplaçant les longueurs par leurs mesures dans l'égalité $\frac{OA}{OF} = \frac{OB}{OE}$, nous obtenons $\frac{2}{1,5} = \frac{3}{OE}$, d'où $OE = \frac{3 \times 1,5}{2}$, soit $OE = 2,25$ cm.

De même, $\frac{OA}{OF} = \frac{AB}{EF}$ donne $\frac{2}{1,5} = \frac{AB}{1,8}$, soit $AB = 2,4$ cm.

● Construire un point sur un segment selon un rapport donné

Sur une droite $\mathcal{D}$, on place deux points A et B tels que $AB = 9$ cm, puis on trace une droite Δ passant par A mais pas par B. On place sur cette droite un point C tel que $AC = 12$ cm et, sur le segment $[AC]$, on place le point E tel que $AE = 5$ cm.

Construire le point M de $[AB]$ tel que $\frac{MA}{MB} = \frac{5}{7}$.

CONSEILS

Retrouvez une configuration de Thalès en traçant la droite parallèle à (CB) passant par E. Celle-ci coupe $\mathcal{D}$ en P.

SOLUTION

Les points A, E, C sont alignés dans le même ordre que les points A, P, B et les droites (EP) et (CB) sont parallèles.

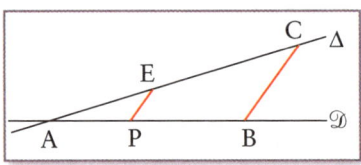

Le théorème de Thalès permet d'écrire : $\frac{AP}{AB} = \frac{AE}{AC} = \frac{5}{12}$.

Mais $AB = AP + PB$, donc nous pouvons écrire : $\frac{AP}{AP + PB} = \frac{5}{12}$, soit $5AP + 5PB = 12AP$.

Alors $7AP = 5PB$ et enfin $\frac{PA}{PB} = \frac{5}{7}$.

Le point P est donc le point M cherché.

Appliquer la réciproque du théorème de Thalès

33

Réciproque du théorème de Thalès

Soient :
- deux droites $\mathcal{D}$ et $\mathcal{D}'$ sécantes en A ;
- B et M deux points de $\mathcal{D}$ distincts de A ;
- C et N deux points de $\mathcal{D}'$ distincts de A.

Si les points A, B et M d'une part, et les points A, C et N d'autre part sont alignés dans le même ordre et si $\dfrac{AM}{AB} = \dfrac{AN}{AC}$, alors les droites (BC) et (MN) sont parallèles.

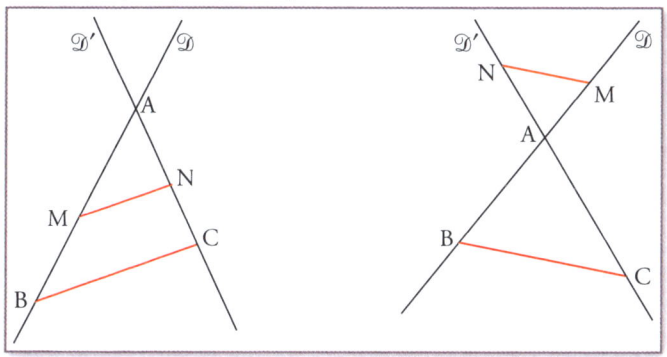

MÉTHODES

Démontrer que deux droites sont parallèles

Les longueurs sont mesurées en centimètres.

Construire un triangle ABC tel que AB = 3, BC = 7 et AC = 9.
Placer le point E de la demi-droite [AB) tel que AE = 5, puis le point F de la demi-droite [AC) tel que AF = 15.
Les droites (BC) et (EF) sont-elles parallèles ? Justifier votre réponse.

CONSEILS

N'oubliez pas de justifier l'application de la réciproque du théorème de Thalès.

Nous avons $\dfrac{AB}{AE} = \dfrac{3}{5} = 0,6$

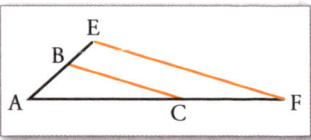

et $\dfrac{AC}{AF} = \dfrac{9}{15} = 0,6$. Nous en dédui-

sons que $\dfrac{AB}{AE} = \dfrac{AC}{AF}$.

Les points A, C, F sont alignés dans le même ordre que les points A, B, E et de plus $\dfrac{AB}{AE} = \dfrac{AC}{AF}$. Donc, d'après la réciproque du théorème de Thalès, les droites (BC) et (EF) sont parallèles.

● Démontrer que deux droites ne sont pas parallèles

L'unité de longueur est le centimètre.

On considère deux droites $\mathscr{D}_1$ et $\mathscr{D}_2$ sécantes en O. Les points A et H sont situés sur $\mathscr{D}_1$ tandis que les points B et G sont situés sur $\mathscr{D}_2$.

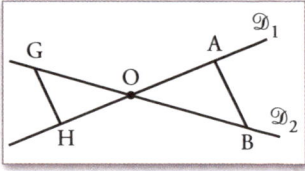

On donne : OA = 6 ; OB = 8 ; OG = 6,6 et OH = 5.

Les droites (AB) et (GH) sont-elles parallèles ?

Vérifiez si l'on peut utiliser la réciproque du théorème de Thalès, ou pas.

Calculons : $\dfrac{OA}{OH} = \dfrac{6}{5}$ et $\dfrac{OB}{OG} = \dfrac{8}{6,6}$.

Nous remarquons que $\dfrac{6}{5} \neq \dfrac{8}{6,6}$, donc nous en déduisons que $\dfrac{OA}{OH} \neq \dfrac{OB}{OG}$.

Les points G, O, B sont alignés dans le même ordre que les points H, O, A.

Si les droites (AB) et (GH) étaient parallèles, le théorème de Thalès permettrait d'écrire : $\dfrac{OA}{OH} = \dfrac{OB}{OG}$. Mais puisque $\dfrac{OA}{OH} \neq \dfrac{OB}{OG}$, les droites (AB) et (GH) ne sont pas parallèles.

Connaître les trois cas d'égalité des triangles

34

❶ Premier cas d'égalité des triangles

Si deux triangles ont un côté de même longueur adjacent à **deux angles** respectivement égaux, alors ces triangles sont égaux.

> À SAVOIR ! On dit que deux triangles sont égaux lorsqu'ils sont superposables.

EXEMPLE Si BC = EF, $\widehat{ABC} = \widehat{DEF}$ et $\widehat{ACB} = \widehat{DFE}$, alors les triangles ABC et DEF sont égaux. Nous pouvons en déduire que AB = DE, AC = DF et $\widehat{BAC} = \widehat{EDF}$.

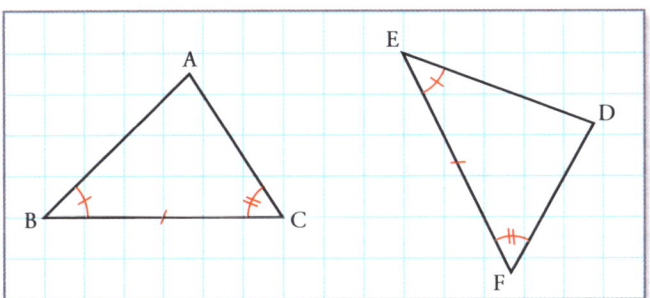

❷ Deuxième cas d'égalité des triangles

Si deux triangles ont un angle de même mesure compris entre **deux côtés** respectivement de même longueur, alors ces triangles sont égaux.

EXEMPLE Si $\widehat{BAC} = \widehat{EDF}$, AB = DE et AC = DF, alors les triangles ABC et DEF sont égaux. Nous pouvons en déduire que $\widehat{ABC} = \widehat{DEF}$, $\widehat{ACB} = \widehat{DFE}$ et BC = EF.

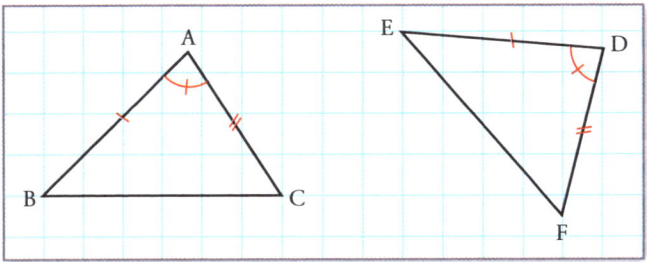

3 Troisième cas d'égalité des triangles

Si deux triangles ont leurs <mark>trois côtés</mark> respectivement de même longueur, alors ces triangles sont égaux.

EXEMPLE Si AB = DE, AC = DF et BC = EF, alors les triangles ABC et DEF sont égaux. Nous pouvons en déduire que $\widehat{ABC} = \widehat{DEF}$, $\widehat{ACB} = \widehat{DFE}$ et $\widehat{BAC} = \widehat{EDF}$.

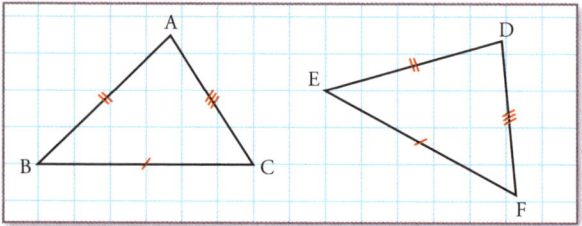

> **MÉTHODE**

● Comparer deux longueurs

Soit un triangle ABC isocèle en A.
On note I et J les milieux respectifs des côtés [AB] et [AC] de ce triangle.
On note K le point d'intersection des droites (CI) et (BJ).
Construire une figure, puis comparer les distances CI et BJ.

> **CONSEILS**
>
> Trouvez des triangles qui pourraient être égaux, puis appliquez le deuxième cas d'égalité des triangles.

> **SOLUTION**

Considérons les triangles BIC et CJB. Nous savons que [BC] est un côté commun aux deux triangles.

Nous savons aussi que $\widehat{IBC} = \widehat{JCB}$ et que AB = AC puisque le triangle ABC est isocèle en A. Alors $BI = \dfrac{AB}{2}$ et $CJ = \dfrac{AC}{2}$ donc BI = CJ.

D'après le deuxième cas d'égalité, les triangles BIC et CJB sont égaux. En conséquence CI = BJ.

Conclusion : les distances CI et BJ sont égales.

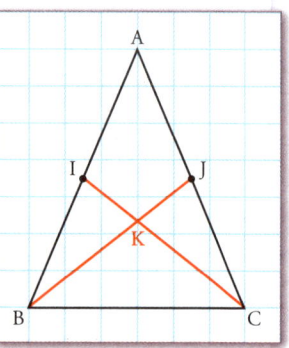

Appliquer des transformations géométriques

35

1 *Quelques transformations*

Symétrie axiale	Symétrie centrale
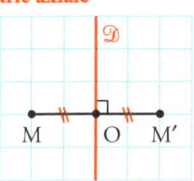	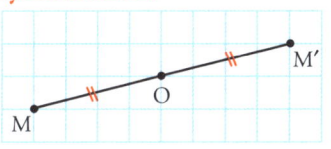
• Le point M′ est le symétrique du point M par rapport à la droite $\mathcal{D}$ si $\mathcal{D}$ est la **médiatrice** du segment [MM′]. • Deux figures sont symétriques par rapport à une droite si elles se superposent après **pliage** de la feuille le long de la droite.	• Le point M′ est le symétrique du point M par rapport au point O si ce point O est le **milieu** du segment [MM′]. • Deux figures sont symétriques par rapport à un point O si elles sont superposables après un **demi-tour** autour de O (ou après rotation de 180° de centre O).
Rotation	**Translation**
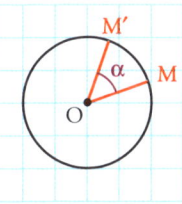	
• Le point M′ est l'image du point M par la **rotation d'angle** α si $OM = OM'$ et $\widehat{MOM'} = \alpha$. • Cette rotation peut s'effectuer dans le sens des aiguilles d'une montre ou non.	• Dans le parallélogramme ABCD, le point C est l'image du point D par la translation qui transforme le point A en le point B. On parle parfois de « **glissement** ». • L'image d'une droite par une translation est une droite qui lui est parallèle. • L'image d'une figure par une translation est une figure qui lui est superposable.

2 Propriétés de conservation

Ces transformations géométriques **conservent** les longueurs, les angles, les aires, les alignements, le parallélisme et la perpendicularité.

MÉTHODE

● Construire une figure à l'aide des transformations

a. Tracer un carré ABCD de centre O et de 2 cm de côté, puis :
• placer le point E image du point O dans la symétrie de centre B ;
• placer le point F image du point C dans la translation qui transforme le point A en le point O ;
• placer le point G image du point E dans la rotation de centre O qui transforme B en A ;
• placer le point H tel que les droites (AD) et (GH) soient parallèles, GH = 2AD et enfin que l'angle $\widehat{HGA}$ soit aigu.

b. Démontrer que les droites (EF) et (AD) sont parallèles.

CONSEILS

b. Pour démontrer que deux droites sont parallèles, on peut essayer d'appliquer la réciproque du théorème de Thalès (→ FICHE 33).

SOLUTION

a. Puisque E est l'image de O dans la symétrie de centre B, alors B est le milieu du segment [OE].
Puisque F est l'image C dans la translation qui transforme A en O, alors les points O, C, F sont alignés et AO = CF.
Puisque G est l'image de E dans la rotation de centre O qui transforme B en A, alors OG = OE et $\widehat{EOG} = \widehat{BOA}$.
Il existe a priori deux points H

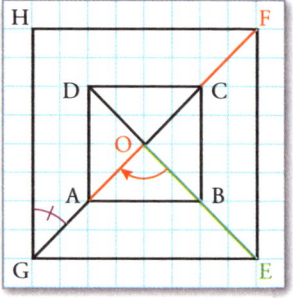

possibles mais un seul donne un angle $\widehat{HGA}$ aigu.

b. Voici une démonstration possible. Les points O, C, F sont alignés dans le même ordre que les points O, B, E et, de plus, $\dfrac{OC}{OF} = \dfrac{OB}{OE} = \dfrac{1}{2}$. D'après la réciproque du théorème de Thalès, les droites (EF) et (BC) sont parallèles. Or (BC) et (AD) sont parallèles puisque ABCD est un carré. Donc (EF) et (AD) sont parallèles.

RAPPELS DE COURS

1 *Image d'un point par une homothétie*

Le point B est l'image du point A par l'**homothétie de centre O et de rapport k** (où k est un nombre strictement positif) si :

• les points O, A et B sont alignés ;
• le point O n'est pas situé sur le segment [AB] ;
• OB = $k \times$ OA.

EXEMPLE Sur la figure ci-dessous, B est l'image de A par l'homothétie de centre O et de rapport $k = 3$.

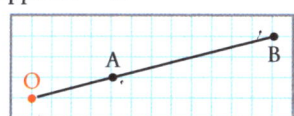

2 *Transformer une figure par une homothétie*

Transformer une figure par une homothétie, c'est l'agrandir ou la réduire.

EXEMPLE Sur le schéma ci-dessous, les points O, A, A′, les points O, B, B′ et les points O, C, C′ sont alignés.

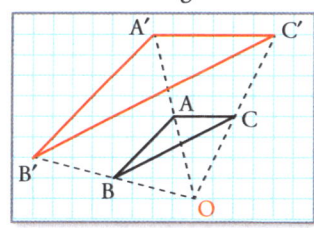

• Le triangle A′B′C′ est l'image du triangle ABC par l'homothétie de centre O et de rapport 2 : on a un **agrandissement**.
• Le triangle ABC est l'image du triangle A′B′C′ par l'homothétie de centre O et de rapport $\dfrac{1}{2}$: on a une **réduction**.

On a donc : $\dfrac{OA'}{OA} = \dfrac{OB'}{OB} = \dfrac{OC'}{OC} = 2$ et

$\dfrac{OA}{OA'} = \dfrac{OB}{OB'} = \dfrac{OC}{OC'} = \dfrac{1}{2}$.

3 Homothétie, proportionnalité et théorème de Thalès

La transformation d'un triangle par une homothétie traduit aussi une configuration de Thalès.

En considérant la seconde figure de la page précédente, on peut remarquer que :

- les côtés des triangles ABC et A′B′C′ sont proportionnels ;
- leurs angles homologues sont égaux.

On dit que les triangles ABC et A′B′C′ sont **semblables**.

4 Propriétés de conservation de l'homothétie

L'homothétie **conserve** les angles, l'alignement, le parallélisme et la perpendicularité.

EXEMPLE Par une homothétie, l'image d'une droite est une droite qui lui est parallèle.

MÉTHODE

Construire l'image d'un segment par une homothétie

Sur le schéma ci-contre, le segment [AB] mesure 2 cm.

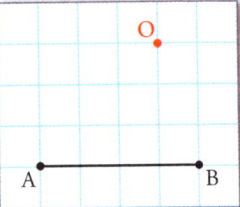

a. Reproduire le schéma en vraie grandeur sur une feuille quadrillée, puis construire l'image [A′B′] du segment [AB] par l'homothétie de centre O et de rapport 1,5.

b. Combien mesure la distance A′B′ ?

CONSEILS

a. Mesurez avec une règle graduée, les distances OA et OB.

SOLUTION

a. Sur le schéma, on mesure OA = 2,2 cm et OB = 1,6 cm.
Les points O, A et A′ sont alignés et OA′ = 1,5 × OA, soit OA′ = 3,3 cm.
Les points O, B et B′ sont alignés et OB′ = 1,5 × OB, soit OB′ = 2,4 cm.

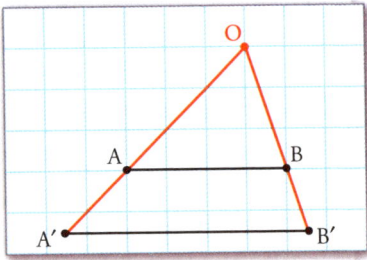

b. Le segment [A′B′] est un agrandissement du segment [AB].
On a : A′B′ = 1,5 × AB = 1,5 × 2, soit A′B′ = 3 cm.

1 **Se repérer dans un plan muni d'un repère orthogonal**

▶ Un **repère orthogonal** est constitué d'une origine et de deux axes perpendiculaires. Quand les unités sur chacun des axes sont les mêmes, on dit que le repère est orthonormé.

▶ Un point est repéré par **deux coordonnées** : son **abscisse** et son **ordonnée**.

EXEMPLE

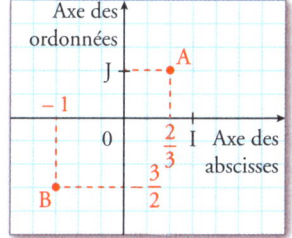

• Les coordonnées de A sont $x_A = +\dfrac{2}{3}$

et $y_A = +1$. On note $A\left(+\dfrac{2}{3}\,;+1\right)$.

• Les coordonnées de B sont $x_B = -1$

et $y_B = -\dfrac{3}{2}$. On note $B\left(-1\,;-\dfrac{3}{2}\right)$.

2 **Se repérer dans un parallélépipède rectangle**

▶ Se repérer **dans l'espace** revient à se repérer dans un parallélépipède rectangle. Dans ce solide, trois arêtes concourantes forment un repère.

▶ Un point A est repéré par **trois coordon- nées** : son abscisse x_A, son ordonnée y_A et son altitude z_A.

EXEMPLE

L'abscisse du point A est $x_A = +2$, son ordonnée est $y_A = +3$ et son altitude est $z_A = +5$. On note $A(2\,;3\,;5)$.

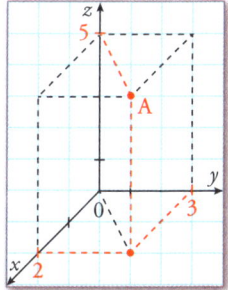

ATTENTION ! Les abscisses, les ordonnées et les altitudes sont des nombres relatifs.

Repérer une boule de billard sur une table

La surface de jeu d'un billard est représentée par un rectangle OABC. Sa longueur OA et sa largeur OC mesurent respectivement 2,10 m et 1,05 m. Considérons un repère orthonormé d'origine O et tel qu'une unité représente 30 cm.

a. Placer les points O, A, B et C sachant que leurs coordonnées sont positives ou nulles, que O et A sont sur l'axe des abscisses et O et C sur l'axe des ordonnées. Lire les coordonnées des 4 points.

b. Placer la boule P sachant qu'elle est située à 15 cm de [OC] et à 60 cm de [OA]. Donner les coordonnées de P.

SOLUTION

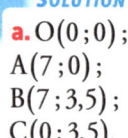
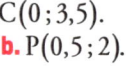

a. $O(0\,;0)$;
$A(7\,;0)$;
$B(7\,;3,5)$;
$C(0\,;3,5)$.
b. $P(0,5\,;2)$.

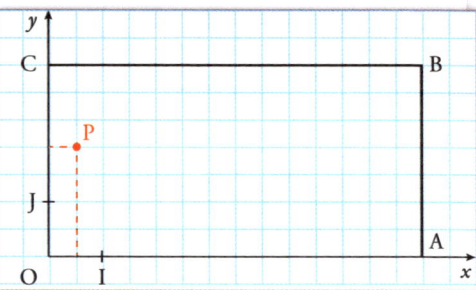

Repérer une balle de golf

Une balle de golf G est lancée à partir de l'origine O d'un repère dans un parallélépipède rectangle (une unité représente 2,5 m sur chaque axe). La balle passe au-dessus d'un drapeau dont le pied D a pour coordonnées $(3\,;4,5\,;0)$. Alors la balle G est à 15 m au-dessus du sol. On note z_G son altitude.

a. Tracer le repère et placer le point D.

b. Placer la balle G et donner la valeur de z_G. Écrire les coordonnées de G.

SOLUTION

a. D est situé dans le plan qui contient l'axe des abscisses et l'axe des ordonnées (c'est-à-dire le plan du sol).

b. On a $z_G = \dfrac{15}{2,5} = 6$.

On peut donc écrire $G(3\,;4,5\,;6)$.

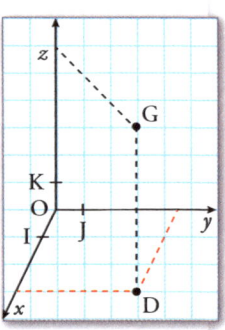

Déterminer la nature des sections de solides par un plan

38

1 Section d'un cube

▶ La section d'un cube **par un plan parallèle à une face** est un carré dont le côté possède la même mesure que l'arête du cube (FIGURE 1).

▶ La section d'un cube **par un plan parallèle à une arête** est un rectangle.

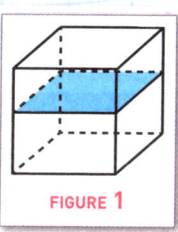

FIGURE **1**

2 Section d'un parallélépipède rectangle

▶ La section d'un parallélépipède rectangle (ou pavé droit) **par un plan parallèle à une face** est un rectangle dont les dimensions sont égales à celles de cette face.

▶ La section d'un parallélépipède rectangle (ou pavé droit) **par un plan parallèle à une arête** est un rectangle (FIGURE 2).

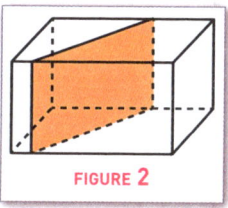

FIGURE **2**

3 Section d'un cylindre de révolution

▶ La section d'un cylindre de révolution **par un plan parallèle à son axe** est un rectangle (FIGURE 3).

▶ La section d'un cylindre de révolution **par un plan perpendiculaire à son axe** est un cercle (ou un disque) de même rayon que celui de la base du cylindre de révolution.

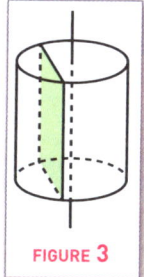

FIGURE **3**

4 Sections d'une pyramide et d'un cône de révolution

▶ La section d'une pyramide **par un plan parallèle à la base** est un polygone de même nature que la base de la pyramide. C'est une réduction du polygone de base (FIGURE 4).

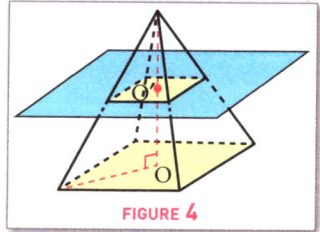

FIGURE **4**

▶ La section d'un cône de révolution **par un plan parallèle à la base** est un cercle (ou un disque) qui est une réduction de la base.

● **Étudier la section d'une pyramide par un plan parallèle à la base**

ABCD est un carré de centre O et de côté 5 cm. La droite (OK) est orthogonale au plan formé par le carré ABCD. KABCD est une pyramide notée $\mathcal{P}$ telle que OK = 2AB.

On coupe la pyramide $\mathcal{P}$ par un plan parallèle à sa base carrée ABCD. Ce plan coupe les segments [KA], [KB], [KC], [KD] et [KO] respectivement en A′, B′, C′, D′ et O′. On donne KO′ = 3 cm.

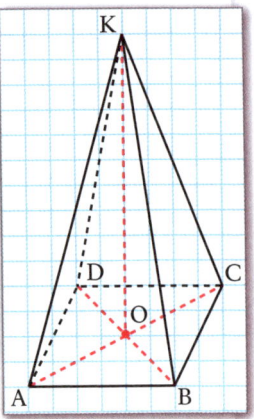

a. Calculer la mesure exacte du volume $\mathcal{V}$ de $\mathcal{P}$.

b. Quelle est la nature du quadrilatère A′B′C′D′ ? En donner la dimension caractéristique, après avoir déterminé le coefficient de réduction.

c. Calculer la mesure exacte du volume $\mathcal{V}'$ de la pyramide de sommet K et de base A′B′C′D′.

SOLUTION

a. Nous avons $\mathcal{V} = \dfrac{1}{3} \times$ aire de la base $\times$ hauteur.

La hauteur OK mesure 2AB, soit $2 \times 5 = 10$.

D'où $\mathcal{V} = \dfrac{1}{3} \times 5^2 \times 10$, soit $\mathcal{V} = \dfrac{250}{3}$ cm³.

b. A′B′C′D′ est un quadrilatère de même nature que ABCD, c'est donc un carré.

Le coefficient de réduction est $k = \dfrac{KO'}{KO} = \dfrac{3}{10}$.

Alors $\dfrac{A'B'}{AB} = k = \dfrac{3}{10}$, donc $A'B' = \dfrac{3}{10} \times 5$, soit $A'B' = 1,5$ cm.

c. $\mathcal{V}' = k^3 \times \mathcal{V}$ donc $\mathcal{V}' = \left(\dfrac{3}{10}\right)^3 \times \dfrac{250}{3} = 2,25$ cm³.

🔴 Agrandissement et réduction

Lorsque toutes les dimensions d'une figure $\mathscr{F}$ sont multipliées par un même nombre k, on obtient une figure $\mathscr{F}'$ qui vérifie les propriétés suivantes :

- Si $k > 1$, $\mathscr{F}'$ est un **agrandissement** de $\mathscr{F}$.
- Si $0 < k < 1$, $\mathscr{F}'$ est une **réduction** de $\mathscr{F}$.
- L'**aire** de $\mathscr{F}'$ se calcule en multipliant l'aire de $\mathscr{F}$ par k^2.
- Le **volume** de $\mathscr{F}'$ se calcule en multipliant le volume de $\mathscr{F}$ par k^3.

🔴 Calculer un coefficient d'agrandissement

Une photographie d'identité rectangulaire possède une largeur de 3,5 cm et une hauteur de 4,5 cm. Elle est agrandie et ses nouvelles dimensions sont : largeur 14 cm et hauteur 18 cm.
Quel est le coefficient d'agrandissement ?

▌ SOLUTION

Nous pouvons remarquer que $\dfrac{14}{3,5} = \dfrac{18}{4,5} = 4$.

Le coefficient d'agrandissement est égal à 4.

C'est aussi le coefficient de proportionnalité.

🔴 Calculer l'aire d'un agrandissement

La maquette d'un terrain de rugby de forme rectangulaire possède les dimensions suivantes : longueur 40 cm et largeur 27,6 cm.

a. Quelle est l'aire de cette maquette ?

b. Sachant que la maquette est à l'échelle $\dfrac{1}{250}$, déduire de l'aire de la maquette l'aire réelle du terrain de rugby.

▌ CONSEILS

Identifiez le coefficient d'agrandissement du terrain par rapport à la maquette.

a. Soit a l'aire de la maquette. Alors $a = 40 \times 27,6$ cm^2, soit $a = 1104$ cm^2.

b. Le terrain de rugby est un agrandissement de la maquette dans le rapport 250. Son aire vaut $A = 250^2 \times 1104$, soit $A = 69\,000\,000$ cm^2 ou encore $6\,900$ m^2.

● Calculer le volume d'une réduction

Neptune possède un aquarium ayant la forme d'un parallélépipède rectangle et qui peut contenir au maximum 198 L d'eau. Il décide d'en acheter un plus petit ayant la même forme mais dont les trois dimensions sont une réduction de 20 % des dimensions du premier aquarium.

a. Calculer la contenance exacte en cm^3 du second aquarium.

b. En fait, le second aquarium possède une longueur de 72 cm et une largeur de 32 cm. Quelle est la hauteur du premier aquarium ?

Afin de ne pas perdre d'information, notez les dimensions du premier aquarium dans un premier tableau et les dimensions du second aquarium dans un second tableau.

a. Les dimensions du second aquarium sont une réduction de 20 % des dimensions du premier aquarium ; cela signifie que les dimensions du second aquarium sont égales à 80 % des dimensions du premier aquarium. Il s'agit donc d'une réduction de coefficient 0,8. Notons V_1 et V_2 les volumes respectifs du premier et du second aquarium.

$V_2 = (0,8)^3 \times V_1$ soit $V_2 = (0,8)^3 \times 198 = 101,376$ L ou $V_2 = 101\,376$ cm^3.

b. La longueur L du premier aquarium est égale à $\dfrac{72}{0,8}$, soit 90 cm.

La largeur l du premier aquarium est égale à $\dfrac{32}{0,8}$, soit 40 cm.

La hauteur h du premier aquarium est telle que $90 \times 40 \times h = 198\,000$ cm^3.

Nous obtenons $h = 55$ cm.

1 Section d'une sphère par un plan

Soit une sphère de centre O et de rayon R et soit un plan $\mathscr{P}$.
Notons h la distance entre le point O et le plan $\mathscr{P}$. Alors $h = $ OH.

• Si $h > R$, alors le plan ne coupe pas la sphère.

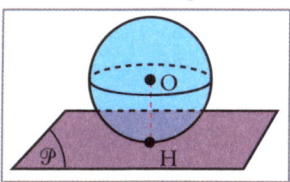
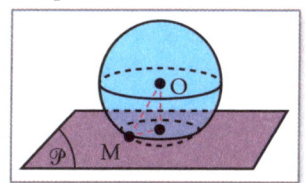

• Si $h = R$, alors le plan est tangent à la sphère.

• Si $h < R$, alors le plan coupe la sphère. La section est un cercle.

2 Coordonnées géographiques

► On représente la Terre par une sphère.

• La section de la sphère par un plan passant par le centre de la sphère est un **grand cercle**. L'**équateur** est le grand cercle de la Terre perpendiculaire à la droite joignant le pôle nord et le pôle sud.

• Un **méridien** est un demi grand cercle perpendiculaire à l'équateur et joignant le pôle nord et le pôle sud.

• Un **parallèle** est un cercle parallèle à l'équateur.

► Tout point P situé sur Terre est repéré par :
– sa **longitude** (Est ou Ouest) qui est la mesure d'angle entre le méridien où se trouve le point P et le méridien de Greenwich ;
– sa **latitude** (Nord ou Sud) qui est la mesure d'angle entre le parallèle où se trouve le point P et l'équateur.

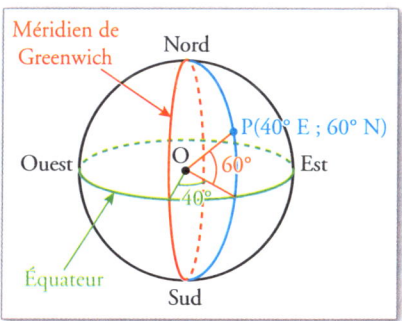

● *Étudier la section d'une sphère par un plan*

Soit une sphère $\mathcal{S}$ de centre O et de rayon $R = 15$ cm. On coupe cette sphère par un plan $\mathcal{P}$ tel que la distance du point O à ce plan (représentée par le segment [OH] sur la figure) soit égale à 12 cm.

Quelle est la nature de la section $\mathcal{C}$ de la sphère $\mathcal{S}$ et du plan $\mathcal{P}$?

En donner les éléments caractéristiques (centre et mesure du rayon).

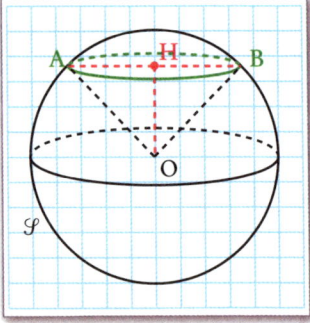

CONSEILS

Appliquez le théorème de Pythagore.

SOLUTION

La section d'une sphère par un plan est un cercle.

Ce cercle $\mathcal{C}$ a pour centre H. Son rayon $r = $ HA peut être calculé en appliquant le théorème de Pythagore dans le triangle AHO rectangle en H :

$AH^2 + OH^2 = OA^2$,

soit $r^2 = R^2 - OH^2$ ou $r^2 = 15^2 - 12^2 = 81$.

Donc $r = 9$ cm.

● *Calculer la longueur d'un grand cercle*

La Terre est assimilée à une boule de rayon $R = 6\ 370$ km.
Calculer la longueur de l'équateur.

SOLUTION

Nous savons que l'équateur est un grand cercle qui a même centre et même rayon que la Terre.

Notons L la longueur de ce cercle. Alors :

$L = 2 \times \pi \times R$, soit $L = 2 \times \pi \times 6\ 370$ km

ou encore, arrondie au km, $L = 40\ 024$ km.

Comprendre la structure d'un algorithme

41

Scratch Offline Editor version 2 est téléchargeable gratuitement à l'adresse suivante : scratch.mit.edu/scratch2download/

Les trois étapes de base d'un algorithme simple

Un **algorithme** est une suite ordonnée d'instructions à exécuter pour résoudre un problème donné. Il a la structure suivante :

À NOTER ! Dans la phase de traitement des données, il est possible de répéter une action plusieurs fois grâce à une boucle. Avec Scratch, on utilise pour cela l'instruction « répéter … fois ».

1. La **saisie des données** ou la préparation du traitement. Ce sont les éléments dont on part.

2. Le **traitement des données** : c'est l'étape où les calculs sont effectués. Il peut s'agir d'un calcul unique ou d'une suite de calculs.

3. La **sortie des résultats**. Cela correspond à l'affichage ou à l'impression des résultats obtenus par le traitement.

MÉTHODE

Calculer des images données par une fonction

Soit une fonction f définie par $f(x) = -2x + 4$.

Le programme Scratch ci-dessous permet de calculer les images données par la fonction f de quatre antécédents choisis par l'utilisateur.

```
1   quand [drapeau] cliqué
2   dire [Recherche d'images] pendant 2 secondes
3   dire [Soit f définie par f(x) = -2x + 4] pendant 2 secondes
4   dire [Cherchons les images de 4 antécédents pas la fonction f.] pendant 2 secondes
5   répéter 4 fois
6       demander [Donner un nombre.] et attendre
7       mettre [x ▾] à [réponse]
8       dire [Son image par f est :] pendant 2 secondes
9       dire ( (-2) * [x] + 4 ) pendant 2 secondes
10  dire [Recherche terminée] pendant 2 secondes
```

a. Quelles actions sont effectuées dans chacune des 10 lignes ?

b. Si l'on choisit pour antécédents les nombres : 0 ; – 2 ; + 3,5 et – 0,1, quelles seront les images données à la ligne 9 ?

c. Si, à la place de la fonction f, on choisit maintenant la fonction g définie par $g(x) = 2x^2 - 5$, quelles lignes doit-on modifier ? Quelles modifications doit-on apporter ?

d. Si l'on choisit pour antécédents les nombres : 0 ; – 2 ; + 3,5 et – 0,1, quelles seront les images données à la ligne 9 ?

SOLUTION

a. Voici les détails des différentes instructions contenues dans l'algorithme.

Entrée des données

Ligne 1. Commande l'exécution de l'algorithme.

Ligne 2. Affiche le thème de l'exercice.

Ligne 3. Indique l'expression algébrique de la fonction f utilisée.

Ligne 4. Affiche la question posée.

Ligne 5. Puisque l'on cherche 4 images, il faut réitérer le programme de calcul 4 fois. C'est le début de la boucle.

Ligne 6. Demande un antécédent à l'utilisateur.

Ligne 7. Affecte à la variable x la valeur correspondant au nombre choisi à la ligne 6.

Traitement des données et sortie des résultats

Ligne 8. Prépare la rédaction du résultat.

Ligne 9. Effectue le calcul de l'image (calcule $f(x)$ avec x qui est le nombre choisi) et affiche le résultat.

Ligne 10. Indique que la recherche est terminée.

b. Par la fonction f, les images respectives des nombres 0 ; – 2 ; + 3,5 et – 0,1 sont + 4 ; + 8 ; – 3 et + 4,2.

c. Il faut modifier les lignes 3, 4 et 9.

La ligne 3 devient : « Soit g définie par $g(x) = 2x^2 - 5$ ».

La ligne 4 devient : « Cherchons les images de 4 antécédents par la fonction g ».

À la ligne 9, « $- 2 \times x + 4$ » est à remplacer par « $2 \times x \times x - 5$ ».

d. Par la fonction g, les images respectives des nombres 0 ; – 2 ; + 3,5 et – 0,1 sont – 5 ; + 3 ; + 19,5 et – 4,98.

ATTENTION ! Scratch n'applique pas les règles de priorité des opérations de lui-même. Il faut écrire correctement l'expression à calculer en considérant qu'un bloc d'opérateur correspond à un calcul entre parenthèses.

▶ Utiliser une instruction conditionnelle dans un algorithme **42**

▶ **RAPPELS DE COURS**

● *Instruction conditionnelle simple : Si ... alors ...*

Il s'agit d'une instruction qui indique le programme à suivre si une **condition initiale** bien spécifique est vérifiée.
Si [condition initiale vérifiée] **alors** [instruction à suivre].

▶ **MÉTHODE**

● *Simuler une expérience aléatoire*

Jérôme simule une expérience de lancers de deux dés équilibrés à 6 faces grâce au programme Scratch ci-dessous.
Il s'intéresse à la somme des deux nombres obtenus à chaque lancer et prévoit d'effectuer 50 simulations de lancers. Il veut comparer la fréquence et la probabilité d'obtenir une somme égale à 8.

```
1   quand ⚑ cliqué
2   dire  Détermination expérimentale d'une fréquence   pendant ② secondes
3   mettre  m ▾ à 0
4   mettre  n ▾ à 0
5   répéter 50 fois
6       mettre  a ▾ à  nombre aléatoire entre ① et ⑥
7       mettre  b ▾ à  nombre aléatoire entre ① et ⑥
8       si  ( a + b = 8 ) alors
9           mettre  m ▾ à ( m + ① )
10      mettre  n ▾ à ( n + ① )
11  dire  La fréquence obtenue est :   pendant ② secondes
12  dire  ( m / 50 )  pendant ② secondes
```

a. Que représentent les variables m, n, a et b ?
b. Que fait-on dans les lignes 3 et 4 ? Pourquoi ?
c. Que fait-on dans les lignes 8 et 9 ? Pourquoi ?
d. Construire un tableau à double entrée et calculer la probabilité p d'obtenir une somme égale à 8 lors d'un lancer des deux dés.

e. En fait Jérôme a répété l'expérience 50 fois, puis 500 fois, puis 1 000 fois et enfin 5 000 fois. Quelle(s) modification(s) a-t-il effectuée(s) pour que cela soit possible sur le programme initial ?

f. Ce dernier a indiqué que l'événement E « Obtenir un total de 8 points » s'était produit respectivement 9 ; 75 ; 142 et 719 fois. Calculer les fréquences correspondantes et les comparer avec p. Quelle conclusion peut-on en tirer ?

SOLUTION

a. La variable m représente le nombre de fois où la somme 8 est apparue.

La variable n représente le nombre de lancers des deux dés effectués.

La variable a représente le résultat donné par un des dés, et b le résultat donné par l'autre dé.

b. Les lignes 3 et 4 indiquent une mise à zéro des compteurs au début de l'expérience.

c. Si la somme des résultats obtenus est égale à 8, **alors** le nombre de fois où on a obtenu 8 augmente de 1 et m devient $m + 1$.

d.

Dé 1 \ Dé 2	1	2	3	4	5	6
1	2	3	4	5	6	7
2	3	4	5	6	7	8
3	4	5	6	7	8	9
4	5	6	7	8	9	10
5	6	7	8	9	10	11
6	7	8	9	10	11	12

Il existe 36 résultats possibles et 5 résultats favorables à l'obtention de l'événement E « avoir un total égal à 8 ». On a $p(E) = \dfrac{5}{36}$ ou encore $p(E) \approx 0,139$.

e. Jérôme a modifié les lignes 5 et 12 : il a remplacé 50 par 500, puis par 1 000 et enfin par 5 000.

f. Les fréquences recherchées sont respectivement 0,18 ; 0,15 ; 0,14 et 0,14.

Conclusion : lorsqu'une expérience aléatoire est répétée un très grand nombre de fois, la fréquence de réalisation d'un événement se rapproche de sa probabilité.

Construire une figure à l'aide d'un algorithme

43

Construction d'une figure avec Scratch

Pour effectuer une construction géométrique, il est possible :
- de se repérer avec des **coordonnées** ($-240 \leqslant x \leqslant +240$ et $-180 \leqslant y \leqslant +180$) ;
- d'utiliser l'instruction « répéter … fois » en cas de tâches répétitives ;
- de modifier la couleur du stylo…

MÉTHODE

Effectuer des transformations géométriques

On a écrit le programme Scratch ci-dessous.

```
1   quand       cliqué
2   aller à x: -90 y: 60
3   stylo en position d'écriture
4   effacer tout
5   répéter 2 fois
6       choisir la couleur    pour le stylo
7       tourner  de 90 degrés
8       avancer de 110
9       tourner  de 90 degrés
10      avancer de 70
11  ajouter 110 à x
12  répéter 2 fois
13      choisir la couleur    pour le stylo
14      tourner  de 90 degrés
15      avancer de 110
16      tourner  de 90 degrés
17      avancer de 70
```

a. Tracer la figure correspondant aux instructions du programme. Prendre pour échelle : 3 cm pour 400 pixels. Quelle est la nature des quadrilatères ainsi obtenus ? Nommer leurs sommets.

b. Donner deux transformations géométriques telles que le quadrilatère rouge soit l'image du quadrilatère vert. Préciser les éléments caractéristiques de ces deux transformations.

c. Quelles(s) modification(s) faut-il apporter au programme pour que les quadrilatères vert et rouge soient des carrés ? On se limitera à deux modifications au maximum.

SOLUTION

a. La figure géométrique obtenue lorsqu'on lance le programme est composée de deux rectangles. Sa construction commence au point $A(-90\,;+60)$.

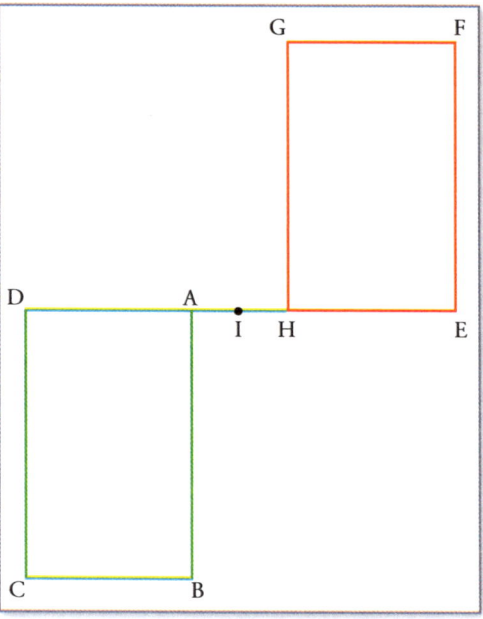

b. Le quadrilatère rouge est l'image du quadrilatère vert par la symétrie de centre I, milieu du segment [AH].

Le quadrilatère rouge est l'image du quadrilatère vert par la translation qui transforme le point D en le point G.

c. Pour que les quadrilatères vert et rouge soient des carrés, il suffit de remplacer 70 par 110 aux lignes 10 et 17.

On peut aussi remplacer 110 par 70 aux lignes 8 et 15.

Sciences et technologie

*Cochez la case
quand vous avez révisé* ☑
la fiche ou la partie

SOMMAIRE
SCIENCES ET TECHNOLOGIE

SCIENCE DE LA VIE ET DE LA TERRE

TECHNOLOGIE

▷ Le design, l'innovation et la créativité   *OK* ☐

74 Rédiger un cahier des charges ☐ 161
75 Concevoir des objets innovants et esthétiques ☐ 162
76 Réaliser le prototype d'un objet ☐ 163

▷ Les objets techniques, les services et les changements induits dans la société   *OK* ☐

77 Suivre l'évolution technique des objets et comprendre leurs impacts ☐ 164

▷ La modélisation et la simulation des objets et des systèmes techniques   *OK* ☐

78 Analyser le fonctionnement d'un objet ☐ 165
79 Modéliser ou simuler le fonctionnement d'un objet ☐ 166

▷ L'informatique et la programmation   *OK* ☐

80 Comprendre le fonctionnement en réseau informatique ☐ 167
81 Écrire et tester un programme ☐ 168

Connaître la structure de la matière

44

*Toute la matière dans l'Univers
est constituée d'atomes invisibles à l'œil nu.
Mais que sait-on réellement de sa structure ?*

RAPPELS DE COURS

1 L'évolution des modèles atomiques

A Les premiers modèles

▶ Dès l'Antiquité, Démocrite a l'intuition de l'existence des **atomes** (*atomos* signifiant « insécable »). Cette idée, rejetée par Aristote, est finalement reprise en 1805 par John Dalton.

> **MOT CLÉ** Un modèle est une représentation simplifiée de la réalité d'un phénomène.

▶ En 1897, Joseph John Thomson prouve expérimentalement l'existence des **électrons** (particules de charge négative).

B Le modèle atomique de Rutherford

▶ En 1911, Ernest Rutherford déduit d'une expérience qu'une charge positive occupe un tout petit volume au centre de l'atome qu'il appelle « **noyau** ». Depuis, d'autres modèles plus complexes ont été développés (modèle de Bohr, etc.).

▶ Dans le modèle atomique de Rutherford, un atome est constitué d'un noyau chargé positivement autour duquel gravitent un ou plusieurs électrons chargés négativement. La **charge électrique élémentaire** négative est notée – e.

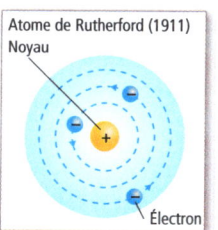

Atome de Rutherford (1911)
Noyau
Électron

▶ Un atome est **électriquement neutre**. Presque toute la masse de l'atome se trouve dans le noyau.

2 La classification périodique

▶ Un atome est représenté par son symbole atomique (ex. : Na pour le sodium) et caractérisé par un **numéro atomique**, noté Z (nombre de charges positives dans son noyau ; ex. : Z = 11 pour le sodium).

▶ Depuis les travaux de Dmitri Mendeleïev en 1869, les chimistes classent les atomes par « familles » en fonction de leur numéro atomique dans un tableau appelé **classification périodique**.

③ Ions et solutions ioniques

▶ Un **ion** est un atome (ou un groupement d'atomes) qui a perdu ou gagné un ou plusieurs électrons.

▶ Il existe donc des ions positifs (**cations**) et des ions négatifs (**anions**). Par exemple, le cation Na^+ a perdu un électron et l'ion est donc globalement positif tandis que l'anion $C\ell^-$, lui, a gagné une charge négative.

▶ On appelle **solution ionique** tout liquide qui contient des ions. Elle est notée (formule cation + formule anion) et est toujours électriquement neutre :
– dans le chlorure de sodium ($Na^+ + C\ell^-$), il y a autant d'ions $C\ell^-$ que d'ions Na^+ ;
– dans le chlorure de fer III ($Fe^{3+} + 3\,C\ell^-$), il y a trois fois plus d'ions $C\ell^-$ que d'ions Fe^{3+}.

MÉTHODE

● Déterminer la nature du courant électrique

Dans chaque atome d'un métal, certains électrons sont éloignés du noyau, donc peu liés à celui-ci : ce sont des électrons libres. Le courant électrique est un déplacement d'ensemble de ces particules chargées négativement.

Lorsque le circuit électrique est fermé, le générateur donne un mouvement d'ensemble aux électrons libres : ils se déplacent tous dans le même sens, c'est-à-dire de la borne – vers la borne + du générateur. Ce mouvement est à l'origine du courant électrique.

N'y a-t-il pas quelque chose de troublant par rapport au sens conventionnel du courant ?

SOLUTION

Dans un circuit fermé, les électrons libres négatifs sont attirés par la borne +. Ils se déplacent donc de la borne – vers la borne +. Or, avant que Joseph John Thomson ne prouve expérimentalement l'existence des électrons (en 1897), le sens du courant avait été fixé dans l'autre sens. Pour cette raison, on précise toujours « par convention » quand on définit le sens du courant.

Identifier des ions à partir de tests caractéristiques

45

Vous connaissez déjà une série de tests permettant d'identifier certaines espèces chimiques (CO_2, H_2O, O_2, H_2). Comment identifier la présence d'ions dans des solutions ?

> **RAPPELS DE COURS**

1 Identification par la couleur de la solution

Certains ions donnent une couleur caractéristique à la solution qui les contient. Mais cela n'exclut pas d'avoir recours à des tests pour valider leur présence.

Nom de l'ion	Formule de l'ion	Couleur de la solution
ion fer II	Fe^{2+}	vert pâle
ion fer III	Fe^{3+}	rouille
ion cuivre II	Cu^{2+}	bleu

2 Identification par la méthode de précipitation

Pour identifier les ions présents dans des solutions, on utilise des réactifs qui provoquent l'apparition d'un **précipité coloré** caractéristique.

MOT CLÉ Un précipité est un produit peu soluble formé par réaction, qui se dépose généralement au fond du tube à essai.

Ion à caractériser	Aspect initial	Réactif	Précipité
ion sulfate SO_4^{2-}	incolore	chlorure de baryum	blanc
ion chlorure $C\ell^-$	incolore	nitrate d'argent	blanc (le précipité noircit à la lumière)
ion fer II Fe^{2+}	vert pâle	soude*	vert foncé
ion fer III Fe^{3+}	rouille	soude*	rouille
ion cuivre II Cu^{2+}	bleu	soude*	bleu
ion zinc Zn^{2+}	incolore	soude*	blanc
ion aluminium $A\ell^{3+}$	incolore	soude*	blanc

* On appelle communément « soude » l'hydroxyde de sodium.

3 Identification par mesure du pH

Pour tester la présence d'ions hydroxyde HO⁻ ou d'ions hydrogène H⁺ dans une solution, on mesure le pH de la solution (avec un papier indicateur pH ou un pH-mètre) :

– si **pH > 7,** il y a prédominance d'ions HO⁻ dans la solution ;
– si **pH < 7,** il y a prédominance d'ions H⁺ dans la solution.

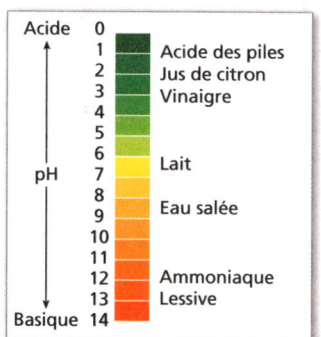

MÉTHODE

● Vérifier la composition d'une solution ionique

On dispose de cinq flacons contenant des solutions étiquetées : sulfate de cuivre ; chlorure de cuivre ; sulfate de zinc ; sulfate d'aluminium ; chlorure de zinc.

On souhaite vérifier la composition de chacune de ces solutions en les faisant réagir avec les trois réactifs suivant : hydroxyde de sodium ; nitrate d'argent ; chlorure de baryum.

Dans un tableau, indiquez les résultats prévisibles (couleur des précipités).

CONSEILS

On identifie les ions en solution par la méthode de précipitation. Attention, dans chaque solution, il y a deux types d'ions.

SOLUTION

	Hydroxyde de sodium	Nitrate d'argent	Chlorure de baryum
Sulfate de cuivre	bleu		blanc
Chlorure de cuivre	bleu	blanc	
Sulfate de zinc	blanc		blanc
Sulfate d'aluminium	blanc		blanc
Chlorure de zinc	blanc	blanc	

Les espèces acides et basiques occupent une place essentielle dans le monde vivant et sont également fabriquées en grandes quantités par l'industrie (produits ménagers, etc.).

RAPPELS DE COURS

Un **acide** est une molécule ou un ion qui en solution donne des ions H^+.
Une **base** est une molécule ou un ion qui en solution capte des ions H^+.

❶ L'attaque d'un métal par un acide

Ⓐ Expérience

▶ Dans un tube à essai, on dépose de la poudre de fer, puis on ajoute de l'acide chlorhydrique ($H^+ + Cl^-$).

▶ On observe un dégagement de **chaleur** et de **gaz**.

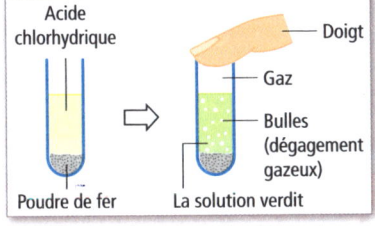

▶ À la fin de l'expérience, il y a moins de fer dans le tube à essai. Il y a eu une **réaction chimique** car un produit est apparu (le gaz) et un réactif a disparu (le fer). On réalise les tests suivants.

Test	Observation	Conclusion
flamme	détonation	formation de dihydrogène H_2
mesure du pH	augmentation	disparition d'ions H^+
nitrate d'argent	précipité blanc	présence d'ions chlorure Cl^-
soude	précipité vert	présence d'ions fer II Fe^{2+}

Ⓑ Bilan de la réaction

▶ Du fer et des ions H^+ ont disparu. Des ions Fe^{2+} et du dihydrogène H_2 sont apparus. Les ions chlorure Cl^- toujours présents n'ont donc pas participé à la réaction.

▶ La réaction entre le fer et l'acide chlorhydrique a pour **bilan** :
fer + acide chlorhydrique → chlorure de fer II + dihydrogène
$$Fe + 2\,H^+ \rightarrow Fe^{2+} + H_2$$

2 Acide fort/faible ou base forte/faible ?

▶ Les acides forts et les bases fortes sont des acides et des bases pour lesquels la réaction avec l'eau est **totale**. L'équation-bilan s'écrit avec une flèche à sens unique ($\rightarrow$).

EXEMPLE L'acide chlorhydrique est un acide fort :
$$HC\ell + H_2O \rightarrow H_3O^+ + C\ell^-$$

▶ Les acides faibles et les bases faibles sont des acides et des bases pour lesquels la réaction avec l'eau n'est pas totale. Les réactions sont dites **équilibrées** ($\rightleftarrows$).

EXEMPLE L'acide acétique CH_3COOH est un acide faible :
$$CH_3COOH + H_2O \rightleftarrows H_3O^+ + CH_3COO^-$$

3 La réaction entre un acide et une base

La réaction entre l'acide chlorhydrique $HC\ell$ (acide fort) et l'hydroxyde de sodium $NaOH$ (base forte) a pour bilan :
$$HC\ell + NaOH \rightarrow H_2O + NaC\ell$$
C'est une réaction rapide, **totale** et exothermique (chaleur).

MÉTHODE

Identifier les produits d'une réaction

Dans un tube à essai, on met une spatule de fer en poudre et on y ajoute 5 cm³ d'acide chlorhydrique. On maintient le tube fermé par un bouchon. Des bulles de gaz apparaissent dans le tube.

a. Lorsqu'il s'est formé suffisamment de gaz, on débouche le tube en y approchant une allumette enflammée. Décrivez ce qui se passe et précisez le gaz ainsi mis en évidence.

b. Pour identifier les autres espèces chimiques, on partage le contenu du tube en deux tubes A et B. Dans le tube A, on verse quelques gouttes de nitrate d'argent. Dans le tube B, on ajoute quelques gouttes de soude. Décrivez ce qui se passe.

SOLUTION

a. Une détonation se produit, ce qui permet d'identifier le gaz : il s'agit du dihydrogène H_2.

b. Dans le tube A, quelques gouttes de nitrate d'argent vont provoquer l'apparition d'un précipité blanc, révélateur de la présence d'ions $C\ell^-$. Dans le tube B, un précipité vert se forme lorsqu'on ajoute quelques gouttes de soude, ce qui confirme la présence d'ions métalliques Fe^{2+}.

Les transformations chimiques permettent d'expliquer beaucoup de phénomènes quotidiens : combustion, attaque d'un métal par un acide... Quelles sont les règles pour écrire l'équation-bilan d'une transformation ?

SCIENCES

RAPPELS DE COURS

① *Propriété des transformations chimiques*

► En 1776, **Lavoisier** énonce la loi suivante : « Lors d'une transformation chimique, rien ne se perd, rien ne se crée, tout se transforme. »

► Une **équation-bilan** modélise toute transformation chimique en traduisant des règles de conservation.

EXEMPLE La combustion du méthane a pour bilan :

méthane + dioxygène → dioxyde de carbone + eau

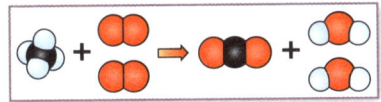

$$CH_4 + \mathbf{2}\, O_2 \rightarrow CO_2 + \mathbf{2}\, H_2O$$

Les nombres ici en rouge sont appelés **coefficients stœchiométriques**.

② *Équation-bilan équilibrée*

Ⓐ Règles de conservation

Pour **équilibrer** l'équation-bilan d'une réaction, il faut tenir compte des règles suivantes.

> **MOT CLÉ** Équilibrer une équation-bilan, c'est ajuster les quantités des espèces chimiques de la réaction.

► La conservation de la **nature** et du **nombre des éléments** : tous les éléments (atomes, ions) présents dans les réactifs doivent être présents (en genre et en nombre) dans les produits. Cela traduit la règle de conservation de la masse. Dans l'exemple précédent, côté réactifs et côté produits, il y a **1** C, **4** H et **4** O.

► La conservation de la **charge électrique globale** lorsque des charges sont présentes.

B Comment équilibrer une équation-bilan ?

▶ On établit le bilan de la transformation chimique.

EXEMPLE aluminium + acide chlorhydrique
$$\rightarrow \text{dihydrogène} + \text{chlorure d'aluminium}$$

▶ On établit la correspondance mot/symbole ou formule.
$$A\ell + (H^+ + C\ell^-) \rightarrow H_2 + (A\ell^{3+} + C\ell^-)$$

▶ On respecte la conservation des éléments. Les ions $C\ell^-$ sont inertes car présents en début et en fin de réaction.
$$A\ell + 2\,H^+ \rightarrow H_2 + A\ell^{3+}$$
Les éléments sont conservés, mais il subsiste un déséquilibre de charges.

▶ On respecte la conservation de la charge globale : même nombre de charges côté réactifs et côté produits, sans modifier l'équilibre entre les éléments. On obtient ainsi l'**équation équilibrée.**
$$2\,A\ell + 6\,H^+ \rightarrow 3\,H_2 + 2\,A\ell^{3+}$$

MÉTHODE

● *Établir l'équation-bilan d'une transformation chimique*

L'acide sulfurique ($2\,H^+ + SO_4^{2-}$) réagit avec le zinc (Zn).
Un dégagement de dihydrogène est observé. En fin de réaction, on détecte également la présence d'ions sulfate et d'ions zinc II.
Écrivez et équilibrez la réaction chimique de l'attaque du zinc par l'acide sulfurique.

CONSEILS

1. Identifiez les réactifs et les produits de la réaction.
2. Respectez les règles de conservation : éléments, puis charges.

SOLUTION

1. Les réactifs sont le zinc et l'acide sulfurique.
Les produits sont le dihydrogène et le sulfate de zinc.
2. La réaction chimique se traduit donc par :
$$Zn + (2\,H^+ + SO_4^{2-}) \rightarrow H_2 + (Zn^{2+} + SO_4^{2-})$$
On observe que les ions sulfate sont inertes car présents au début et à la fin de la réaction, donc :
$$Zn + 2\,H^+ \rightarrow H_2 + Zn^{2+}$$
Il y a bien conservation à la fois des éléments et des charges : l'équation-bilan est donc équilibrée.

D'où vient l'énergie des piles que l'on utilise tous les jours ? Pourquoi ont-elles une durée d'utilisation limitée ?

RAPPELS DE COURS

1 L'origine de l'énergie des piles

A Un réservoir d'énergie chimique

▶ Une pile est un réservoir d'**énergie chimique**. Lorsque la pile fonctionne, une partie de cette énergie est transformée sous forme d'**énergie électrique** et de chaleur.

▶ L'énergie électrique libérée par une pile provient d'une **réaction chimique** entre les matières qui constituent la pile. La consommation des réactifs entraîne l'usure de la pile.

Énergie électrique

Énergie thermique

Énergie chimique

Pile

B Une réaction avec échange d'électrons

▶ Dans un bécher contenant une solution bleue de sulfate de cuivre, on ajoute de la poudre de zinc.

▶ La solution se décolore (des ions Cu^{2+} disparaissent), un dépôt rouge se forme sur le zinc (apparition de cuivre) et la température de la solution passe de 21 °C à 35 °C. De plus, un test avec la soude permet d'identifier la formation d'ions Zn^{2+}.

▶ Le bilan de la réaction est :

$$Cu^{2+} + Zn \rightarrow Zn^{2+} + Cu$$

Il y a donc eu un **échange d'électrons** entre les réactifs.

2 Pile électrochimique et électrolyse

A La pile électrochimique

▶ Une pile électrochimique est constituée de deux **électrodes** de natures différentes, généralement métalliques, plongées dans une **solution conductrice.**

▶ Elle permet de **transformer de l'énergie** chimique en énergie électrique.

EXAMPLE Ci-contre, l'électrode de cuivre constitue la borne + de la pile et l'électrode de zinc constitue la borne –. Du zinc disparaît et des ions Zn^{2+} apparaissent. Des ions Cu^{2+} disparaissent et du cuivre se dépose sur l'électrode de zinc.

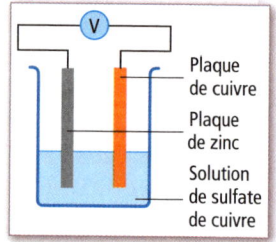

Plaque de cuivre
Plaque de zinc
Solution de sulfate de cuivre

Ⓑ L'électrolyse

▶ L'électrolyse est la dissociation chimique d'une substance par le passage d'un courant électrique. À l'inverse d'une pile électrochimique, elle permet de **transformer de l'énergie** électrique en énergie chimique.

▶ Elle s'effectue en plongeant deux **électrodes** reliées à un générateur de courant électrique dans un **électrolyte** (une substance conductrice contenant des ions).

MÉTHODE

● *Observer une réaction avec échange d'électrons*

On introduit de la poudre de fer dans un tube à essai contenant une solution de sulfate de cuivre à la température de 19 °C. Après avoir mélangé et laissé décanter, une couleur rouge apparaît sur la poudre de fer tandis que la solution devient verdâtre. La température du mélange atteint alors 47 °C.

a. Quelles observations suggèrent qu'il y a eu transformation chimique dans le tube à essai ?

b. Quels sont les réactifs de cette transformation ?

c. Quelles observations suggèrent que les produits de la transformation chimique sont le cuivre et les ions Fe^{2+} ?

▌ *SOLUTION*

a. Il y a eu transformation chimique pour plusieurs raisons : la solution et la poudre changent de couleur et il y a une augmentation de la température (réaction exothermique).

b. Les réactifs sont le fer (Fe) et les ions cuivre II (Cu^{2+}).

c. Le dépôt rouge sur la poudre correspond à la formation de cuivre (Cu). La couleur verdâtre de la solution indique la présence d'ions Fe^{2+} (quelques gouttes de soude confirmeraient cette hypothèse). Le bilan de la réaction est : $Cu^{2+} + Fe \rightarrow Fe^{2+} + Cu$.

Décrire l'interaction gravitationnelle

Les lois qui régissent le mouvement des planètes autour du Soleil sont-elles également applicables aux objets sur Terre ?

RAPPELS DE COURS

1 L'interaction gravitationnelle

A Caractéristiques

▶ La gravitation est une **interaction attractive** entre tous les objets massifs (décrite par Isaac Newton, en 1687).

▶ Elle s'exerce **à distance**, et dépend à la fois de la masse des objets et de la distance qui les sépare.

> **MOTS CLÉS** Une interaction est une action réciproque entre deux objets, produisant une modification de leurs états ; une force est la modélisation d'une interaction.

B Expression

L'interaction gravitationnelle entre deux corps ponctuels A et B de masses respectives m_A et m_B, séparés d'une distance d, est modélisée par des **forces** d'attraction gravitationnelle suivant la formule :

$$F_{A/B} = F_{B/A} = G \times \frac{m_A \times m_B}{d^2}$$

avec $F_{A/B}$ la force exercée par A sur B et $F_{B/A}$ la force exercée par B sur A en newtons (N) ; m_A et m_B en kilogrammes (kg) ; d en mètres (m) ; G, constante de gravitation universelle : $G = 6{,}67 \times 10^{-11}$ N · m^2 · kg^{-2}.

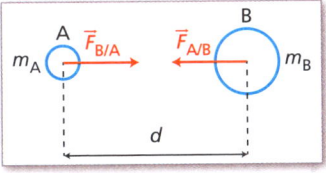

2 Exemples

▶ L'interaction gravitationnelle s'exerce sur tous les objets possédant une masse : livre, crayon, personne, etc. Mais ces objets ne se déplacent pas les uns vers les autres comme deux aimants qui s'attirent. L'interaction existe mais elle reste beaucoup plus faible que les **frottements** de l'air qui sépare ces objets.

▶ Pourquoi l'interaction entre la Lune et la Terre ne conduit-elle pas à un rapprochement de ces deux corps ? Cette situation est comparable à celle d'une fronde. La rotation de l'objet génère une **force centrifuge** (vers l'extérieur). La rotation de la Lune produit elle aussi une force centrifuge qui s'oppose à la force gravitationnelle, créant un équilibre entre les deux astres.

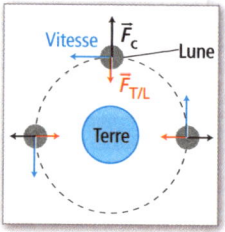

MÉTHODE

🔴 *Calculer la valeur de la force gravitationnelle*

Le satellite naturel Phobos de la planète Mars décrit une trajectoire circulaire dont le centre est confondu avec le centre de Mars.

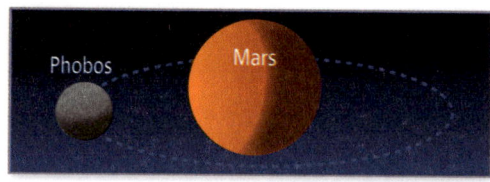

Le rayon de cette trajectoire a pour valeur R = 9 378 km.
Exprimez littéralement puis calculez la valeur de la force exercée par Mars sur le satellite Phobos.
Données :
- masse de la planète Mars : $m_M = 6{,}42 \times 10^{23}$ kg ;
- masse du satellite Phobos : $m_P = 9{,}6 \times 10^{15}$ kg ;
- constante de gravitation universelle :
$G = 6{,}67 \times 10^{-11}$ N · m^2 · kg^{-2}.

CONSEILS

Convertissez toutes les grandeurs dans les bonnes unités.

SOLUTION

La formule de calcul s'écrit : $F_{Mars/Phobos} = G \times \dfrac{m_M \times m_P}{R^2}$.

Application numérique :

$$F_{Mars/Phobos} = 6{,}67 \times 10^{-11} \times \frac{6{,}42 \times 10^{23} \times 9{,}6 \times 10^{15}}{(9\,378 \times 1000)^2}$$

$F_{Mars/Phobos} = 4{,}7 \times 10^{15}$ N.
Rappel : $F_{Mars/Phobos} = F_{Phobos/Mars}$.

Un astronaute est beaucoup moins attiré à la surface de la Lune qu'à la surface de la Terre. Pourtant sa masse n'a pas changé. Comment l'expliquer ?

> **RAPPELS DE COURS**

1 *La force de pesanteur*

▶ À la surface de la Terre, tout corps est soumis à la **pesanteur**, force à distance par laquelle tout objet à proximité de la Terre est attiré vers elle.

▶ Sa direction est **verticale**, son sens est **vers le bas**, son intensité s'exprime en newtons (N) et son point d'application est le centre de gravité du corps.

2 *Masse, poids et pesanteur terrestre*

Ⓐ La masse d'un corps

La masse correspond à la quantité de matière contenue dans un corps. C'est une grandeur **invariable** du corps, quel que soit l'endroit où il se trouve.

Ⓑ Le poids d'un corps

Le poids d'un corps s'identifie à l'action de la gravitation. Sur Terre, il correspond à la **force d'attraction gravitationnelle** F exercée par la Terre sur cet objet :

$$F = G \times \frac{m_T \times m}{R_T{}^2}$$

avec $G = 6{,}67 \times 10^{-11}$ N $\cdot$ m^2 $\cdot$ kg^{-2} (constante gravitationnelle) ;
$m_T = 5{,}98 \times 10^{24}$ kg (masse de la Terre) ;
$R_T = 6\,378$ km (rayon de la Terre).

Ⓒ La pesanteur terrestre

▶ La valeur de F dépend donc uniquement de la masse m, les autres grandeurs étant des constantes que l'on regroupe en une seule grandeur appelée **intensité de la pesanteur terrestre** :

$$g_T = G \times \frac{m_T}{R_T{}^2} = 6{,}67 \times 10^{-11} \times \frac{5{,}98 \times 10^{24}}{(6\,378 \times 1\,000)^2} = 9{,}81 \text{ N} \cdot \text{kg}^{-1}.$$

▶ Le **poids** d'un corps de masse m s'écrit alors :

$$P_T = m \times g_T .$$

Sa valeur dépend donc à la fois de sa masse et de l'intensité de pesanteur du lieu de mesure.

● *Calculer la valeur du poids selon la latitude*

Voici quelques valeurs de l'intensité de la pesanteur en fonction de la latitude du lieu.

Lieu	Latitude	Valeur de g
Paris	49°	9,81
pôle Nord	90°	9,83
équateur	0°	9,78

a. Comment varie l'intensité de la pesanteur g lorsque la latitude augmente ?

b. La fusée Ariane 5 ES ATV pèse 775 tonnes au décollage. Calculez le poids P de cette fusée aux différents lieux cités.

c. La base de lancement de la fusée Ariane est située à Kourou en Guyane française, à une latitude de 5°. Pourquoi est-il plus facile de lancer la fusée Ariane depuis Kourou plutôt que depuis Paris ?

CONSEILS

c. Comparez la latitude de Kourou et celle de Paris.

SOLUTION

a. On constate que l'intensité de la pesanteur augmente avec la latitude.

b. On sait que $m_{fusée}$ = 775 tonnes = 775 000 kg.
Rappel : $P = m \times g$.

Lieu	Paris	pôle Nord	équateur
Poids	$7,602 \times 10^6$ N	$7,618 \times 10^6$ N	$7,579 \times 10^6$ N

c. Kourou se trouve à une latitude de 5°, donc très proche de l'équateur par rapport à Paris. Il est très intéressant de posséder une base de lancement proche de l'équateur car le poids y est plus faible. Cela permet de faire des économies de carburant et la fusée peut emmener davantage de charges utiles (satellites).

Définir les énergies d'un objet en mouvement

51

Lorsque je lance un objet, je lui transmets de l'énergie qui le met en mouvement. Comment peut-on décrire ce « transfert » d'énergie ? Un objet statique possède-t-il de l'énergie ?

▶ RAPPELS DE COURS

1 L'énergie de position

▶ Prenons un objet et lâchons-le à différentes hauteurs. Plus l'objet est lâché de haut et plus sa vitesse augmente. Il possède donc une **énergie de position**, notée E_p.

▶ Cette énergie s'explique par la présence d'une force que nous connaissons déjà : la **gravité** exercée par la Terre.

2 L'énergie de mouvement

▶ Lorsque l'objet tombe, il perd de l'énergie de position mais acquiert une nouvelle énergie due à son mouvement : c'est l'**énergie cinétique**, notée E_c.

▶ Elle dépend de la masse m de l'objet et de sa vitesse v :

$$E_c = \frac{1}{2}mv^2$$

avec E_c en joules (J) ; m en kilogrammes (kg) ; v en mètres par seconde (m · s^{-1}).

3 L'énergie mécanique et les conversions d'énergie

▶ Au cours de la chute libre d'un objet, son énergie de position diminue et son énergie cinétique augmente :
– il y a **conversion** d'une forme d'énergie en une autre ;
– et **conservation de l'énergie totale** de l'objet tout au long de son mouvement.

▶ On définit ainsi l'**énergie mécanique** d'un objet comme la somme de l'énergie de position et de l'énergie cinétique de l'objet :

$$E_m = E_c + E_p .$$

▶ Lorsqu'il n'y a pas de **frottements** (dus à l'air par exemple), l'énergie mécanique se conserve totalement au cours du mouvement. Dans le cas contraire, l'énergie mécanique perdue est convertie en énergie thermique (chaleur).

> **MOT CLÉ** Le frottement est une force qui s'oppose au mouvement d'un objet.

4 La distance d'arrêt d'un véhicule

▶ La **distance d'arrêt** D_A d'un véhicule correspond à la distance parcourue entre le moment où le conducteur voit le danger et le moment où la voiture s'arrête. Cette distance se décompose en deux parties :

$$D_A = D_R + D_F.$$

▶ D_R est la **distance de réaction,** parcourue par le véhicule entre le moment où le conducteur voit le danger et le moment où il freine.

▶ D_F est la **distance de freinage,** parcourue par le véhicule entre le moment où le conducteur freine et le moment où la voiture s'arrête. Elle est proportionnelle au carré de la vitesse initiale du véhicule.

> **MÉTHODE**

● Calculer des énergies cinétiques

Une voiture de gamme moyenne a une masse de 1,23 tonne.
a. Quelle est son énergie cinétique E_1 à $v_1 = 45$ km · h^{-1} ?
b. Quelle est son énergie cinétique E_2 à $v_2 = 90$ km · h^{-1} ?
c. Que remarque-t-on au niveau des résultats obtenus ?

SOLUTION

a. et **b.** L'énergie cinétique se calcule à partir de l'expression :

$E_c = \dfrac{1}{2}mv^2$ avec la masse m en kg et la vitesse en m · s^{-1}.

On convertit dans les bonnes unités : $m = 1,23$ t $= 1\,230$ kg ; $v_1 = 45$ km · h$^{-1} = 12,5$ m · s^{-1} ; $v_2 = 90$ km · h$^{-1} = 25$ m · s^{-1}.
Applications numériques :

$E_1 = \dfrac{1}{2} \times 1\,230 \times (12,5)^2 = 96$ kJ et

$E_2 = \dfrac{1}{2} \times 1\,230 \times (25)^2 = 384$ kJ.

c. On constate que lorsque la vitesse est multipliée par 2, l'énergie cinétique est multipliée par 4. L'impact lors d'un choc serait donc 4 fois plus important.

L'information est au cœur de nos sociétés modernes : Internet, téléphonie… Mais quelles sont les conditions pour une bonne transmission de l'information ?

> **RAPPELS DE COURS**

Les informations que l'on échange sont de différents types : sons, images, vidéos, textes. Pour transmettre une information, il faut un **émetteur** et un **récepteur** d'informations, ainsi qu'une **chaîne de transmission** entre les deux.

1 *Émission et transmission*

A La transmission d'un signal

► Lors de l'émission, le **signal** est porteur des informations à échanger. Il existe différents modes de transmission du signal.

> **MOT CLÉ** Un signal est une représentation physique de l'information.

Sonore	Lumineuse	Électrique	Hertzienne
parole, musique	vision, fibres optiques	réseaux, câbles téléphoniques	téléphonie sans fil, satellites

► Par exemple, pour transmettre un signal sonore à longue distance et à grande vitesse, sans transport de matière mais avec transport d'énergie, on utilise des ondes électromagnétiques (lumineuses ou hertziennes), dites **ondes porteuses.**

► Les informations contenues dans l'onde sonore sont transmises à l'onde porteuse : on **module** l'onde porteuse par l'onde sonore.

B Les techniques de modulation d'une onde porteuse

► La **modulation d'amplitude** en fonction du signal modulant :

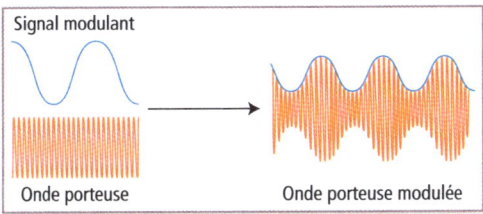

Signal modulant

Onde porteuse

Onde porteuse modulée

▶ La **modulation de fréquence** en fonction du signal modulant :

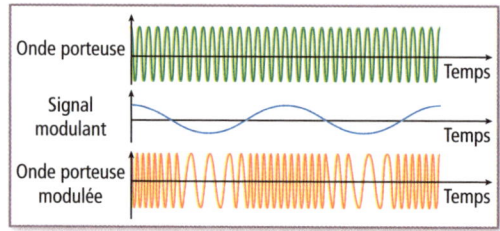

❷ *Réception et conversion*

▶ Des ondes porteuses de **fréquences** différentes permettent de transporter des signaux sans qu'ils interfèrent. On définit ainsi plusieurs canaux de transmission. Le récepteur sélectionne la fréquence de la porteuse et « démodule » l'information. Elle est parfois restituée avec une dégradation liée à la qualité de la chaîne de transmission.

▶ Un signal **analogique** peut être converti en signal **numérique** grâce à un convertisseur. Le signal devient une suite de « 0 » et de « 1 » et peut alors être transmis sans pertes.

> **MOT CLÉ** Un signal analogique est un signal qui varie de façon continue dans le temps.

MÉTHODE

● *Identifier les maillons d'une chaîne de transmission*

a. Décrivez la chaîne de transmission d'une communication entre deux téléphones mobiles.

b. Quelle est la nature des informations qui peuvent être transmises par le réseau de communication ?

c. Le signal associé à la voix est-il analogique ou numérique ?

◂ SOLUTION

a. Dans le cas d'une communication entre deux téléphones mobiles (émetteur et récepteur), la chaîne de transmission est constituée des antennes émettrices et réceptrices des ondes électromagnétiques ainsi que du milieu de propagation de ces ondes : l'air.

b. Le réseau permet de transmettre du texte (SMS), des sons, des images, des vidéos, etc.

c. La voix est un signal analogique. Elle peut ensuite être numérisée grâce à un convertisseur.

Identifier les différentes formes d'énergie

53

L'énergie est le moteur de la plupart des phénomènes naturels. Comment classer ses multiples formes ?

> **RAPPELS DE COURS**

1 Les formes d'énergie

▶ Un corps possède de l'**énergie** s'il peut agir sur lui-même ou sur d'autres corps. « Agir » signifie ici une modification de forme, de position, de vitesse, de température, de composition chimique, etc.

▶ L'énergie existe sous une multitude de formes :
– l'énergie **cinétique**, liée au mouvement (énergie éolienne, hydraulique, etc.) ;
– l'énergie **rayonnante**, transportée par les rayonnements (infrarouge, rayons X, etc.) ;
– l'énergie **thermique** (chaleur), due à l'agitation des molécules ;
– l'énergie **chimique**, associée aux liaisons dans les molécules ;
– l'énergie **nucléaire**, stockée dans les noyaux atomiques.
Il existe encore bien d'autres formes : l'énergie potentielle liée à la position des objets, l'énergie électrique, l'énergie sonore, etc.

▶ Les enjeux liés à l'utilisation d'une forme d'énergie deviennent parfois essentiels : changement climatique lié à l'utilisation massive d'énergies **fossiles**, stockage des déchets radioactifs, etc.

> **MOT CLÉ** L'énergie fossile est stockée dans le sous-sol (pétrole, gaz, charbon).

2 Les unités de mesure de l'énergie

▶ Dans le système international, l'énergie se mesure en **joules** (J).

▶ Dans le secteur industriel et économique, on utilise surtout la **tonne d'équivalent pétrole** (tep) : elle représente la quantité d'énergie contenue dans 1 tonne de pétrole brut.

▶ Pour mesurer la consommation d'énergie électrique, on utilise le **kilowattheure** (kWh).
EXEMPLE Un réfrigérateur label A+ consomme 200 kWh par an.

Comparer les choix énergétiques de deux pays

Voici la répartition de la production d'électricité en France et en Allemagne en 2012. Que peut-on dire des choix énergétiques faits par ces deux pays ?

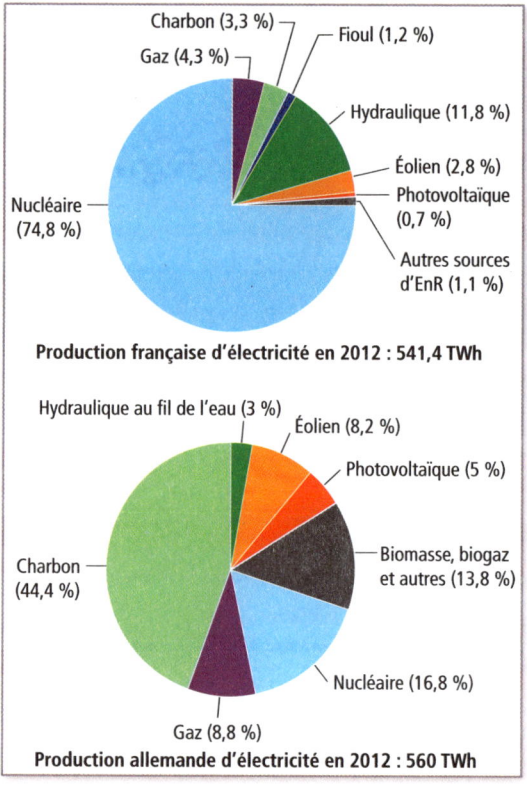

Charbon (3,3 %)
Gaz (4,3 %)
Fioul (1,2 %)
Hydraulique (11,8 %)
Éolien (2,8 %)
Photovoltaïque (0,7 %)
Autres sources d'EnR (1,1 %)
Nucléaire (74,8 %)

Production française d'électricité en 2012 : 541,4 TWh

Hydraulique au fil de l'eau (3 %)
Éolien (8,2 %)
Photovoltaïque (5 %)
Biomasse, biogaz et autres (13,8 %)
Charbon (44,4 %)
Nucléaire (16,8 %)
Gaz (8,8 %)

Production allemande d'électricité en 2012 : 560 TWh

SOLUTION

La France a fait le choix des centrales nucléaires (74,8 %) tandis que l'Allemagne a conservé des centrales thermiques à charbon (44,4 %). La France rejette donc moins de gaz à effet de serre que l'Allemagne, mais doit gérer la sécurité de ses installations nucléaires et le traitement des déchets radioactifs.

Du point de vue des énergies renouvelables, l'Allemagne a davantage développé l'éolien (8,2 %) tandis que la France dispose d'un parc hydroélectrique plus conséquent (11,8 %).

Optimiser le rendement des systèmes de production d'électricité et ainsi réduire les pertes d'énergie liées à leur fonctionnement est un enjeu majeur. Comment calculer le rendement d'un système ?

RAPPELS DE COURS

1 Transfert et conversion d'énergie

▶ Lorsque l'énergie d'un corps est transmise à d'autres corps, on parle de **transfert d'énergie** (ex. : transfert de chaleur).

▶ Lorsque l'énergie d'un corps change de forme, il s'agit d'une **conversion d'énergie** (ex. : lors de la combustion du bois, l'énergie chimique est transformée en chaleur).

▶ D'après le **principe de conservation de l'énergie**, la quantité totale d'énergie d'un système isolé reste constante, même si cette énergie peut changer de forme.

▶ La transformation d'une forme d'énergie en une seule autre forme n'est jamais parfaite : il y a souvent des **déperditions** au cours d'une conversion (ex. : dégagement de chaleur).

2 Le bilan énergétique d'un système

A Le diagramme énergétique

▶ Un **bilan énergétique** résume les énergies mises en jeu lors du fonctionnement d'un système de conversion d'énergie.

▶ On peut le modéliser à l'aide d'un **diagramme énergétique**. Par convention, on représente :
– les systèmes par des ellipses ;
– les réservoirs d'énergie par des rectangles ;
– les transferts d'énergie par des flèches, en précisant leur nature.

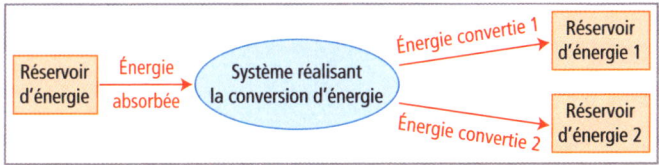

Ⓑ Le calcul du rendement

▶ Dans tout système de conversion d'énergie, une partie de l'énergie consommée est réellement utilisée : c'est l'**énergie utile**. Une autre partie de l'énergie est dissipée (**pertes**).

▶ Le **rendement** du système, noté η, se définit comme le quotient de l'énergie utile sur l'énergie consommée :

$$\eta = \frac{E_{\text{utile}}}{E_{\text{consommée}}}$$

où η est un nombre sans unité, compris entre 0 et 1 ; il peut aussi s'exprimer en pourcentages.

> **MÉTHODE**

● *Représenter un diagramme énergétique*

Tracez le diagramme énergétique correspondant à un moteur électrique alimenté par un générateur électrique.

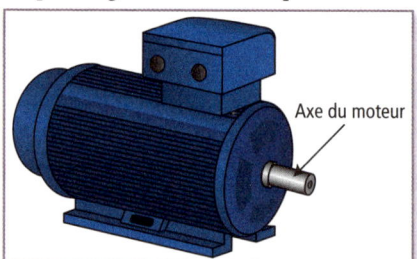

Axe du moteur

CONSEILS

Aidez-vous du diagramme donné dans les « rappels de cours » : le système de conversion d'énergie est ici le moteur électrique.

SOLUTION

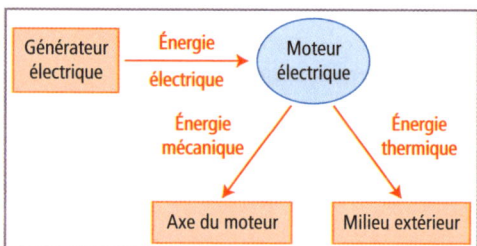

Télévision, ordinateur, box, réfrigérateur, luminaires... quel est le coût d'utilisation des différents appareils électrique de notre quotidien ?

SCIENCES

RAPPELS DE COURS

1 *La consommation d'énergie électrique*

A Le compteur électrique

À la maison, le compteur électrique mesure la **consommation** d'énergie électrique cumulée des différents appareils branchés sur le secteur.

> **MOT CLÉ** La consommation d'énergie électrique est l'ensemble de l'énergie électrique utilisée par une installation pendant une certaine durée.

B Énergie et puissance

▶ L'énergie électrique ΔE consommée par un appareil dépend à la fois de sa **durée** de fonctionnement Δt et de sa **puissance** électrique P. Elle s'exprime par la relation :

$$\Delta E = P \times \Delta t$$

avec ΔE en joules (J), P en watts (W), Δt en secondes (s) ;
ou ΔE en kilowattheures (kWh), P en kilowatts (kW), Δt en heures (h).

▶ On a : 1 kWh = 1 000 W × 3 600 s = $3,6 \times 10^6$ J.

2 *Le coût de l'électricité consommée*

▶ Avant de se connecter au réseau de distribution d'électricité, un particulier doit choisir son type d'abonnement. Cela correspond à la **puissance maximale** que pourra consommer l'ensemble de la maison à un moment donné. Si ce seuil est dépassé, l'installation dispose d'un système de sécurité et disjoncte pour éviter une surchauffe.

▶ À ce forfait, il faut ajouter la somme due pour la **consommation d'énergie électrique réelle**, relevée par le compteur électrique sur une durée donnée. Connaissant le coût du kilowattheure (environ 0,15 €/kWh), on a la relation :

prix à payer = nombre de kWh utilisés × prix de 1 kWh .

❶ *Comparer des consommations d'énergie électrique*

Vous venez d'acheter un nouvel aspirateur sur lequel est indiqué « contrôle de puissance variable 350-1 600 W ».

Le tableau suivant donne des précisions sur les deux modes de puissance d'aspiration. Quel est le mode le plus économique ?

Mode	Temps
puissance mini	12 min
puissance maxi	2 min

SOLUTION

On compare l'énergie consommée pour chaque mode.

Puissance	Temps	Énergie consommée
350 W	12 min	$350 \times 12 = 4\ 200$ Wmin
1 600 W	2 min	$1\ 600 \times 2 = 3\ 200$ Wmin

Le mode puissance maxi est donc plus économique.

❷ *Calculer le coût de l'électricité consommée*

Un téléviseur consomme 50 W en fonctionnement normal et 5 W en veille.

Ce téléviseur est utilisé en moyenne 4 heures par jour.

Le coût du kilowattheure est de 0,15 €/kWh.

a. Quels sont la consommation annuelle de l'appareil et son coût annuel en fonctionnement normal ?

b. Quels sont la consommation annuelle de l'appareil et son coût annuel en veille ?

SOLUTION

a. Consommation annuelle en fonctionnement normal :
4 h/jour × 365 jours × 0,050 kW = 73 kWh.
Coût annuel de l'appareil en fonctionnement :
73 kWh × 0,15 €/kWh = 10,95 €.

b. Consommation annuelle en veille :
20 h/jour × 365 jours × 0,005 kW = 36,5 kWh.
Coût annuel en mode veille :
36,5 kWh × 0,15 €/kWh = 5,47 €.

Comment l'Homme fait-il face aux risques de séismes, d'éruptions volcaniques ou de tsunamis ?

RAPPELS DE COURS

1 Les phénomènes géologiques

La Terre a une activité interne. La majorité des **séismes** et des **éruptions volcaniques** se produisent aux limites des plaques tectoniques.

2 La gestion des risques

▶ Les failles et les volcans actifs sont bien identifiés et surveillés par satellite GPS. L'Homme y a installé des observatoires pour effectuer une **surveillance en continu**.

▶ L'augmentation de la sismicité, de la température ou du gonflement d'un volcan permettent de **prévoir un aléa**, et d'évacuer les populations.

> **MOT CLÉ** Un aléa est la probabilité de la survenue d'un phénomène naturel.

▶ Des **mesures de prévention** comme les constructions parasismiques et l'éducation des populations permettent également de limiter les risques.

DOCUMENTS CLÉS

1 Un système d'alerte aux tsunamis dans le Pacifique

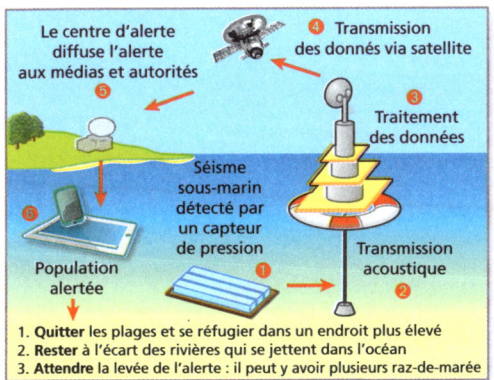

1. **Quitter** les plages et se réfugier dans un endroit plus élevé
2. **Rester** à l'écart des rivières qui se jettent dans l'océan
3. **Attendre** la levée de l'alerte : il peut y avoir plusieurs raz-de-marée

▶ Un tsunami est une **série de vagues destructrices**, pouvant atteindre les côtes. Ces vagues sont créées par le déplacement de terrains sous la mer (séisme sous-marin).

▶ Depuis le tsunami meurtrier survenu le 26 décembre 2004 en Indonésie, des **dispositifs d'alerte** internationaux et des systèmes de prévention ont été mis en place. Ils aident à réduire les risques pour les populations.

2 *La vulnérabilité du Japon face aux risques sismiques*

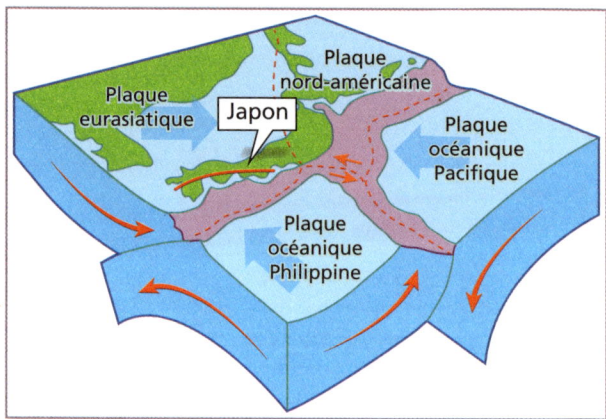

▶ La situation de l'archipel du Japon se caractérise par la **subduction** (enfoncement) des plaques océaniques Pacifique et Philippine sous la plaque eurasiatique. Ceci explique les nombreux séismes qui frappent le Japon.

▶ La **vulnérabilité** d'une société est liée à sa capacité à faire face à un aléa. Dans le passé, la société japonaise était vulnérable face aux risques sismiques. Elle l'est moins aujourd'hui grâce aux constructions parasismiques et à l'entraînement régulier des populations.

▶ Ainsi, tous les ans depuis le séisme du 1ᵉʳ septembre 1923 à Kantô, la population réalise un exercice d'entraînement. Le 1ᵉʳ septembre 2015, ce sont près de 1,7 million de Japonais qui ont participé à cet

> **MOT CLÉ** La force d'un séisme est évaluée par sa magnitude (échelle de Richter).

exercice : le scénario était la survenue d'un séisme de **magnitude** 7,3 à l'ouest de la capitale.

Comment l'Homme peut-il prévoir le temps qu'il fera demain, ou dans un siècle ?

RAPPELS DE COURS

1 *Le système climatique terrestre*

Le climat est défini par l'étude des **paramètres atmosphériques** (températures, précipitations) dans une région donnée, sur une période donnée.

> **MOT CLÉ** La climatologie est l'étude des paramètres atmosphériques sur une période longue (plus de 30 ans).

A Les changements climatiques passés

L'étude des roches et des fossiles a permis d'identifier, dans le passé, des périodes de **réchauffement** du climat, comme le Crétacé (– 130 à – 65 Ma), et des périodes froides, comme les **glaciations** du Quaternaire (– 2,6 Ma).

B Les grandes zones climatiques

À l'échelle du globe, la répartition inégale de l'**énergie solaire** crée deux zones polaires, deux zones tempérées et une zone chaude.

C Courants océaniques et vents

▶ Des **courants océaniques** chauds formés à l'équateur, comme le Gulf Stream, permettent des transferts de chaleur. Aux pôles, l'eau de mer gèle en surface. Les eaux, alors très salées et denses, coulent en créant des courants froids profonds.

▶ La **force de Coriolis** due à la rotation de la Terre dévie la direction des vents.

▶ La dynamique des masses d'air est aussi régie par les **différences de pression atmosphérique**. Ces masses d'air sont séparées par des surfaces de discontinuité appelées fronts. Leur confrontation provoque des perturbations atmosphériques.

SCIENCES

2 La prévision des risques météorologiques

▶ L'étude des données obtenues *via* les stations météorologiques ou le satellite Météosat permettent de publier des **cartes météorologiques** et de vigilance de plus en plus fiables.

> **MOT CLÉ** La météorologie est l'étude des vents, des températures et des précipitations sur une période courte.

▶ Les **simulations du climat à long terme,** grâce à des logiciels spécialisés, sont en revanche plus incertaines car elles font intervenir de nombreux paramètres.

▶ DOCUMENT CLÉ

● La carte de vigilance de Météo-France

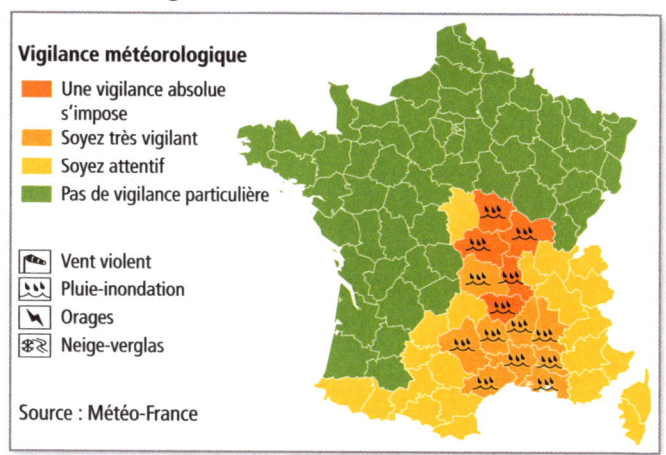

Vigilance météorologique

- ■ Une vigilance absolue s'impose
- ■ Soyez très vigilant
- ■ Soyez attentif
- ■ Pas de vigilance particulière

- Vent violent
- Pluie-inondation
- Orages
- Neige-verglas

Source : Météo-France

▶ Des cartes de vigilance établies par Météo-France permettent d'**alerter** les populations.

▶ Une vigilance orange ou rouge correspond à la prévision de phénomènes météorologiques **dangereux ou très dangereux** (vents violents, pluies, inondations, avalanches, verglas).

▶ Le respect des conseils, comme éviter les déplacements, permet de **limiter les risques** pour l'Homme.

Comment l'exploitation des ressources énergétiques par l'Homme influence-t-elle le climat ? Comment lutter contre le réchauffement climatique ?

RAPPELS DE COURS

1 *Les ressources naturelles énergétiques*

▶ Le pétrole, le gaz et le charbon sont des **sources d'énergie fossiles**. Ils représentent 80 % de la production d'énergie mondiale. Ils sont **non renouvelables** à l'échelle humaine et leurs stocks sont limités. Pourtant, nos besoins en énergie sont croissants.

▶ Les énergies solaire, hydraulique, éolienne et géothermique, ainsi que la biomasse, sont **renouvelables** mais ne représentent que 20 % de la production.

2 *Une gestion durable pour préserver le climat*

A Le réchauffement climatique

▶ L'étude des **climats passés** montre que la variation du taux de CO_2 a une influence sur le climat.

▶ Depuis le début de l'ère industrielle, en 1750, les **rejets de CO_2** dus à l'utilisation des sources d'énergie fossiles et à la déforestation augmentent.

▶ Ils provoquent un **réchauffement de l'atmosphère** et une diminution des quantités de glace générant une augmentation des phénomènes climatiques extrêmes.

B Les actions de l'Homme face au réchauffement

▶ Scientifiques et politiques doivent trouver des solutions pour maintenir le réchauffement à **moins de 2 °C**.

▶ Il s'agit de mesures d'**atténuation** : transition vers les énergies renouvelables, qui rejettent moins de CO_2, et captation du CO_2 émis.

▶ Par ailleurs, l'**adaptation** aux changements climatiques contribuera à éviter des conséquences dramatiques (sécheresse, famine, réfugiés climatiques). Par exemple, la surélévation des habitations en zones côtières permettra de faire face à la montée du niveau marin.

> **MOT CLÉ** L'adaptation aux changements climatiques constitue un ensemble de mesures permettant de réduire la vulnérabilité des populations.

● *L'effet de serre accentué par l'Homme*

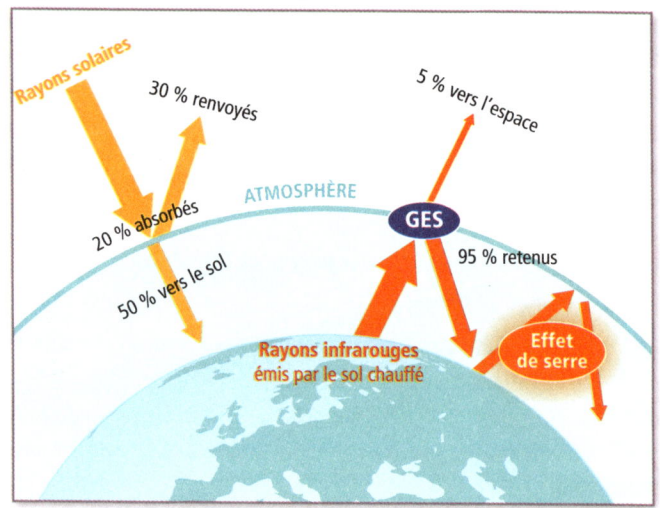

Rayons solaires

30 % renvoyés

5 % vers l'espace

20 % absorbés

ATMOSPHÈRE

GES

50 % vers le sol

95 % retenus

Rayons infrarouges
émis par le sol chauffé

Effet de serre

▶ Si tout le rayonnement infrarouge issu du sol chauffé par les rayons solaires était renvoyé vers l'espace, la **température moyenne** sur Terre serait de – 18 °C, or elle est de + 15 °C.

▶ En effet, la rayonnement infrarouge est retenu par des **gaz à effet de serre**, ou GES, naturels (vapeur d'eau et CO_2 principalement) et réchauffe la Terre.

▶ L'augmentation actuelle de la température moyenne est due au **rejet excessif de GES anthropiques** (d'origine humaine), ce qui amplifie l'effet de serre naturel. Ces gaz sont le dioxyde de carbone (CO_2) pour 70 %, le méthane (CH_4), le protoxyde d'azote (N_2O), l'ozone et les gaz fluorés.

*Quels sont les impacts de l'Homme
sur le fonctionnement des écosystèmes ?*

RAPPELS DE COURS

**① Les impacts néfastes de l'activité humaine
sur les écosystèmes**

▶ Un **écosystème** est défini comme un ensemble d'êtres vivants qui interagissent entre eux et avec leur milieu de vie.

▶ Les prélèvements directs dans la nature (chasse, pêche et déforestation) perturbent les chaînes alimentaires ; l'urbanisation ou l'exploitation des ressources détruisent les habitats : **la biodiversité diminue**.

▶ On observe des déséquilibres au sein des écosystèmes et un taux d'**extinction** des espèces 100 à 1 000 fois supérieur aux taux qui étaient observés auparavant.

> **MOT CLÉ** L'extinction d'une espèce correspond à la disparition définitive d'une espèce d'êtres vivants.

② Des exemples d'actions bénéfiques

Ⓐ La gestion durable des ressources aquatiques

▶ Des mesures de gestion durable des ressources aquatiques (halieutiques) sont prises au niveau mondial. Des **quotas de pêche** permettent à la population de certaines espèces de se reconstituer.

> **MOT CLÉ** La gestion durable est l'exploitation des ressources qui ne nuit pas aux générations futures.

▶ Cependant, les pays doivent respecter les accords internationaux et lutter contre la **pêche illégale**.

Ⓑ La gestion durable des ressources forestières

▶ Des mesures pour une gestion forestière durable ont été prises dès 1992, au **Sommet de la Terre de Rio**.

▶ Des **labels de certification forestière** (FSC) garantissent que le bois est exploité en préservant l'environnement et les intérêts des populations. Cela permet aux consommateurs de privilégier l'achat de bois certifié.

▶ Par ailleurs, les pays doivent lutter contre les **coupes illégales**.

DOCUMENT CLÉ

● **Des points chauds de biodiversité à préserver**

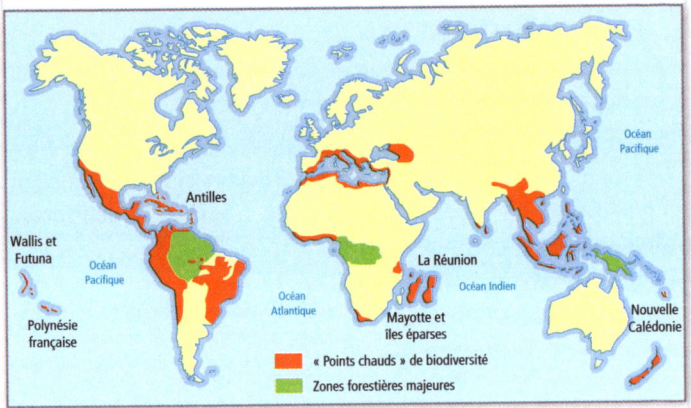

Antilles

Wallis et Futuna

Océan Pacifique

Océan Pacifique

Polynésie française

Océan Atlantique

La Réunion

Océan Indien

Mayotte et îles éparses

Nouvelle Calédonie

■ « Points chauds » de biodiversité
■ Zones forestières majeures

▶ 34 territoires (en rouge) sont considérés comme **les plus riches en espèces** de la planète, certaines étant encore inconnues.

▶ Ce sont aussi des « points chauds de biodiversité », où ces espèces sont **le plus menacées de disparaître**.

▶ Des **mesures de conservation** doivent permettre de préserver les espèces sauvages sans empêcher l'activité humaine.

Les besoins des végétaux chlorophylliens

60

Comment fonctionne la photosynthèse ?
Quel est son rôle ?

RAPPELS DE COURS

1 À l'origine de la matière organique

▶ Tous les **êtres vivants** sont constitués de matière organique.

▶ Les végétaux verts sont dits **autotrophes** car ils fabriquent leur propre matière à partir d'éléments minéraux.

> **MOT CLÉ** Un être vivant autotrophe est capable de fabriquer sa propre matière organique à partir de matière minérale.

▶ Ce sont les premiers maillons des **réseaux alimentaires**.

2 La photosynthèse

La synthèse de matière organique a lieu au niveau des **feuilles**.

> **MOT CLÉ** La photosynthèse est la production par les végétaux chlorophylliens de matière organique à partir de matière minérale grâce à l'énergie lumineuse.

A Le mécanisme de la photosynthèse

▶ Les feuilles possèdent des structures appelées **stomates** (voir le « document clé » page suivante), qui assurent les échanges gazeux avec le milieu extérieur.

▶ Les plantes utilisent le **dioxyde de carbone** (CO_2) de l'air pour fabriquer de la matière organique et rejettent du **dioxygène** (O_2).

B La réaction de photosynthèse

La photosynthèse est possible grâce à l'**énergie lumineuse** du Soleil, captée par la chlorophylle, un pigment vert contenu dans les chloroplastes.

$$CO_2 + eau \xrightarrow{\text{lumière}} \text{matière organique} + O_2$$

133

3 Le transport de la sève

A Le prélèvement de matière

▶ L'eau et les sels minéraux sont puisés dans le sol grâce aux **poils absorbants** des racines.

▶ Ils forment la **sève brute** transportée jusqu'aux feuilles dans les vaisseaux du **xylème**. Le moteur de ce transport est l'élimination d'eau au niveau des stomates (transpiration).

B La production de matière

▶ La matière organique fabriquée dans les feuilles par la plante est véhiculée dans **tout l'organisme**.

▶ Elle est transportée sous forme de **sève élaborée** dans des vaisseaux particuliers : les tubes criblés du **phloème**.

> **DOCUMENT CLÉ**

● Les stomates et la photosynthèse

▶ Les stomates sont des **ouvertures** naturelles, visibles au microscope électronique à balayage (MEB).

▶ Ils se trouvent sur la **face inférieure** des feuilles d'un végétal chlorophyllien et interviennent dans la photosynthèse et la transpiration.

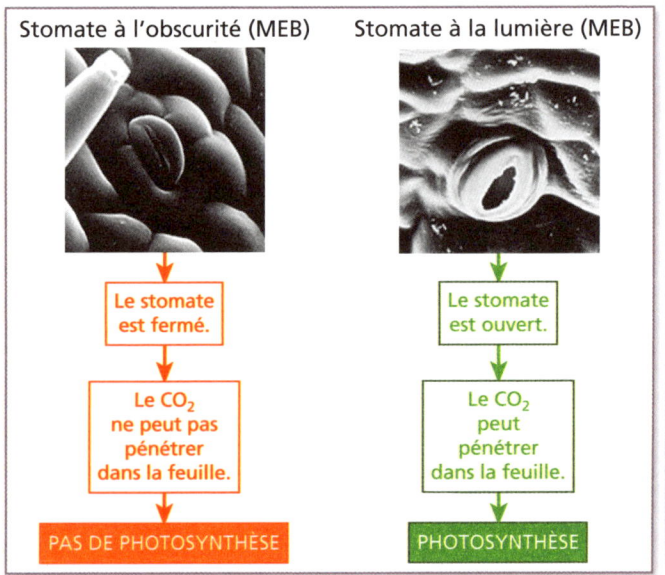

Stomate à l'obscurité (MEB) Stomate à la lumière (MEB)

Le stomate est fermé. → Le stomate est ouvert.

Le CO_2 ne peut pas pénétrer dans la feuille. → Le CO_2 peut pénétrer dans la feuille.

PAS DE PHOTOSYNTHÈSE → PHOTOSYNTHÈSE

Comment le corps assure-t-il les apports énergétiques nécessaires aux cellules des organes ?

RAPPELS DE COURS

Une cellule animale a besoin de dioxygène et de nutriments. Elle produit également des déchets comme le dioxyde de carbone et l'urée, transportés par les liquides du corps : le sang et la lymphe.

1 Les liquides du corps

A Le sang

▶ Le **sang** est composé d'une partie liquide, le plasma, qui contient de l'eau, des nutriments, des déchets et des éléments minéraux, ainsi que de différentes cellules (hématies, leucocytes, plaquettes).

▶ Les **hématies** contiennent un pigment rouge, l'hémoglobine. Celle-ci fixe le dioxygène et le dioxyde de carbone, ce qui permet leur transport dans l'organisme.

> **MOT CLÉ** Une hématie (ou globule rouge) est une cellule du sang, dépourvue de noyau, qui permet le transport du dioxygène et du dioxyde de carbone dans l'organisme.

B La lymphe

▶ La **lymphe** est un liquide de l'organisme, transparent ou jaunâtre, circulant dans les vaisseaux lymphatiques.

▶ Elle a la même composition que le plasma sanguin : c'est du sang dépourvu d'hématies. Elle transporte essentiellement les **déchets** et les lipides.

2 La circulation du sang et de la lymphe

A La circulation du sang

▶ Le sang circule dans des **vaisseaux sanguins** (cf. le « document clé »).

▶ C'est le **cœur** qui, en se contractant, permet de mettre le sang en mouvement. Le sang circule à **sens unique** et l'appareil circulatoire est clos.

B La circulation de la lymphe

▶ La lymphe circule dans des **vaisseaux lymphatiques**, qui sont parallèles aux vaisseaux sanguins et reliés à eux.

▶ Ce sont de petits muscles autour de ces vaisseaux qui permettent de la mettre en mouvement. Elle circule à **sens unique.** On trouve aussi la lymphe autour des cellules.

DOCUMENT CLÉ

La circulation sanguine et les vaisseaux sanguins

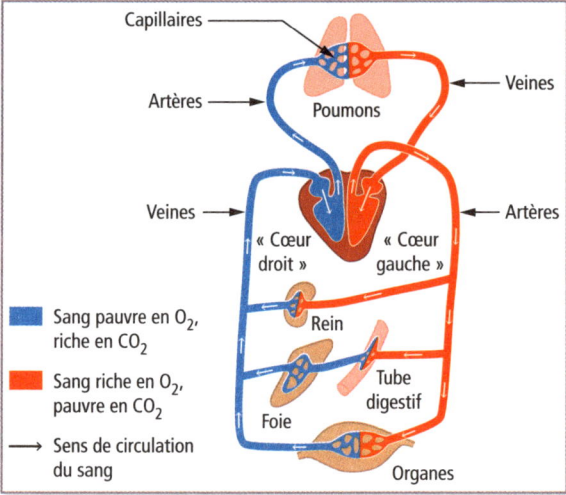

Capillaires
Artères
Poumons
Veines
Veines
Artères
« Cœur droit »
« Cœur gauche »

■ Sang pauvre en O_2, riche en CO_2

■ Sang riche en O_2, pauvre en CO_2

→ Sens de circulation du sang

Rein
Foie
Tube digestif
Organes

▶ Les **artères**, qui transportent le sang du cœur aux organes, ont une paroi épaisse et élastique.
À l'intérieur, la pression sanguine est forte. Ce sont les vaisseaux qui ont le diamètre le plus important.

▶ Les **veines**, qui transportent le sang des organes au cœur, ont une paroi fine et rigide.
La pression sanguine dans les veines est faible.

▶ Les **capillaires sanguins** sont de petits vaisseaux à paroi très fine se trouvant au niveau des organes.
C'est à leur niveau que se font les échanges entre les tissus et le sang. Leur diamètre est minuscule.

La reproduction sexuée des plantes à fleurs

62

Comment se reproduisent les plantes à fleurs ?

SCIENCES

RAPPELS DE COURS

① La fleur, organe de reproduction

▶ Chez les **angiospermes** (plantes à fleurs), la fleur est l'organe permettant la reproduction sexuée.

▶ Souvent, la fleur est **hermaphrodite** et contient les organes mâles, les étamines, et l'organe femelle, le pistil. Les étamines produisent les gamètes mâles contenus dans le pollen et le pistil produit les gamètes femelles : les ovules.

② De la fleur à la graine

Ⓐ La pollinisation

▶ On nomme **pollinisation** le transport des grains de pollen des étamines jusqu'au pistil. Elle est assurée essentiellement par les insectes ou le vent. Les grains de pollen sont déposés sur la partie terminale du pistil, le stigmate.

▶ Si le grain de pollen est déposé sur le pistil d'une fleur du même individu, on parle d'**autopollinisation**.

▶ S'il est déposé sur le pistil d'une fleur d'un autre individu, c'est une **pollinisation croisée**, qui participe à la diversité génétique.

Ⓑ La fécondation

▶ Lorsque le pollen et le stigmate sont compatibles (même espèce), un **tube pollinique** se forme pour atteindre l'ovule.

▶ Chez les plantes à fleurs, il y a une **double fécondation** : il faut deux grains de pollen pour féconder un ovule.

▶ Le pistil grossit et se transforme en **fruit** ; l'ovule devient la **graine**.

Ⓒ La dispersion

Les graines sont transportées par divers **facteurs de dispersion** : le vent, l'eau, les animaux dans leur tube digestif ou sur leurs poils.

137

1 *De la pollinisation à la fécondation*

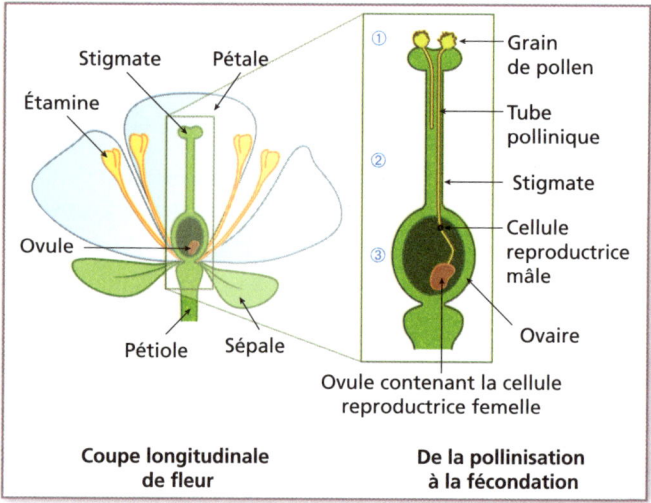

Coupe longitudinale de fleur

De la pollinisation à la fécondation

▶ La **pollinisation** (1) est le dépôt du grain de pollen sur le pistil.

▶ La **germination du grain de pollen** (2) est le développement du tube pollinique en direction des ovules.

▶ La **fécondation** (3) est la rencontre du gamète mâle contenu dans le grain de pollen et du gamète femelle contenu dans l'ovaire.

2 *La dispersion des graines*

▶ Le fruit de la lampourde (à gauche) possède des petits crochets qui s'accrochent aux poils des animaux.

▶ Le fruit du pissenlit (à droite), très léger, s'envole avec le vent.

Comment se reproduisent les vertébrés ?

RAPPELS DE COURS

1 Deux types de fécondation

A La fécondation externe

▶ Chez de nombreux vertébrés aquatiques, la fécondation est **externe** : elle a lieu dans l'eau.

▶ Mâles et femelles libèrent de **nombreux gamètes,** qui se rencontrent au hasard.

B La fécondation interne

▶ Chez les vertébrés aériens, la fécondation est **interne** : elle a lieu à l'intérieur des voies génitales femelles.

▶ Elle nécessite un **accouplement** des partenaires. Le rapprochement des mâles et des femelles peut être facilité par certains comportements comme les **parades nuptiales.**

2 Le maintien des espèces dans le milieu

▶ Chez certains ovipares, quand les œufs ne sont pas protégés comme chez les amphibiens, de **nombreux œufs** sont produits pour compenser les pertes.

> **MOTS CLÉS** Chez les ovipares, l'embryon se développe à l'intérieur d'un œuf pondu par la femelle. Chez les vivipares, l'embryon se développe dans l'utérus de la femelle.

▶ En milieu terrestre, il y a moins de cellules œufs produites mais la **protection des œufs et des jeunes** est plus importante.

Chez certains ovipares, comme les oiseaux, les œufs contiennent un liquide de protection.

Chez les mammifères (vivipares), les petits sont protégés dans l'organisme maternel et les soins aux jeunes sont importants après la naissance.

3 Les facteurs influençant la reproduction sexuée

▶ Les **ressources alimentaires** du milieu ont une influence directe : plus la quantité d'aliments est importante, plus le nombre d'individus issus de la reproduction sexuée est grand.

▶ Les **activités humaines** peuvent nuire à la biodiversité ou, au contraire, la préserver. Elles ont donc une influence directe sur la **dynamique des populations**.

DOCUMENT CLÉ

● L'action de l'Homme sur la fertilité du faucon pèlerin

Le faucon pèlerin est le plus gros faucon français.

Dans les années 1950, on a constaté une baisse du taux de reproduction de cet oiseau.

Des études ont alors montré que les proies consommées par ces rapaces contenaient une grande quantité de substances chimiques que l'on trouve dans certains insecticides. Au début des années 1970, ces produits ont été interdits.

On a mesuré l'évolution de l'épaisseur de la coquille d'œuf du faucon pèlerin au cours du temps :

	1950	1960	1965	1970	1980	1990
Épaisseur moyenne des coquilles (en mm)	5	5	3	2	3	4

▶ La quantité de ressources alimentaires n'a joué aucun rôle sur la reproduction du faucon. C'est la **qualité** de ces ressources qui a une influence.

▶ L'**emploi d'insecticides** entraîne une diminution de l'épaisseur de la paroi des œufs. En effet, cette épaisseur diminue jusqu'aux années 1970, moment où les insecticides sont interdits.

▶ L'Homme, en utilisant des insecticides ingérés par les proies du faucon puis le faucon lui-même, a eu une **action négative**, de façon indirecte, sur la reproduction du faucon.

▶ Il a eu également une **action positive** en interdisant ces produits chimiques et donc en rétablissant l'équilibre premier de la chaîne alimentaire.

La diversité génétique

*Les êtres vivants sont tous différents les uns des autres.
Comment cette diversité est-elle inscrite dans les gènes ?*

RAPPELS DE COURS

① Les chromosomes, supports du programme génétique

Ⓐ Le patrimoine génétique

▶ Un individu possède les **caractères communs** à son espèce (caractères spécifiques), avec des variations individuelles qui font de lui une personne unique. Certains de ces caractères peuvent également être modifiés par l'action de l'environnement.

▶ Les caractères dits héréditaires d'un individu, car hérités de ses parents, sont inscrits dans un **programme génétique**. Celui-ci est porté par les chromosomes, des filaments présents dans le noyau de chaque cellule.

> **MOT CLÉ** Caractère héréditaire se dit d'un caractère qui se transmet de génération en génération.

Ⓑ Les chromosomes

▶ L'espèce humaine possède **23 paires de chromosomes**. Seule la 23ᵉ paire diffère selon le sexe de l'individu : l'homme possède un chromosome Y et un chromosome X ; la femme possède deux chromosomes X (ci-contre).

▶ L'ensemble des caractères d'un individu constitue son **phénotype** ; l'ensemble de ses chromosomes, son **caryotype**.

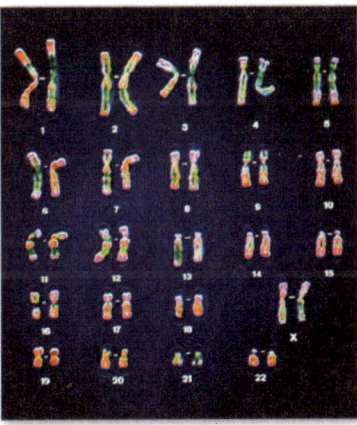

2 Les gènes, unités d'information génétique

▶ Chaque chromosome est divisé en unités d'information : les **gènes**. Chaque gène détermine un caractère héréditaire précis. Sur chaque chromosome d'une même paire, les gènes occupent la même position.

> **MOT CLÉ** Un gène est une portion de chromosome qui porte une information relative à un caractère héréditaire précis.

▶ Un gène existe sous différentes versions appelées **allèles.** Pour un gène donné, les deux chromosomes d'une même paire portent soit deux allèles identiques, soit deux allèles différents.

▶ Les allèles dominants s'expriment toujours alors que les allèles récessifs ne s'expriment que lorsqu'ils sont seuls. L'ensemble des allèles d'un individu constitue le **génotype.**

DOCUMENT CLÉ

● Le groupe sanguin

Paire de chromosomes n° 9						
Génotype	[AA]	[AO]	[AB]	[BB]	[BO]	[OO]
Phénotype (groupe sanguin)	A	A	AB	B	B	O

■ Allèle A dominant ■ Allèle B dominant ■ Allèle O récessif

▶ Le gène du groupe sanguin est porté par la paire de chromosomes n° 9. Il existe **4 groupes** sanguins différents : A, B, AB et O, mais seulement 3 allèles différents : A et B (dominants), et O (récessif).

▶ Les **génotypes possibles** sont constitués par les différentes paires de chromosomes.

▶ Chaque combinaison d'allèles donne un groupe sanguin : c'est le **phénotype.**

Sur quels mécanismes reposent la diversité et la stabilité génétique ?

> **RAPPELS DE COURS**

1 *La formation des gamètes : la méiose*

Ⓐ La préparation de l'ADN

► Les chromosomes portent l'information génétique à l'origine de la diversité des êtres vivants. Ils sont essentiellement constitués d'une longue molécule, l'ADN (**acide désoxyribonucléique**).

► L'ADN se prépare à la méiose en se pelotonnant sur lui-même, ce qui rend les **chromosomes visibles.**

Ⓑ La particularité des gamètes

► Les gamètes ont un caryotype particulier : ils ne possèdent qu'**un chromosome de chaque paire**, donc seulement la moitié des chromosomes d'une espèce.

► Chaque gamète ne contient qu'**un seul chromosome sexuel** (X ou Y).

Ⓒ La duplication des chromosomes

Avant la méiose, les chromosomes se dupliquent : chaque chromosome fait une **copie de lui-même**. On obtient ainsi des chromosomes à deux branches (chromatides), formés de deux molécules d'ADN au lieu d'une.

> **MOT CLÉ** Une chromatide est une branche de chromosome ; un chromosome dupliqué possède deux chromatides.

Ⓓ La division cellulaire

► Puis, la cellule de départ subit **deux divisions successives** : la première sépare les chromosomes d'une même paire, et la seconde sépare les chromatides d'un même chromosome.

► La première division se faisant **au hasard**, il existe une infinité de combinaisons possibles des différents allèles portés par les gènes des chromosomes.

2 La formation d'un individu unique : la fécondation

▶ La fécondation est la **fusion** du noyau d'un **ovule** avec le noyau d'un **spermatozoïde**, chacun possédant 23 chromosomes (chez l'Homme). Cela permet de rétablir le nombre de chromosomes de l'espèce (23 paires).

▶ La fécondation se faisant **au hasard**, il existe un très grand nombre de possibilités de cellules œufs différentes et donc d'individus différents.

DOCUMENT CLÉ

● La transmission des chromosomes sexuels lors de la méiose

▶ On positionne un gène quelconque sur le chromosome X avec deux allèles : « A », dominant, et « b », récessif.

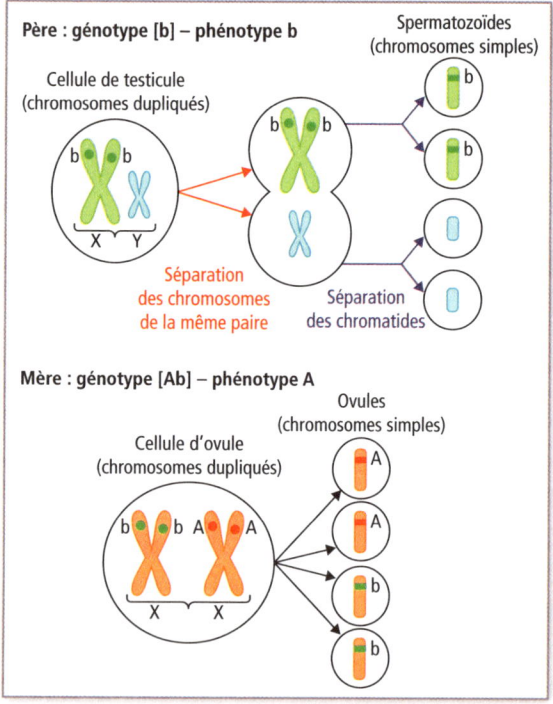

▶ Au final, chaque gamète ne contient qu'**un seul chromosome sexuel simple**.

Parenté et évolution des êtres vivants

66

Quels sont les mécanismes qui expliquent l'évolution des espèces ?

RAPPELS DE COURS

① *Les roches sédimentaires : archives géologiques*

▶ Les roches sédimentaires renferment des **fossiles** qui permettent de reconstituer l'histoire de la vie, apparue sur Terre il y a 3,5 milliards d'années.

▶ L'étude de groupes de fossiles, comme celui des ammonites (animaux marins disparus), prouve que **les espèces se renouvellent**.

▶ Certaines périodes se caractérisent par des changements rapides des peuplements. Pendant ces **crises géologiques**, des espèces disparaissent tandis que d'autres se diversifient et prolifèrent.

> **MOT CLÉ** Une crise géologique est une période pendant laquelle a lieu une extinction brutale et simultanée de nombreuses espèces.

② *Le principe d'évolution des espèces*

Ⓐ Le même support génétique pour tous les êtres vivants

▶ Bien que très différents les uns des autres, tous les êtres vivants ont en commun la présence d'**ADN** comme support du programme génétique et de **cellules**. Cela montre qu'ils ont un **ancêtre commun**.

▶ On observe des liens de parenté entre des espèces distinctes, d'une même époque ou d'époques différentes, en particulier dans le **plan d'organisation** du squelette.

Ⓑ Apparition et diversification des espèces

▶ Lors de la formation d'une nouvelle espèce, il y a apparition et sélection au fil des générations de **nouveaux caractères**, qui favorisent souvent une meilleure adaptation au milieu de vie.

▶ Des **mutations génétiques** sont à l'origine de l'apparition de ces caractères.

> **MOT CLÉ** Une mutation génétique est une modification du matériel génétique héréditaire permettant l'apparition de nouveaux caractères.

▶ L'Homme est un **primate**. Il partage avec le chimpanzé de nombreux caractères mais possède certains caractères spécifiques, comme la bipédie, ce qui fait de lui une espèce à part entière.

DOCUMENT CLÉ

● *Le plan d'organisation des membres supérieurs de trois vertébrés*

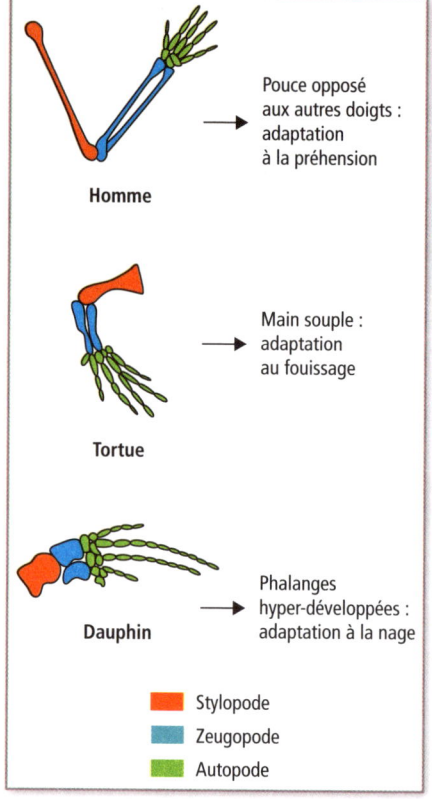

Homme — Pouce opposé aux autres doigts : adaptation à la préhension

Tortue — Main souple : adaptation au fouissage

Dauphin — Phalanges hyper-développées : adaptation à la nage

■ Stylopode
■ Zeugopode
■ Autopode

▶ Les membres supérieurs des vertébrés actuels possèdent le **même plan d'organisation** en trois parties : le stylopode, le zeugopode et l'autopode. Cela prouve l'existence d'un ancêtre commun.

▶ Cependant, les **caractères ancestraux** ont été modifiés, laissant place à des **caractères évolués** assurant une meilleure adaptation de l'animal à son milieu.

SCIENCES

Comment le système nerveux et le système cardiovasculaire interviennent-ils lors d'un effort musculaire ?

> **RAPPELS DE COURS**

1 Répondre aux besoins des muscles pendant l'effort

A Les besoins en énergie

Lors d'un effort physique, l'énergie nécessaire au travail musculaire est apportée par la réaction chimique entre les **nutriments** et le **dioxygène** (O_2), transportés par le sang jusqu'aux cellules musculaires.

B L'augmentation des rythmes cardiaque et respiratoire

▶ L'accélération des fréquences cardiaque et respiratoire, contrôlées par le **système nerveux autonome** (voir le « document clé » page suivante), permet de répondre à l'augmentation des besoins des cellules musculaires.

> **MOT CLÉ** Le système nerveux autonome est indépendant de la volonté. Son centre nerveux est le bulbe rachidien.

▶ Fréquence cardiaque et volume d'O_2 consommé augmentent alors jusqu'à une **valeur maximale** : 200 battements/min et 3 L/min environ selon les individus (sportifs ou sédentaires).

▶ Le flux sanguin est redistribué vers les muscles actifs grâce à l'**irrigation des organes en parallèle** et le **recrutement capillaire** (ouverture de capillaires fermés au repos).

2 Préserver sa santé

▶ Une **visite médicale** est obligatoire avant de pratiquer un sport. Le médecin vérifie la fréquence cardiaque et s'assure de l'absence de contre-indications.

▶ Les performances d'un individu dépendent de son âge, son sexe, sa masse et peuvent s'améliorer par l'**entraînement** (endurance).

► Cependant, l'organisme a des limites. Certains sportifs prennent des doses très élevées de stéroïdes anabolisants. Ces **produits dopants** augmentent la masse musculaire et les performances mais peuvent avoir de graves conséquences sur la santé.

● *Le contrôle nerveux de l'activité cardiaque*

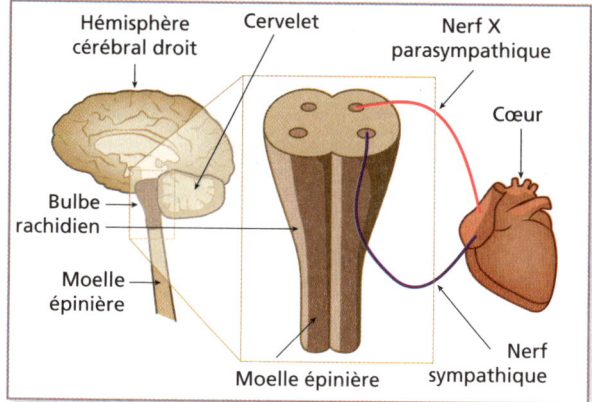

Hémisphère cérébral droit — Cervelet — Nerf X parasympathique — Cœur — Bulbe rachidien — Moelle épinière — Moelle épinière — Nerf sympathique

► Des **fibres nerveuses** issues du bulbe rachidien dans le cerveau sont reliées au cœur.

► Un cœur isolé **bat spontanément** à une fréquence d'environ 100 battements/min.

► Quand le corps est au repos, le nerf X ou **parasympathique** diminue la fréquence cardiaque à 70 battements/min (effet freinateur).

► Pendant l'effort, c'est le nerf **sympathique** qui augmente la fréquence cardiaque jusqu'à 200 battements/min (effet accélérateur).

► La fréquence cardiaque est donc contrôlée par le **système nerveux autonome.**

Activité cérébrale et sommeil

68

*Que sait-on de l'activité cérébrale
et de son fonctionnement pendant le sommeil ?*

RAPPELS DE COURS

1 Le système nerveux

Toutes les fonctions du corps (perception, mouvements) sont contrôlées par le système nerveux.

A Les nerfs

Le **système nerveux périphérique** est constitué de nerfs, qui relient les centres nerveux (cerveau et moelle épinière) aux organes sensoriels ou aux organes effecteurs (muscles et glandes).

B Le cerveau

▶ Le cerveau **intègre et analyse** toutes les informations reçues.

▶ En retour, il **régule** l'ensemble du fonctionnement des organes, les mouvements et la pensée (conscience, mémoire).

C Les messages nerveux

▶ Le cerveau est formé de milliards de cellules nerveuses appelées **neurones.**

▶ Chaque extrémité de neurone peut émettre un message nerveux sous forme de neurotransmetteur : c'est la **transmission synaptique.**

> **MOT CLÉ** La synapse est une zone située entre deux cellules nerveuses, qui assure la transmission de l'information entre elles.

2 L'étude du fonctionnement cérébral

▶ Des **techniques d'imagerie** permettent de cartographier le cerveau (scanner, IRM) et d'étudier son activité (électroencéphalographie, tomographie).

▶ Un électroencéphalogramme plat traduit l'**arrêt du fonctionnement cérébral** (mort).

③ Les conditions d'un bon fonctionnement du système nerveux

Chez l'adulte, l'activité cérébrale est permanente et suit un rythme **veille-sommeil**.

Ⓐ Les cycles du sommeil

La phase de sommeil se compose de **quatre à cinq cycles** d'une heure trente à deux heures. Chaque cycle est constitué d'une phase de sommeil lent puis d'une phase de sommeil paradoxal.

> **MOT CLÉ** Le sommeil est l'état cyclique et réversible d'inconscience, vital pour l'organisme.

Ⓑ Sommeil lent et sommeil paradoxal

▶ Le **sommeil lent** est indispensable au développement et à la régénération des tissus.

▶ Le **sommeil paradoxal** favorise la mise en mémoire et la gestion des émotions.

DOCUMENT CLÉ

● **Manque de sommeil et activité cérébrale**

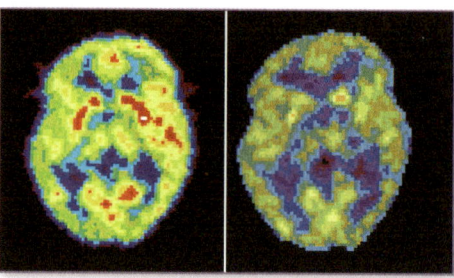

▶ Ces deux clichés de TEP (tomographie par émission de positons) montrent le cerveau après un **sommeil normal** (à gauche) ou après **privation de sommeil** (à droite). Les zones en rouge témoignent d'une forte activité cérébrale.

▶ Un temps de sommeil de moins de 9 heures a des conséquences négatives sur les **processus moteurs** : baisse de la vigilance et augmentation du temps de réaction. Ceci peut provoquer des accidents ou limiter les performances sportives. Le manque de sommeil affecte aussi les **processus intellectuels**, ce qui se traduit par l'irritabilité et les difficultés de concentration ou de mémorisation.

SCIENCES

Comment la digestion permet-elle de satisfaire les besoins nutritionnels de l'organisme ?

RAPPELS DE COURS

1 *Le devenir des aliments dans le tube digestif*

A La digestion

Au cours de la digestion dans le tube digestif, les aliments sont transformés en petites molécules de nutriments grâce aux **enzymes** des sécrétions produites par les glandes digestives.

B L'absorption intestinale

▶ Les nutriments sont ensuite absorbés vers le milieu intérieur à travers la paroi intestinale : c'est l'**absorption intestinale**.

▶ Puis, ils sont transportés par le sang jusqu'aux cellules où ils sont utilisés (**assimilation**).

C L'excrétion

Les aliments non digérés (fibres) sont **rejetés** dans les excréments.

2 *Les processus digestifs*

▶ L'**action mécanique** de brassage dans la bouche et l'estomac permet un bon contact aliment-enzyme et accélère la digestion.

▶ L'**action chimique** des enzymes en présence d'eau permet l'**hydrolyse** (transformation) des grosses

> **MOT CLÉ** L'hydrolyse correspond à la décomposition d'une substance par l'eau *via* une activité enzymatique.

molécules d'aliments en petites molécules de nutriments assimilables par l'organisme :

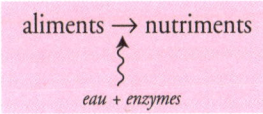

aliments → nutriments
⌇
eau + enzymes

▶ La digestion est une **simplification moléculaire**.

● À chaque enzyme sa spécialité

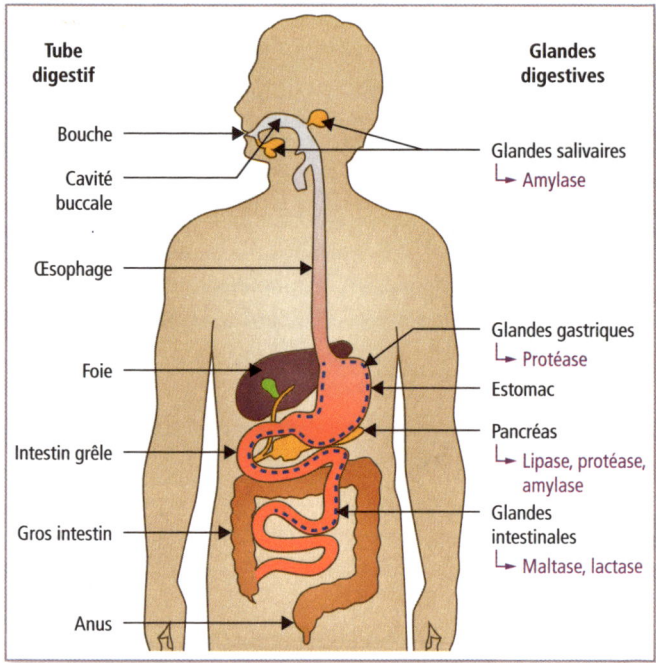

Tube digestif

- Bouche
- Cavité buccale
- Œsophage
- Foie
- Intestin grêle
- Gros intestin
- Anus

Glandes digestives

- Glandes salivaires
  ↳ Amylase
- Glandes gastriques
  ↳ Protéase
- Estomac
- Pancréas
  ↳ Lipase, protéase, amylase
- Glandes intestinales
  ↳ Maltase, lactase

▶ Les **amylases** de la salive et de l'intestin ainsi que la **maltase** de l'intestin hydrolysent les sucres complexes comme l'amidon en maltose (formé de deux molécules de glucose), puis en glucose.

▶ Les **protéases** des sécrétions gastriques et pancréatiques hydrolysent les protéines en acides aminés.

▶ Les lipides sont réduits en gouttelettes par la bile du foie et transformés en acides gras par les **lipases** du pancréas.

Comment fonctionne le monde microbien hébergé par notre organisme ? Comment se protéger des micro-organismes pathogènes ?

SCIENCES

> **RAPPELS DE COURS**

1 *L'ubiquité du monde bactérien*

A Où vivent les bactéries ?

▶ Les bactéries sont présentes sur Terre **depuis – 3,5 Ga** et leur nombre est estimé à 10^{30}.

▶ Elles occupent **tous les milieux**, même les plus hostiles (volcans, lacs acides, salés ou glacés) et sont aussi les hôtes des êtres vivants.

B Qu'est-ce qu'une bactérie ?

▶ Une bactérie est constituée d'**une seule cellule** (ronde ou en bâtonnet), délimitée par une membrane et recouverte d'une paroi.

▶ C'est un **procaryote** car son cytoplasme ne contient pas de noyau mais un chromosome circulaire unique.

▶ C'est un **micro-organisme** car sa taille est de quelques dixièmes de micromètres.

2 *Les bactéries pathogènes*

A Différents types de bactéries

Certaines bactéries nous sont favorables, mais d'autres peuvent déclencher des maladies. Elles nous **contaminent** en pénétrant dans le corps de façon directe par contact avec la peau, ou de façon indirecte par l'air, l'eau ou les aliments.

B L'infection

Si les **bactéries pathogènes** se multiplient, c'est l'infection qui provoque des symptômes et parfois la mort si elle est généralisée dans le sang (septicémie).

> **MOT CLÉ** Une bactérie pathogène est un micro-organisme pouvant déclencher une maladie.

C La lutte contre les bactéries pathogènes

▶ Des **mesures d'hygiène** comme le lavage des mains permettent d'éviter la contamination.

▶ Quand on procède à la destruction préventive des bactéries, par la chaleur sur les instruments chirurgicaux par exemple, on parle d'**asepsie.**

▶ Des **produits antiseptiques** sont utilisés pour détruire les bactéries sur une plaie (désinfection).

DOCUMENT CLÉ

● *La flore microbienne hébergée*

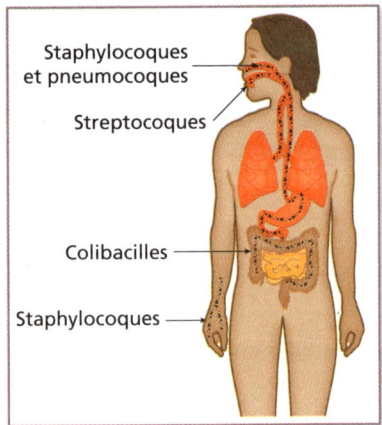

Staphylocoques et pneumocoques

Streptocoques

Colibacilles

Staphylocoques

▶ Notre corps abrite de **très nombreuses bactéries** (10^9) qui sont transmises par la mère lors de la naissance et dont l'action est bénéfique.

> **MOT CLÉ** La flore microbienne hébergée est l'ensemble des bactéries bénéfiques présentes dans le corps humain.

▶ La **flore cutanée** protège la peau de l'invasion de bactéries pathogènes comme les staphylocoques dorés.

▶ La **flore intestinale** aide à la digestion et l'assimilation des sucres et des fibres végétales. Elle protège aussi l'intestin des bactéries pathogènes.

Le système immunitaire

71

Comment l'organisme lutte-t-il contre les infections ?

1 Les réactions de l'organisme face à une infection

Lors d'une infection, l'entrée d'éléments étrangers à l'organisme, appelés **antigènes**, provoque l'intervention du **système immunitaire**. Ce dernier reconnaît le soi et le non-soi grâce à des marqueurs présents sur les cellules.

> **MOT CLÉ** Le système immunitaire est composé de tissus et cellules permettant la défense de l'organisme.

A La première réaction immunitaire

▶ Une première réaction de défense fait intervenir des globules blancs, les **phagocytes**.

▶ Cette réaction **non spécifique**, appelée **phagocytose**, permet souvent de stopper l'infection. Le phagocyte reconnaît la bactérie et émet des prolongements cytoplasmiques pour l'englober. Il emprisonne ainsi la bactérie dans une vésicule, où elle est digérée. Si la phagocytose échoue, il y a formation de pus.

B La seconde réaction immunitaire

▶ Une seconde réaction de défense, plus lente, intervient alors en mettant en jeu d'autres globules blancs.

▶ Les **lymphocytes B** sécrètent des **anticorps spécifiques** pour piéger les bactéries. Le complexe antigène-anticorps ainsi formé est ensuite phagocyté.

▶ Les **lymphocytes T** détruisent les cellules infectées par des virus.

2 Santé et société

▶ La découverte des **antibiotiques** par Alexander Fleming (1881-1955) et des principes de l'immunothérapie et de la vaccination par Edward Jenner (1749-1823) et Louis Pasteur (1822-1895) a permis de réduire la mortalité infectieuse, notamment infantile.

▶ L'utilisation des antibiotiques doit être raisonnée. Ils sont inefficaces contre les virus, et il ne faut pas interrompre un traitement aux antibiotiques, car sinon il y a un risque de développement de **bactéries résistantes.**

● Le principe de la vaccination

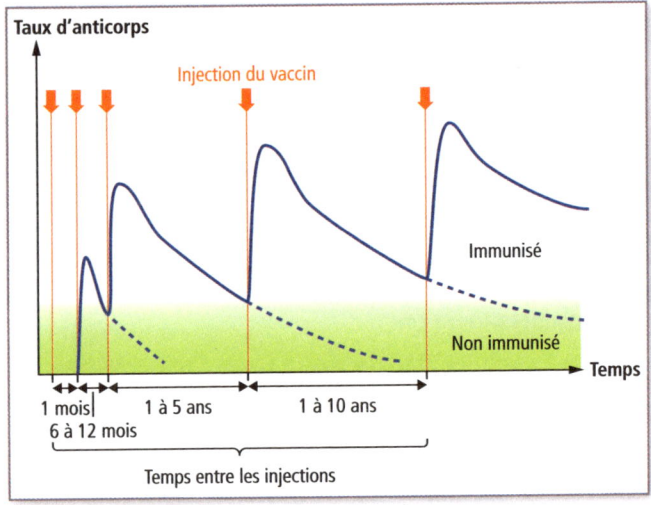

Taux d'anticorps

Injection du vaccin

Immunisé

Non immunisé

Temps

1 mois
6 à 12 mois

1 à 5 ans

1 à 10 ans

Temps entre les injections

▶ Lors de la vaccination, on injecte l'antigène atténué ou un fragment de celui-ci, qui ne déclenche pas la maladie mais active la **mémoire immunitaire.** Des rappels sont nécessaires pour entretenir cette mémoire au cours de la vie.

▶ Au **premier contact** avec l'antigène, a lieu une première production lente d'anticorps.

▶ Au **deuxième contact** avec l'antigène, la production d'anticorps est plus rapide et importante. À partir d'une certaine quantité d'anticorps produits, l'individu est protégé. On dit qu'il est **immunisé.**

▶ C'est l'activation de **lymphocytes B mémoire** qui permet cette deuxième réaction.

Comment fonctionnent les appareils reproducteurs féminin et masculin à partir de la puberté ?

› **RAPPELS DE COURS**

Dès la fécondation, le sexe de l'enfant à naître est déterminé par les chromosomes sexuels. À la naissance, les ovaires ou les testicules de l'enfant ne sont pas encore fonctionnels.

1 *Le déclenchement de la puberté*

À la puberté, entre 11 et 15 ans en moyenne, des changements du corps appelés **caractères sexuels primaires et secondaires** apparaissent.

A **Chez le garçon**

Ainsi, chez le garçon, les testicules se développent et produisent à leur tour une hormone : la **testostérone**, responsable de la masculinisation du corps (mue de la voix, pilosité, musculature).

B **Chez la fille**

Chez la fille, ce sont les ovaires qui se développent et produisent aussi des hormones, les **œstrogènes**, déclencheurs de la féminisation (formation des seins, pilosité, élargissement du bassin).

C **Le rôle des hormones**

▶ Les changements du corps lors de la puberté sont dus aux hormones **produites par le cerveau** et libérées dans le sang.

> **MOT CLÉ** Une hormone est une substance produite par un organe, libérée dans le sang et agissant sur le fonctionnement d'autres organes appelés cibles.

▶ Ces hormones vont **agir sur les organes cibles** en modifiant leur fonctionnement, donnant ainsi à l'adolescent la capacité de se reproduire.

SCIENCES

2 Des organes reproducteurs fonctionnels

▶ L'apparition des **règles** chez la fille et des **éjaculations** chez le garçon sont les signes du fonctionnement des appareils reproducteurs.

▶ Les testicules produisent les **gamètes mâles** (spermatozoïdes) de façon **continue**, de la puberté à la fin de la vie.

▶ Les ovaires produisent les **gamètes femelles** (ovules) de façon **cyclique**, de la puberté à la ménopause vers 50 ans.

> **DOCUMENT CLÉ**

● **Le fonctionnement cyclique de l'ovaire et de l'utérus**

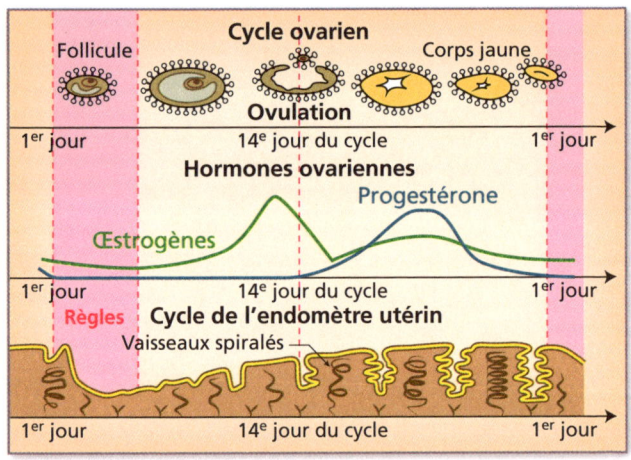

▶ À chaque cycle d'environ 28 jours, l'ovaire et l'utérus se préparent à une grossesse sous l'action des **hormones ovariennes.**

▶ Au 14ᵉ jour, un **pic d'œstrogènes** déclenche l'expulsion de l'ovule, contenu dans un follicule, de l'un des ovaires (ovulation). La muqueuse utérine devient épaisse et riche en vaisseaux sanguins pour accueillir l'embryon en cas de fécondation et de grossesse.

> **MOT CLÉ**
> L'ovulation est l'émission cyclique d'un ovule par l'ovaire.

▶ Si l'ovule n'est pas fécondé, **le taux des hormones chute** en fin de cycle et la paroi de l'utérus est éliminée en produisant des saignements : ce sont les menstruations (règles).

En quoi la sexualité humaine se différencie-t-elle de celles d'autres espèces de mammifères ? Quelles techniques permettent aujourd'hui de maîtriser la procréation ?

RAPPELS DE COURS

1 *Les spécificités de la sexualité humaine*

▶ Dans notre espèce, l'acte sexuel est possible **à tout moment,** contrairement à d'autres mammifères qui ne s'accouplent qu'à certaines périodes.

▶ Toutefois, la fécondation n'est possible qu'autour de l'ovulation. En effet, la **période de fécondabilité** de la femme, d'environ 7 jours par cycle, est déterminée par la durée de vie de l'ovule (24 heures) et par celle des spermatozoïdes (4 à 6 jours).

2 *Les moyens pour éviter une grossesse*

Les méthodes contraceptives et contragestives permettent aujourd'hui de choisir le moment d'avoir un enfant.

A **Les méthodes contraceptives**

▶ Les **préservatifs** empêchent la rencontre des gamètes ou fécondation.

▶ La **pilule** et l'**implant** agissent sur le cycle féminin, et contiennent des hormones qui bloquent l'ovulation.

> **MOTS CLÉS** La contraception empêche la fécondation tandis que la contragestion empêche l'implantation de l'embryon.

B **Les méthodes contragestives**

▶ Le **DIU** ou stérilet (dispositif placé dans l'utérus) et la **pilule du lendemain** (dose massive d'hormones) empêchent la nidation.

▶ En cas d'échec, l'interruption volontaire de grossesse (**IVG**) est autorisée en France jusqu'à 12 semaines de grossesse.

3 La procréation médicalement assistée (PMA)

▶ Les **couples infertiles** ne parviennent pas à concevoir un enfant. Chez la femme, cela peut être dû à des troubles de l'ovulation ou à des trompes bouchées. Chez l'homme, ce peut être des spermatozoïdes non mobiles ou en nombre insuffisant.

▶ La **Fivette** (fécondation *in vitro* et transfert d'embryon) est une technique de procréation médicalement assistée (PMA).

DOCUMENT CLÉ

● **Différents moyens adaptés à chaque cas pour éviter une grossesse**

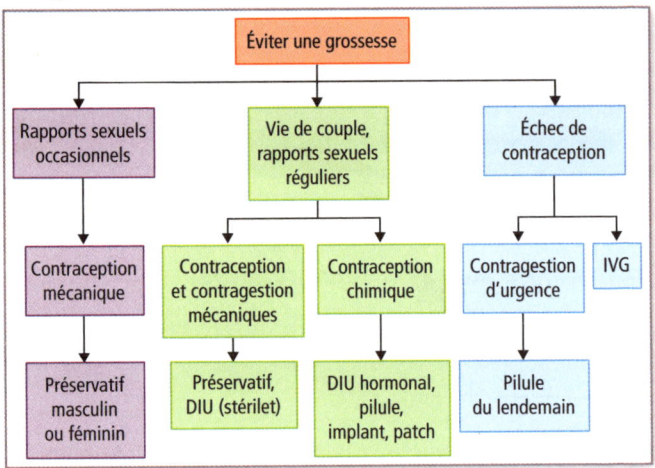

▶ Seuls les **préservatifs** protègent des infections sexuellement transmissible (IST) comme le sida. Ils sont en vente libre.

▶ La **pilule** (comprimé) est prescrite par le médecin et doit être prise sans oubli tout au long du cycle pour être efficace.

▶ La **pilule du lendemain** est efficace si elle est prise dans les 24 à 48 heures après un rapport sexuel non protégé.

SCIENCES

Avant de concevoir un objet technique, il faut s'assurer qu'un besoin existe et bien préciser ce qui est attendu par le futur utilisateur.

RAPPELS DE COURS

1 De l'analyse du besoin au cahier des charges

▶ Les objets techniques sont conçus par l'Homme pour répondre à des **besoins**. Le besoin apparaît quand l'Homme perçoit un manque ou qu'il est insatisfait. C'est le début de tout projet.

Besoin	se déplacer	communiquer
Objet technique	vélo, automobile…	papier, téléphone, smartphone…

▶ Pour répondre au besoin de l'utilisateur, les concepteurs listent toutes les fonctions que doit assurer un objet technique. Cette analyse fonctionnelle a pour but de rédiger un **cahier des charges**.

> **MOT CLÉ** Un cahier des charges est un document contractuel décrivant de la façon la plus précise possible, les besoins auxquels le concepteur de l'objet doit répondre.

▶ La personne qui réalise le projet n'est pas forcément celle qui a rédigé le cahier des charges. Ce dernier doit donc préciser l'ensemble des **caractéristiques** du produit, en incluant le design.

2 Les fonctions de service d'un objet

▶ L'objet technique est considéré comme un ensemble de **fonctions de service**, sans distinguer ses différentes pièces.

▶ Il existe deux types de fonctions de service :
– les **fonctions principales**, correspondant au service rendu par le système pour répondre aux besoins ;
– les **fonctions contraintes**, représentant l'ensemble des obligations à satisfaire pour répondre aux besoins.

Dans un bureau d'études, le rôle des concepteurs est de trouver des solutions techniques pour aboutir à un produit fini, en respectant le cahier des charges.

RAPPELS DE COURS

1 La conception d'un produit

▶ Lors de la conception, pour satisfaire les différentes fonctions de service, on recherche toutes les **fonctions techniques** qui permettent de réaliser ces fonctions de service.

> **MOT CLÉ** La veille technologique consiste à faire des recherches dans un domaine afin d'être à même de faire de meilleurs choix lors de la conception.

▶ Pour chaque fonction technique, on recherche les **solutions techniques** possibles. Le choix d'une solution technique se fait à l'aide :
– de sondages auprès des utilisateurs, notamment pour déterminer le design d'un objet (forme d'une voiture, couleur d'emballage, odeur de déodorant par exemple) ;
– de tests, pour choisir un matériau ;
– de calculs et de simulations numériques…

▶ Une fois choisies les solutions techniques, le concepteur prépare un ensemble de documents décrivant la mise en œuvre et la réalisation du produit : **plans,** modèles virtuels (notamment des modélisations 3D), schémas électriques, etc.

2 Le design d'un produit

▶ Le design ne se résume pas à l'esthétique d'un produit et n'est pas déterminé à la fin de la conception : la démarche design intervient **à toutes les étapes** d'un projet.

▶ Afin de choisir le design d'un objet, les concepteurs analysent les **sensations** que ce produit doit créer (chaleur, volume, aspect ludique…).

Le produit étant défini, il peut être fabriqué.
Mais, avant d'envisager une production en grand nombre,
un premier exemplaire est réalisé, le prototype.

1 *Le prototype*

► Certains composants du prototype sont achetés, d'autres sont fabriqués. L'ensemble est alors assemblé et programmé.

> **MOT CLÉ** Le prototype est un objet fabriqué afin de valider les performances, la stabilité et l'intégralité du produit. Il permet d'éviter les erreurs avant la mise en production.

► De nos jours, la fabrication d'un prototype est le plus souvent une **fabrication assistée par ordinateur** (FAO).

► La FAO permet de passer rapidement des modèles numériques 3D des concepteurs au processus de fabrication : on parle de **prototypage rapide**.

2 *L'usinage*

► L'usinage est un procédé de fabrication par **enlèvement de matière**. Les métaux, le bois et les plastiques sont usinables.

► Partant de la géométrie définie par le concepteur, un logiciel de FAO pilote le mouvement de l'outil.

3 *L'impression 3D*

► L'impression 3D est un procédé de fabrication par **ajout de matière**. Le plastique, le béton et les métaux sont des matériaux utilisables. Chacun de ces matériaux nécessite une imprimante 3D spécifique.

► L'impression du plastique se fait avec une buse chauffée pilotée par un logiciel de FAO. Le concepteur définit :
– la géométrie de la pièce ;
– sa densité de matière ;
– son orientation.

SCIENCES

Au cours de sa vie, un objet technique est en interaction avec l'environnement et les Hommes.

1 *L'évolution des objets techniques*

▶ L'évolution des objets a suivi les inventions et les progrès scientifiques et techniques avec pour but l'amélioration des **performances** de ces objets.

▶ L'**esthétique** des objets évolue en fonction des goûts et de la mode. Les objets s'adaptent à l'Homme, leur **ergonomie** s'améliore.

2 *Les impacts des objets techniques*

▶ À chaque étape de son **cycle de vie**, un objet technique a un impact sur l'environnement et la société.

▶ Les **impacts environnementaux** sont variés : pollution visuelle, nuisance sonore, rejet dans l'atmosphère de gaz ou de chaleur, épuisement des ressources, déchets… Certaines entreprises font de l'**éco-conception** une priorité.

▶ Les **impacts sociétaux** sont également multiples. Malgré leur bon fonctionnement, des objets sont jugés « périmés » et rapidement remplacés, par effet de mode. L'utilisation à outrance de certains objets comme les objets connectés peut créer une dépendance…

Analyser le fonctionnement d'un objet

78

Le fonctionnement des constituants d'un objet ou d'un système peut être représenté par une chaîne d'énergie et une chaîne d'information.

RAPPELS DE COURS

1 La chaîne d'énergie

▶ Les objets et systèmes utilisent de l'énergie pour fonctionner. L'énergie circule en passant par différents composants de l'objet ou du système. Cette **circulation d'énergie** est représentée par une chaîne d'énergie.

▶ La chaîne d'énergie est l'ensemble des procédés permettant de réaliser une action. On peut découper cette chaîne en plusieurs **blocs fonctionnels** correspondant à des étapes :
– alimenter : apporter une énergie exploitable à l'objet ;
– stocker : permettre de disposer d'une réserve d'énergie ;
– distribuer : gérer la quantité d'énergie circulant ;
– convertir : transformer en une autre forme d'énergie ;
– transmettre : transporter l'énergie.

2 La chaîne d'information

▶ Un **système automatisé** est composé de plusieurs éléments qui exécutent un ensemble de tâches programmées, sans intervention de l'Homme.

▶ On schématise la **chaîne d'information** (partie du système qui capte puis traite l'information) par des fonctions. Ainsi, la fonction **acquérir**, assurée par un capteur, consiste à créer une information à partir d'un événement tandis que la fonction **traiter** gère les informations acquises afin qu'elles deviennent communicables.

EXEMPLE Chaîne d'information d'une télécommande

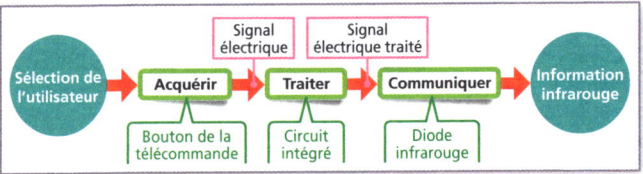

Autrefois, la conception d'objets techniques passait par des essais parfois coûteux. Aujourd'hui, la modélisation et la simulation numérique permettent de reproduire virtuellement le fonctionnement d'un objet ou d'un système.

RAPPELS DE COURS

1 Modéliser et simuler

▶ La **modélisation** est une représentation virtuelle ou mentale de la réalité. Elle n'est pas destinée à reproduire exactement la réalité, mais permet l'étude de la structure d'un système ou d'un objet.

▶ La **simulation numérique** permet, par des calculs mathématiques, de prévoir le comportement d'un système lors de son utilisation avant même sa construction. Il y a toujours un écart entre la prédiction d'une simulation et le comportement réel du système.

▶ Elle permet aussi d'**amplifier** le comportement du système. Ainsi, les petites déformations, les faibles mouvements deviennent visibles.

EXEMPLE Simulation du passage d'un poids lourd sur un pont avec Bridge Designer 2016.

2 Représenter les résultats de simulation

▶ Certains résultats de simulation sont représentés **directement sur le modèle** de l'objet (les déformations par exemple).

▶ D'autres résultats ne permettent pas de visualisation directe. On les représente alors sous forme de **graphiques.**

EXEMPLE Un **chronogramme** est une représentation graphique de l'évolution temporelle d'un ou de plusieurs signaux issus d'une situation réelle ou d'une simulation. Cette représentation est constituée d'un ou plusieurs graphiques superposés. L'axe des abscisses des différents graphiques est commun et représente le temps.

Comprendre le fonctionnement en réseau informatique

80

Les objets techniques sont de plus en plus souvent mis en réseau afin de communiquer entre eux.

> **RAPPELS DE COURS**

SCIENCES

1 Les réseaux informatiques

▶ Certains réseaux, dits **locaux**, sont limités à un espace restreint (domicile, école, entreprise…).

▶ Ils peuvent être reliés au réseau mondial **Internet** par le biais d'un modem (appelé box de nos jours).

> **MOT CLÉ** Un réseau informatique est un ensemble d'équipements (ordinateurs, téléphones, objets connectés) reliés entre eux et capables d'échanger des informations.

2 La circulation des informations

▶ Les informations circulent via trois technologies :
– le **fil de cuivre** (information sous forme de signal électrique) ;
– la **fibre optique** (lumière dans un fil) ;
– les **ondes électromagnétiques** (WiFi, Bluetooth, 4G, infra-rouge…).

▶ Chaque technologie a ses limites, en termes de **portée** et de **débit**. Ainsi, le débit maximum du fil de cuivre est d'environ 100 Mo/s contre 1 Go/s pour la fibre optique.

3 Les protocoles de communication

▶ Lors d'un accès à Internet, l'ordinateur est connecté par un **modem** qui traduit les informations. Ces dernières circulent alors dans les mailles du réseau local puis du réseau mondial.

▶ Chaque objet d'un réseau a une adresse IP (*Internet protocol*) unique. Quand ils communiquent entre eux, les objets doivent respecter un ensemble de règles de communication, appelé **protocole**.
EXEMPLE Le protocole TCP/IP est l'ensemble des règles de communication sur Internet nécessaire pour acheminer des paquets de données, composés de « mots » binaires, suites de 0 et de 1.

Les objets informatisés sont programmés pour interagir de manière autonome dans leur environnement.

1 Les objets informatisés

▶ Les objets informatisés sont équipés de **capteurs** permettant d'obtenir des informations sur leur environnement.

▶ Des programmes informatiques, exécutables par un **microprocesseur**, assurent le traitement de ces informations.

> **MOT CLÉ** Le microprocesseur est le « cerveau » de l'ordinateur. Il exécute des programmes.

▶ L'objet agit sur son environnement grâce à des **actionneurs**.

2 Les programmes informatiques

▶ Un **programme** est une suite ordonnée d'opérations, destinées à être exécutées par un ordinateur afin de résoudre un problème donné.

▶ La programmation, réalisée à l'aide de logiciels et dans des **langages** spécifiques (Scratch par exemple), peut prendre différentes formes : textuelle, logigramme, blocs…

EXEMPLE S'il y a un mur devant lui, le robot tourne à gauche, sinon il continue d'avancer.

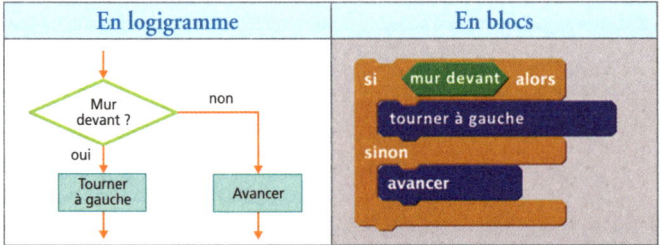

En logigramme	En blocs

▶ Un programme **décompose** un problème complexe en une suite d'opérations plus simples. Quel que soit le langage employé, les instructions exécutent ces opérations simples, en suivant l'ordre déterminé par un **algorithme**.

Français

*Cochez la case
quand vous avez révisé* ☑
la fiche ou la partie

SOMMAIRE
FRANÇAIS

Le genre d'un texte

82

LES QUESTIONS CLÉS

▶ À quel genre (littéraire) appartient le texte ?

▶ De nombreux sujets d'écriture, dans lesquels la consigne précise le genre de texte à produire (lettre, article, poème…).

A Quels sont les principaux genres ?

Les textes et œuvres littéraires sont classés en genres, qui sont de **grandes catégories.** Voici les principaux genres littéraires et leurs « sous-genres ».

▶ **Roman** : d'aventures, d'amour, d'apprentissage, de science-fiction, policier…

▶ **Nouvelle** : réaliste, fantastique…

▶ **Théâtre** : comédie, tragédie, drame…

▶ **Poésie** : en vers réguliers, en vers libres, en prose…

▶ **Autres genres** en prose : le conte, l'autobiographie (récit de sa propre vie), la lettre…

B Qu'est-ce que la poésie ?

La poésie est un genre qui se caractérise par :

▶ une **façon différente de sentir, de voir**, de réagir devant le monde ;

▶ une **façon inhabituelle de s'exprimer**, qui peut se traduire par :

INFO La poésie moderne se dégage des contraintes de forme ; souvent elle est en vers libres ou en prose et supprime la ponctuation.

– l'emploi d'images et de figures de style (→ FICHE **92**) ;
– l'emploi de vers, de même longueur dans les poèmes réguliers, de longueur inégale dans les poèmes irréguliers ou en vers libres ;
– la présence de rimes, sonorités identiques à la fin des vers ;
– la disposition en strophes, groupes de vers séparés par des blancs.

FRANÇAIS

C Qu'est-ce qui caractérise le théâtre ?

▶ Un texte de théâtre est fait pour être **joué**. Il comporte :
– des paroles destinées à être dites par les personnages (les **répliques**) ;
– des indications destinées au lecteur, au metteur en scène, aux acteurs : le nom des personnages, les **didascalies** qui renseignent sur le lieu, le temps, les jeux de scène, les intonations…

▶ Une pièce de théâtre est traditionnellement divisée en **actes** (qui marquent en général un changement dans le lieu, le décor ou le temps). Les actes sont eux-mêmes divisés en **scènes** (délimitées par l'entrée ou la sortie d'un ou plusieurs personnages).

D Comment définir un roman ?

Un roman est une œuvre narrative d'imagination, assez longue, qui comporte :
– un **narrateur** (→ FICHE **91**) racontant l'histoire ;
– une histoire (ou intrigue), avec des **péripéties** ;
– des **personnages** (principaux et secondaires) fictifs.
Il cherche à donner l'illusion de la réalité.

E Quels éléments une lettre contient-elle ?

▶ Une lettre est un message écrit envoyé **par un expéditeur à un destinataire**.

▶ Elle comporte des **éléments indispensables** :
– en haut à gauche : le nom, le prénom, l'adresse de l'émetteur ;
– en haut à droite : l'indication du lieu (où se trouve l'expéditeur), la date (à laquelle il écrit) ;
– une formule d'appel (« Cher ami »…) ;
– le texte (ou corps) de la lettre ;
– une formule finale (« amicalement »…) ;
– en bas de la lettre, la signature de l'expéditeur.

F Qu'est-ce qu'une autobiographie ?

Une autobiographie est le **récit par l'auteur de sa propre vie**. Elle peut prendre la forme :
– d'un récit rétrospectif à la 1re personne du singulier ;
– d'un journal ;
– de mémoires ;
– d'un roman autobiographique.

FRANÇAIS

▶ Quel est le type du texte ? Quels indices vous ont permis de répondre ?

▶ Repérez un passage de type narratif / descriptif / explicatif / argumentatif… Quels indices grammaticaux vous ont permis de l'identifier ?

▶ Quelle est, dans ce texte, l'intention de celui qui écrit (du narrateur, du locuteur…) ?

A Quels sont les différents types de textes ?

▶ On distingue six types de texte (ou formes de discours) : narratif, descriptif, argumentatif, informatif, explicatif, injonctif.

▶ On définit le type d'un texte **selon l'intention de celui qui parle ou écrit**.

Type de texte	Intention de celui qui parle ou écrit	Principales caractéristiques
Narratif	Raconter une histoire	Un narrateur, des personnages ; une action située dans le temps ; un point de vue. Indices : passé simple ; CC de temps ; connecteurs de temps.
Descriptif	Décrire un lieu, un objet, un personnage	Des repères spatiaux ; un point de vue. Indices : imparfait ; CC de lieu ; adjectifs.
Informatif	Transmettre des informations, exposer des connaissances	Faits, dates, chiffres ; paragraphes avec des titres ; objectivité dans l'énonciation. Indices : termes techniques ; vocabulaire spécialisé.
Explicatif	Donner des explications, faire comprendre	Explications. Indices : mots exprimant la succession (*d'abord, puis, enfin*…) ; mots introduisant une explication (*en effet, c'est pourquoi*…).

Type de texte	Intention de celui qui parle ou écrit	Principales caractéristiques
Argumentatif	Convaincre, persuader	Une thèse (idée soutenue) ; des arguments et des exemples ; engagement du locuteur. Indices : connecteurs logiques (*en effet, mais, bien que…*) ; mots exprimant une opinion (*penser que, croire…*), une appréciation.
Injonctif	Ordonner, conseiller, prier	Ordres, conseils ou prières. Indices : impératif, subjonctif ; mots exprimant l'ordre, le conseil, la prière.

B Un texte relève-t-il d'un seul type ?

On peut **combiner plusieurs types de textes** dans un récit :

▶ des passages narratifs : des actions, des événements sont racontés ;

> **INFO** Au brevet, les sujets d'écriture amènent le plus souvent à combiner plusieurs types de textes.

▶ des passages descriptifs : on fait une pause dans le récit pour faire imaginer un lieu, un objet, un personnage ;

▶ des passages argumentatifs : il y a une ou plusieurs opinions exprimées (parfois par des personnages).

▶ Quel est le registre (ou la tonalité ou le ton) du passage « … » ?

▶ Qualifiez (par des adjectifs) le ton du passage « … ».

▶ Les questions d'analyse de texte qui comportent les mots *qualifier, définir (le ton), impression produite, effet produit…*

🅐 Comment analyser le registre d'un texte ?

▶ Le registre d'un texte se définit par l'**effet qu'il produit sur le lecteur** : rire, sourire, tristesse, peur, pitié…

▶ Analyser la tonalité d'un texte, c'est définir ce texte en donnant son avis de lecteur.

Un texte qui…	est…
fait rire	comique
fait sourire	humoristique
émeut, fait peur, surprend	dramatique
inspire la pitié	pathétique
inspire la terreur, le désespoir sur le destin humain	tragique
fait partager des sentiments intimes	lyrique
combat violemment une personne ou une thèse	polémique
dénonce en se moquant	satirique (→ FICHE 85)

▶ Exemple de **texte comique** :

> *On a volé au vieil Harpagon son trésor…*
>
> « Au voleur ! au voleur ! à l'assassin ! au meurtrier ! Justice, juste Ciel ! je suis perdu, je suis assassiné, on m'a coupé la gorge, on m'a dérobé mon argent. Qui peut-ce être ? Qu'est-il devenu ? Où est-il ? Où se cache-t-il ? Que ferai-je pour le trouver ? Où courir ? Où ne pas courir ? N'est-il point là ? N'est-il point ici ? Qui est-ce ? Arrête. Rends-moi mon argent, coquin… *(Il se prend lui-même par le bras.)* »

■ Molière, *L'Avare*.

Indices : répétition mécanique de mots ; situation absurde ; effets de rupture et de décalage ; traits de caractère ridicules du personnage.

FRANÇAIS

▶ Exemple de **texte tragique** :

« Quand tu sauras mon crime et le sort qui m'accable,
Je n'en mourrai pas moins, j'en mourrai plus coupable. […]
Ô haine de Vénus ! Ô fatale colère !
Dans quels égarements l'amour jeta ma mère ! »

■ Jean Racine, *Phèdre*, I, 3.

Indices : niveau de langue élevé ; champs lexicaux de la fatalité, du désespoir et de la mort ; exclamations et interjections ; antithèses et figures d'insistance.

▶ Exemple de **texte lyrique** :

« Mon bel amour mon cher amour ma déchirure
Je te porte dans moi comme un oiseau blessé »

■ Louis Aragon, « Il n'y a pas d'amour heureux ».

Indices : marques de la 1re personne (forte implication de celui qui parle) ; marques d'expressivité (phrases exclamatives, interrogatives, apostrophes) ; images poétiques ; musique de la phrase (harmonie rythmique et sonore).

Ⓑ Comment qualifier plus précisément la tonalité d'un texte ?

▶ Il existe des **nuances** dans ces registres. Vous pouvez qualifier plus précisément la tonalité d'un texte en cherchant, d'après les impressions qu'il a produites sur vous, des **adjectifs qui le caractérisent.**

▶ En voici quelques-uns :
– cocasse, burlesque ;
– ironique (qui se moque en disant le contraire de ce qu'il pense) ;
– émouvant, triste ;
– effrayant, violent, choquant, révoltant ;
– poétique, surréaliste (étrange, illogique).

Ⓒ Comment classer et qualifier un texte ?

Si vous le classez selon...	vous trouvez...	Exemple
ses caractéristiques de forme	son **genre**	roman, théâtre, poésie…
l'intention de celui qui parle ou écrit	son **type**	narratif, argumentatif…
l'effet qu'il produit sur le destinataire	son **registre**	comique, pathétique…

Le registre satirique

85

▶ Que dénonce l'auteur ? Quels défauts met-il en valeur ?

▶ Comment l'auteur ridiculise-t-il sa cible ?

A Qu'est-ce le registre satirique ?

▶ Une œuvre satirique est un texte ou une image argumentative qui **ridiculise sa cible pour la critiquer** et en faire ressortir les défauts.

▶ Elle implique une prise de distance amusée et vise à s'attirer la complicité du lecteur.

▶ Une œuvre satirique peut critiquer ou dénoncer :

> **MÉTHODE** Pour montrer qu'une œuvre est satirique, il faut identifier de qui ou de quoi elle se moque, expliciter quels traits elle critique et expliquer comment elle ridiculise sa cible.

– des individus, des institutions ou des groupes sociaux ;

– des mœurs, des comportements (condition des femmes, censure…) ;

– des valeurs ou des idéologies (racisme, argent, dictature…) ;

– des traits de la nature humaine (gourmandise, jalousie, violence…).

B Les moyens et procédés de la satire et leurs effets

La satire utilise des procédés propres aux registres polémique (pour critiquer) et comique (pour se moquer).

Procédés utilisés	Effets produits
• vocabulaire péjoratif • images négatives (comparaisons, métaphores, animalisations → FICHE **92**)	Critiquer la cible, la dégrader
• oppositions et antithèses	Souligner les contrastes
Caricature : • hyperboles, accumulations (→ FICHE **92**) • répétition, gradations	Faire rire, ridiculiser la cible en exagérant ses défauts
Ironie (→ FICHE **90**) : • antiphrase, éloge paradoxal • implicite (allusions, sous-entendus)	Révéler les absurdités, se moquer avec la complicité du lecteur
• exclamations • questions rhétoriques (→ FICHE **117**)	Susciter l'adhésion du lecteur

FRANÇAIS

C Analyser un texte satirique : « Gnathon » (J. de La Bruyère)

Gnathon ne vit que pour soi, et tous les hommes ensemble sont à son égard comme s'ils n'étaient point. (…) Il ne se sert à table que de ses mains ; il manie les viandes, les remanie, démembre, déchire, et en use de manière qu'il faut que les conviés, s'ils veulent manger, mangent ses restes. Il ne leur épargne aucune de ces malpropretés dégoûtantes, capables d'ôter l'appétit aux plus affamés (…) Il embarrasse tout le monde, ne se contraint pour personne, ne plaint personne, (…) ne pleure point la mort des autres, n'appréhende que la sienne, qu'il rachèterait volontiers de l'extinction du genre humain.

■ Jean de La Bruyère, *Les Caractères*, « De l'homme », 1688.

• **Cible** : un personnage mondain de la haute société (Gnathon).
• **Traits critiqués** : comportement égoïste, sans-gêne et répugnant. La satire dénonce un trait de la nature humaine (portée générale).
• **Procédés utilisés** : vocabulaire péjoratif et hyperboles pour ridiculiser le personnage (caricature) ; répétition du pronom « il », accumulations, réseau d'oppositions entre Gnathon et les autres pour faire ressortir son égoïsme.

D Analyser un dessin de presse satirique

■ « Humpff ! C'est quoi un écochychtème ? », Plantu, *Le Monde*, 1er avril 2005.
[Écosystème : ensemble d'organismes vivants qui interagissent entre eux et avec le milieu dans lequel ils vivent.]

• **Cible** : la société de consommation à l'occidentale.
• **Traits critiqués** : les inégalités de richesse, l'égoïsme et l'indifférence des pays occidentaux qui détruisent l'équilibre naturel par leur consommation excessive. La satire porte ici sur un fait de société.
• **Procédés utilisés** : représentation de la Terre sous forme de hamburger (métaphore, mise en valeur par la couleur) ; traits exagérés du goinfre, pour renforcer l'opposition avec le personnage squelettique (qui représente les pays pauvres) ; question naïve qui dénonce ironiquement l'ignorance et l'indifférence des pays développés.

▶ À quel niveau de langue appartient le mot (ou l'expression) « … » ?

▶ Quel est le niveau de langue dominant dans le texte ?
Quels indices vous ont permis de répondre ?

▶ À quels indices voit-on que c'est un paysan, un ouvrier, un enfant, un personnage officiel… qui parle ?

A Qu'est-ce qu'un niveau de langue ?

▶ Il existe plusieurs façons d'exprimer une même idée, qui varient **selon la situation d'énonciation** (→ FICHE 87), c'est-à-dire selon la personne qui parle ou la personne à qui l'on parle. C'est ce que l'on appelle les niveaux de langue.

▶ On en distingue trois principaux : **familier, courant, soutenu.**

« Dis donc, tata Marceline, dit Zazie, tu te fous de moi ou bien t'es vraiment sourdingue ? On entend très bien ce qu'ils se racontent. » [familier]

■ Raymond Queneau, *Zazie dans le métro.*

→ « Dis-moi, tante Marceline, dit Zazie, est-ce que tu te moques de moi ou es-tu sourde ? On entend très bien ce qu'ils disent. » [courant]

→ « Dítes-moi, tante Marceline, s'enquit Zazie, essaieriez-vous de me tromper ou seriez-vous atteinte de surdité ? Nous pouvons parfaitement ouïr leurs propos. » [soutenu]

B Comment repérer un niveau de langue ?

On repère un niveau de langue en analysant :
– la **prononciation** ;
– le **vocabulaire** (ou lexique) ;
– la **grammaire.**

FRANÇAIS

Niveau de langue	Vocabulaire	Forme des verbes	Forme des phrases
Familier	Mots familiers, abrégés.	Temps courants. Forme parfois incorrecte.	Phrases souvent elliptiques ou incorrectes. Négations supprimées.
	crever pour *mourir*	*Si j'aurais su !* pour *Si j'avais su !*	*Nous, on sait pas.*
Courant	Mots courants.	Temps courants. Forme correcte.	Phrases simples.
Soutenu	Mots précis, rares.	Temps variés. Concordance des temps au subjonctif.	Phrases correctes, souvent complexes. Négations respectées.
	s'éteindre pour *mourir*	*Il fallait que je vinsse.*	*Nous ne savions pas ce qu'il ferait.*

REMARQUE Il existe aussi une langue dite populaire ou vulgaire. L'argot relève de ce registre.

« Maître Corbeau sur un chêne mastard
Tenait un from'ton dans le clapoir.
Maître Renard reniflant qu'au balcon
Quelque sombre zonard débouchait les flacons [...] »

■ Pierre Perret, « Le Corbeau et le Renard ».

Ⓒ À quoi sert de repérer un niveau de langue ?

▶ Le niveau de langue donne le **ton du texte**.

▶ Il peut **renseigner sur le personnage**, le narrateur, en indiquant : son niveau social et culturel ; son origine géographique ; son âge ; son caractère et sa personnalité.

« Pierrot. – Je t'aime, tu le sais bian, et je sommes pour estre mariés ensemble. »

■ Molière, *Dom Juan*.
Pierrot est un paysan peu cultivé.

« Magdelon. – Ah mon père, ce que vous dites là est du dernier bourgeois. Cela me fait honte de vous ouïr parler de la sorte. »

■ Molière, *Les Précieuses ridicules*.
Magdelon est une précieuse qui se pique de parler comme à la Cour.

FRANÇAIS

LES QUESTIONS CLÉS

▶ Les consignes qui comportent les mots *énonciation, situation d'énonciation, énoncé, locuteur, narrateur, destinataire.*

▶ Qui parle ? À qui s'adresse-t-il ?

▶ Tous les sujets d'écriture.

A Qu'est-ce que la situation de communication ?

▶ La situation de communication est **la situation dans laquelle on communique** avec quelqu'un d'autre.

▶ Pour définir cette situation, on se pose les questions suivantes : **qui** communique **avec qui** ? dans quel but ? par quel moyen ? dans quelles circonstances (**où, quand**) ?

▶ On peut communiquer par le langage mais également par des gestes, des attitudes, des images (communication non verbale).

B Qu'est-ce que la situation d'énonciation ?

La situation d'énonciation est une situation de communication dans laquelle des **interlocuteurs** produisent un **message oral** ou **écrit** par le **langage.**

Le président de la République adressant un discours aux députés correspond à une situation d'énonciation.

C Comment caractériser une situation d'énonciation ?

Éléments	Questions à se poser
Le **locuteur** ou émetteur (celui qui produit le message)	Qui parle ? Qui écrit ? Indices : pronoms et déterminants de la 1re personne ; marques de subjectivité (→ FICHE 89) ; niveau de langue (→ FICHE 86).
Le **destinataire** ou récepteur (celui à qui est destiné le message)	À qui ? Indices : noms en apostrophe ; pronoms et déterminants de la 2e personne.
L'**énoncé** ou message	Quoi ? À quel sujet ? Indices : champ lexical dominant.

Éléments	Questions à se poser
Le **but** du message	Dans quel but : émouvoir ? informer ? convaincre ? Indices : type et registre du texte (→ FICHES **83, 84**) ; type des phrases.
Le **contexte** ou les circonstances (le lieu et le temps de l'énoncé)	Où et quand est produit l'énoncé ? Indices : marques de l'espace ou du temps ; temps des verbes (présent d'énonciation, passé composé, futur…).

D **Comment savoir si un texte porte des marques de la situation d'énonciation ?**

▶ Un texte porte des marques de la situation d'énonciation si on peut repérer dans le texte :
– (1) des indices de présence du **locuteur** (→ FICHE **89**) ;
– (2) des indices de présence du **récepteur** ;
– (3) des indices sur le **lieu** et le **temps** où a été prononcé ou écrit le texte.

> Chère amie (2), je (1) vous (2) écris en ce jour de l'an (3) de ma retraite genevoise (3), moi (1) votre ami de toujours…

▶ On dit alors que le texte est **relié à la situation d'énonciation**.

E **Comment respecter la situation d'énonciation dans un travail d'écriture ?**

▶ Un sujet d'écriture indique les éléments de la situation d'énonciation à respecter. Avant de le traiter, vous devez être très attentif à ces indications.

▶ Voici **un exemple**.

> Un de vos amis [locuteur] vient de visiter un pays en développement. À son retour [circonstances], il écrit un article dans le journal du collège [destinataire] pour raconter son voyage [message] et créer un élan de solidarité pour les plus pauvres [but]. Écrivez cet article.
> Voici les différents éléments dont il faut tenir compte :
> – le locuteur : vous devez vous mettre à la place de votre ami et employer la première personne du singulier ;
> – le destinataire : vous vous adressez à des collégiens à la deuxième personne du pluriel ;
> – les circonstances : vous devez faire référence au voyage que vient d'effectuer votre ami.

▶ Qui prononce la phrase « … » ? Comment nomme-t-on ce type de discours ?

▶ L'auteur utilise le discours indirect : quel est l'effet produit ?

▶ Transposez les lignes … au discours indirect en opérant les modifications nécessaires.

Ⓐ Qu'est-ce que des paroles rapportées ?

▶ Quand quelqu'un parle ou écrit, il peut rapporter **les paroles que lui-même ou une autre personne a prononcées**. Cela s'appelle les paroles rapportées.

▶ Il y a trois façons de rapporter des paroles : le discours direct, le discours indirect, le discours indirect libre.

Ⓑ Reconnaître les différents types de discours

▶ Quand des paroles sont transcrites telles qu'elles ont été prononcées, on parle de dialogue ou de **discours direct**.

> Elle les rassura et leur dit : « Vos parents reviendront sûrement demain ! » [verbe introducteur, guillemets]

Le discours direct donne de la vivacité à un texte et a une valeur de témoignage authentique.

▶ Quand les paroles ne sont pas rapportées comme elles ont été prononcées, mais sous forme de subordonnées ou de groupes prépositionnels à l'infinitif, on parle de **discours indirect**.

> Elle les rassura et leur dit que leurs parents reviendraient sûrement le lendemain. [subordonnée]
>
> Il leur ordonne de partir. [groupe prépositionnel à l'infinitif]

Le discours indirect permet de reformuler les paroles et de raccourcir les passages moins importants du dialogue.

▶ Quand les paroles sont rapportées comme au discours indirect mais que le verbe principal introducteur et le mot subordonnant ont été supprimés, on parle de **discours indirect libre**.

> Elle les rassura : leurs parents reviendraient sûrement le lendemain !

FRANÇAIS

Le discours indirect libre permet de ne pas interrompre la narration, de garder une vivacité proche du discours direct et de retranscrire les pensées d'un personnage.

● Comment passer du discours direct au discours indirect ?

▶ Vous devez effectuer des modifications :
– dans la **ponctuation** : pas de guillemets, de points d'exclamation, d'interrogation ;
– dans les **pronoms personnels** parfois ;

> Il déclare : « Je gagnerai le championnat demain ! »
> → Il déclare qu'il gagnera le championnat demain.

– dans les **temps verbaux** si le verbe introducteur est au passé (voir « Notez bien ») ;
– dans les indications de **temps** et de **lieu** parfois.

> ici → là ; hier → la veille ; demain → le lendemain ;
> la semaine dernière/prochaine → la semaine précédente/suivante

NOTEZ BIEN

Si le verbe introducteur est au passé, vous devez respecter la **concordance des temps** suivante :

Temps dans les paroles prononcées	Temps dans la subordonnée au discours indirect
présent *Il affirma : « Je ne renonce pas. »*	imparfait *Il affirma qu'il ne renonçait pas.*
passé composé *Il affirma : « J'ai tout perdu. »*	plus-que-parfait *Il affirma qu'il avait tout perdu.*
futur *Il affirma : « Je reviendrai. »*	conditionnel présent *Il affirma qu'il reviendrait.*

● Comment passer du discours indirect au discours direct ?

Vous devez effectuer des modifications :
– dans la **ponctuation** (→ FICHE 109) ;
– dans les **pronoms personnels** parfois ;
– dans les **temps verbaux** parfois (voir « Notez bien ») ;
– dans les indications de **temps** et de **lieu** parfois.

> Ils jurèrent de me rendre mon argent deux semaines plus tard.
> → Ils jurèrent : « Nous te rendrons ton argent dans deux semaines. »

L E S   Q U E S T I O N S   C L É S

▶ Relevez les marques de la présence du locuteur dans le texte.

▶ Relevez les termes qui traduisent le jugement / les sentiments du locuteur.

▶ Relevez les termes appréciatifs (mélioratifs, positifs) / dépréciatifs (péjoratifs, négatifs) qui indiquent le jugement ou les sentiments du locuteur.

A Quels sont les indices de la présence du locuteur ?

Ce sont les indices personnels de la **1ʳᵉ personne** – pronoms personnels et pronoms ou déterminants possessifs –, qui indiquent la présence du locuteur ou du narrateur dans un texte.

> J'ai pris l'habitude de voyager sans me préoccuper de mon avenir.
> [pron. pers.]   [pron. pers.]   [dét. poss.]

B Quels sont les indices du degré de certitude du locuteur ?

▶ Selon le cas, le locuteur **affirme, nuance ou met à distance** son propos de façon explicite. Il exprime alors son degré de certitude sur ce qu'il dit.

▶ Il a recours pour cela à plusieurs moyens :
– mots ou expressions appelés **modalisateurs** : *assurément, à mon avis, sans doute, peut-être…* ;
– certains verbes : *il me semble, devoir* (*il a dû nous oublier*) ;
– modes verbaux : conditionnel pour une information qu'on ne prend pas à son compte (*il y aurait eu une avalanche*), indicatif pour ce que l'on présente comme certain (*il est le meilleur*).

C Quels sont les indices de jugement du locuteur ?

Pour exprimer un jugement, le locuteur utilise :

▶ des **verbes de déclaration ou d'opinion** tels que : *je pense que, je juge que…* ;

▶ des **mots appréciatifs** comme : *bon/mauvais, juste/injuste, améliorer/détériorer…* ;

▶ des **mots mélioratifs** : ce sont des mots élogieux, valorisants, qui donnent une idée ou une vision positive ;

▮ Cet élève est un génie. Elle avait une chevelure dorée.

▶ des mots **péjoratifs** : ce sont des mots dévalorisants, qui donnent une idée ou une vision négative.

▮ Ce commerçant est un truand.

INFO Certains suffixes donnent à un mot une nuance péjorative. Par exemple, *-âtre (jaune → jaunâtre)* ou *-asse(r) (traîner → traînasser)*.

NOTEZ BIEN

À une même réalité peuvent correspondre trois types de dénominations.

Neutre	Méliorative	Péjorative
maison	palace	taudis
cheveux	chevelure	tignasse

D Quels sont les indices des sentiments du locuteur ?

Pour exprimer ses sentiments dans un texte, le locuteur utilise :

▶ un **vocabulaire affectif** :

– des verbes de sentiment : *je me réjouis que, je crains que, je déteste que, j'apprécie que…* ;

– les champs lexicaux des sentiments et émotions.

▶ des **formes de phrase** spécifiques (→ FICHE 117).

E Qu'est-ce que l'objectivité, la subjectivité ?

▶ Quand les émotions ou les sentiments du locuteur sont absents d'un texte, on parle d'**objectivité** du texte.

▮ Il y a eu un accident sur la route nationale ce matin.

▶ Quand le locuteur exprime ses émotions, ses sentiments, ou ceux d'un personnage, on parle de **subjectivité** du texte.

▮ J'ai vu un accident épouvantable qui m'a bouleversé.

FRANÇAIS

LES QUESTIONS CLÉS

▶ Que veut faire comprendre l'auteur dans la phrase « … » ?

▶ Quelle est la valeur de la question « … » ?
Est-ce une vraie interrogation ?

▶ À quoi tient l'ironie de ce paragraphe ? Que pense vraiment
le narrateur / le personnage ?

Ⓐ Que signifient « explicite » et « implicite » ?

▶ Une phrase comporte un certain nombre d'informations expli-
cites, c'est-à-dire **clairement exprimées**.

　Les chiens ont quatre pattes.

▶ Très souvent, une phrase apporte aussi des informations implicites, qui ne sont pas exprimées clairement, mais **sous-entendues**.
Un message peut donc en cacher un autre.

Ⓑ Repérer l'implicite

▶ Pour repérer les informations implicites et comprendre tout le
sens d'un énoncé, il faut l'**interpréter**, deviner ce qui y est caché.

　Il est dix heures : je n'ai pas vu passer l'heure !
　Message implicite : « je dois me dépêcher » ou « c'était passionnant ».

▶ C'est souvent le **contexte** qui permet de comprendre le message
implicite d'un énoncé.

　On est bien à la maison.
　Si cette phrase est la réponse à la question : « Tu sors avec nous ? », il faut
　comprendre : « Non, je n'ai pas très envie de sortir. »

Ⓒ Quand utiliser l'implicite ?

L'implicite dans un énoncé peut servir à :

▶ **transmettre un message** à quelqu'un, par un sous-entendu, sans
que les autres interlocuteurs ne le comprennent : il crée alors une
complicité entre deux personnes ;

　Ça doit te rappeler quelque chose…

▶ **atténuer une affirmation** qui serait trop brutale, ménager l'interlocuteur par une litote ou un euphémisme ;

> « Tu sors avec nous ?
>
> – On est bien à la maison. »
>
> La réponse est moins brutale qu'un « non ».

▶ **se protéger** quand on veut critiquer quelqu'un ;

▶ **attirer l'attention** en posant une énigme : c'est souvent le cas
dans les publicités ;

▶ **convaincre** un interlocuteur : c'est le cas des fausses questions (ou
questions rhétoriques) (**→ FICHE 117**) ;

> Dépenser sans compter, cela te paraît raisonnable ?
>
> La réponse implicite est : « Non, ce n'est pas raisonnable. »

▶ **se moquer** par l'ironie.

REMARQUE L'ironie consiste à dire le contraire de ce que l'on pense
pour faire comprendre son opinion : l'interlocuteur doit donc
déchiffrer le véritable message, sous peine de faire un contresens
grave.

> Travailler jour et nuit, quelle joie !
>
> = Je déteste travailler tout le temps.

NOTEZ BIEN

Que signifie « expliciter » ?

• Expliciter quelque chose (un lien logique, une idée…), c'est l'exprimer clairement, pour **dégager le sens caché d'un énoncé**.

• Si l'on vous demande d'expliciter le **rapport logique** entre deux
phrases, vous devez réécrire les phrases en exprimant le connecteur
logique (**→ FICHE 122**).

• Expliciter un texte, c'est comprendre les informations clairement
exprimées, mais aussi interpréter **ce qui est suggéré** de manière
implicite.

Le statut du narrateur et le point de vue

91

LES QUESTIONS CLÉS

▶ Qui raconte la scène ? Justifiez votre réponse en citant le texte.

▶ À quels endroits le narrateur intervient-il dans son récit ? Quel est son rôle dans l'histoire ?

▶ Quel est le point de vue adopté dans ce récit ? dans cette description ?

▶ Quel est le point de vue de l'auteur (du narrateur, du personnage…) sur la famille, la torture, etc. ?

A Qu'est-ce que le narrateur ?

▶ Le narrateur est **celui qui raconte** une histoire, une suite d'événements, et met en scène les personnages de cette histoire. Il ne faut pas le confondre avec l'auteur, la personne réelle qui a inventé et écrit le texte.

▶ Le narrateur peut se situer **dans ou en dehors de l'histoire**.

▶ Si le texte est à la **1ʳᵉ personne**, le narrateur se situe **dans l'histoire**. Il fait le récit de sa propre vie (narrateur-personnage) ou d'événements dont il a été témoin.

> Sur les bancs du lycée où j'ai usé mes premiers jeans, j'ai côtoyé un long garçon rougeaud nommé Olivier qui excellait à mentir. Avec lui, inutile d'aller au cinéma. Nous y étions en permanence !

▶ Si le texte est à la **3ᵉ personne**, le narrateur se situe **en dehors de l'histoire** et ne participe pas aux événements. Il peut néanmoins apparaître par endroits, à travers des commentaires, des jugements ou des adresses au lecteur.

> Paul, un jeune homme au grand cœur qui aurait forcé votre admiration, se jeta au secours des naufragés.

B Que signifie « point de vue » dans un texte narratif ?

▶ C'est la **position qu'adopte le narrateur quand il raconte**.

▶ Il existe trois points de vue possibles :
– le point de vue **omniscient** : le narrateur voit et sait tout. Il est partout à la fois, dans l'espace et dans le temps ;

FRANÇAIS

– le point de vue **interne** : le narrateur voit et sait uniquement ce que perçoit subjectivement un personnage ;

– le point de vue **externe** : le narrateur voit et sait ce que verrait objectivement une caméra. Il raconte ce qu'il voit de l'extérieur.

REMARQUE Dans un même récit, le point de vue peut changer.

> L'homme portait un petit baluchon de toile beige et une pioche. Il se dirigea vers la grange, puis y pénétra [point de vue externe]. Il reconnut alors une odeur qui lui était familière : elle lui rappelait son enfance et lui donnait envie de pleurer [point de vue interne]. Tous ses ancêtres qui, depuis plusieurs siècles, avaient cultivé le tabac, y avaient été sensibles [point de vue omniscient].

C Que signifie « point de vue » dans un texte descriptif ?

▶ C'est l'**angle de vue adopté par celui qui décrit.**

▶ Définir le point de vue dans un texte descriptif, c'est indiquer qui voit, d'où il voit et s'il communique ses émotions, ses sentiments ou non (description subjective/objective).

> « D'où j'étais, la vue est admirable. On a Strasbourg sous ses pieds… L'Ill et le Rhin, deux jolies rivières, égaient ce sombre amas d'édifices… »
>
> ■ Victor Hugo, *Le Rhin.*
>
> Qui voit ? le narrateur. D'où ? d'en haut.
>
> Description subjective : le narrateur aime cette ville.

D Que signifie « point de vue » dans un texte argumentatif ?

▶ Le point de vue de quelqu'un sur un sujet (ou un thème) précis, c'est sa façon de l'aborder, son **opinion**, sa **thèse.**

▶ Définir le point de vue dans un texte argumentatif, c'est répondre aux questions suivantes :

– quelle est la thèse (ou l'opinion) défendue ?

– sur quels arguments s'appuie cette opinion ?

> Quel est le point de vue de l'auteur sur le tabac ?
>
> Son point de vue est que le tabac est nocif [thèse] ; en effet, il nuit à la santé [argument 1] et coûte aussi assez cher [argument 2].

LES QUESTIONS CLÉS

▶ Quel procédé / Quelle figure de style l'auteur utilise-t-il ?

▶ Quel est l'effet produit ?

▶ Quelle est la particularité syntaxique et stylistique
de la phrase « … » ?

▶ Relevez une comparaison / métaphore / personnification /
énumération / accumulation…

Ⓐ Qu'est-ce qu'une figure de style ?

Une figure de style est un **moyen d'expression particulier**, peu ordi-
naire, que l'auteur utilise **pour produire un effet.**

> *Victor Hugo se rend sur la tombe de sa fille et écrit :*
> « Demain dès l'aube, à l'heure où blanchit la campagne […]
> J'irai par la forêt, j'irai par la montagne. »
> La répétition en début de proposition de *j'irai* est une figure de style
> appelée anaphore : le poète insiste ainsi sur sa détermination.

Ⓑ La comparaison et la métaphore

▶ La **comparaison** rapproche un élément (le comparé) d'un autre
élément (le comparant) par un point commun, à l'aide d'un mot-
outil de comparaison (*comme, tel…*).

▪ des cheveux blonds comme les blés

▶ La **métaphore** fait de même
mais sans mot-outil.

▪ l'or de sa chevelure

> **INFO** Une métaphore qui s'étend
> sur plusieurs mots ou phrases est
> une « métaphore filée ».

Elle repose sur divers moyens grammaticaux :
– un complément de nom : *une chevelure d'or* ;
– un attribut : *les yeux sont le miroir de l'âme* ;
– une apposition : *le soleil, roi de l'univers.*

▶ La comparaison et la métaphore **créent une image** en rappro-
chant deux réalités. Elles ont un pouvoir de suggestion poétique.

REMARQUE Un **cliché** est une comparaison ou une métaphore telle-
ment utilisée que son pouvoir poétique s'est usé.

▪ le blanc manteau de la neige – le chemin de la vie

C La personnification

▶ La personnification représente une chose ou un animal **sous les traits d'une personne.** C'est un cas particulier de la métaphore.

> « Le piano solitaire se plaignit [...] ; le violon l'entendit, lui répondit. »
> ■ Marcel Proust, *À la recherche du temps perdu*.

▶ Une personnification peut donner à un texte une tonalité poétique ou comique.

D L'énumération, l'accumulation, la gradation

Ces figures créent un effet d'**insistance.**

▶ L'**énumération** juxtapose, à l'aide de virgules, plusieurs mots de même fonction pour former une liste.

> « Adieu veau, vache, cochon, couvée... »
> ■ Jean de La Fontaine, *Fables*.

▶ L'**accumulation** est une énumération très longue.

> « Frère Jean aux uns écrabouillait la cervelle, aux autres rompait bras et jambes, aux autres démettait les vertèbres du cou, aux autres disloquait les reins [...] »
> ■ François Rabelais, *Gargantua*.

▶ La **gradation** est une énumération dont les éléments sont classés par intensité croissante ou décroissante.

REMARQUE La répétition d'une même expression au début de plusieurs membres de phrase s'appelle une **anaphore.**

E L'hyperbole

▶ L'hyperbole est une **exagération** qui dépasse la réalité et met en valeur une idée, une émotion.

> Il a écrit des milliers et des milliers de lettres.

▶ L'hyperbole frappe l'imagination et peut donner à un texte une tonalité fantastique.

F La litote

Utiliser une litote, c'est **dire le moins pour faire comprendre le plus.**

> Elle n'est pas mal ! = Elle très belle !
> « Je ne te hais point. » (Pierre Corneille, *Le Cid*) = Je t'aime.

LES QUESTIONS CLÉS

▶ Quel est le caractère du personnage ?

▶ Expliquez les réactions de « … ». Justifiez votre réponse en vous appuyant sur le texte.

▶ Quel est le registre du texte ? Expliquez.

▶ Quelle impression produit sur vous le texte / le personnage ? Justifiez votre réponse.

Pour ces questions d'analyse et de compréhension d'un texte, vous devez suivre des étapes bien précises :
1. travail sur le texte ;
2. organisation de votre réponse ;
3. rédaction.

A Que faire en premier ?

▶ **Analysez bien la consigne** : relevez et définissez pour vous-même les mots importants de la question pour bien la comprendre.

▶ **Appuyez-vous sur le texte** : soulignez en couleur les mots, les expressions du texte qui permettent

> **MÉTHODE** Ne soulignez pas des lignes entières, mais exactement le mot ou l'expression utile.

de répondre. Ils vous serviront de preuves de ce que vous affirmez (pour répondre à la consigne « justifiez »).

▶ **Organisez** : classez et groupez les mots relevés par ressemblance.
- Dans l'étude du caractère d'un personnage, tous les mots et procédés ou figures de style qui expriment, par exemple :
  1. sa patience, 2. sa générosité, 3. son courage…
- Dans l'étude d'une description, tous les mots qui désignent :
  1. des couleurs, 2. des lumières, 3. des formes…

▶ **Caractérisez** : qualifiez les expressions que vous avez relevées pour montrer leur originalité.
- Si vous avez relevé *flamboiement, éclair, étincelle, lueurs, s'empourprer*, vous pouvez parler de champ lexical de la lumière vive (→ FICHE **113**).

- Si vous avez relevé : « la nuit, voleuse de parfum », « fille aux cheveux d'écume » (Claude Roy), vous pouvez évoquer la personnification de la nuit (→ FICHE 92).

B Comment construire votre réponse ?

Il faut ensuite faire le **plan** de votre réponse. Pour cela :
– tirez des idées et des remarques à partir des relevés et classements que vous avez faits ;
– classez ces idées (vous ne devez pas exprimer vos idées sans ordre ni revenir sur la même idée).

Pour l'étude d'un personnage, parler, par exemple, de :
1. sa maladresse ; 2. sa stupidité ; 3. son manque de calme ;
4. son orgueil…

C Comment rédiger ?

▶ Utilisez une **langue correcte** : vos phrases doivent être complètes, avec un verbe conjugué.

▶ Faites des **paragraphes** : allez à la ligne à chaque changement d'idée.

▶ Commencez votre réponse par une **phrase d'introduction** : elle indique de quoi vous allez parler.

▶ Terminez par une **phrase de conclusion** : elle résume ce que vous avez expliqué dans votre réponse.

▶ Insérez des **citations** : intégrez entre guillemets, à vos propres phrases, les mots que vous aurez repérés (ne faites pas de liste), sans oublier d'accompagner ces citations de la **qualification** que vous aurez trouvée.

Extrait d'une réponse à une question portant sur le caractère d'un personnage :

L'oncle Podger a beaucoup de mal à garder son calme [idée] : il « ronchonne » [citation], il jure et devient « enragé » [citation] : sa façon de parler, surtout avec des phrases exclamatives [qualification], montre son caractère colérique et emporté [idée].

LES QUESTIONS CLÉS

► Quelle impression ressentez-vous devant cette image ?

► Que cherche à exprimer l'artiste dans cette image ?

A Présenter objectivement l'image

► Dressez d'abord la **fiche d'identité** de l'image : titre, auteur, date de création, lieu de conservation, type d'image (dessin, photographie…), matériau et support, format et dimensions.

► Précisez ensuite **ce qui est représenté** (= ce que vous voyez) :
– genre (portrait, paysage, nature morte, image abstraite…) ;
– sujet (personnage, lieu, événement représenté…) ;
– tonalité (comique, satirique, pathétique, poétique…).

► Situez l'œuvre **dans son contexte** historique, politique, social et culturel (= ce que vous savez) : mouvement artistique, influences…

B Décrire techniquement l'image

► Décrivez méthodiquement l'image en identifiant ses composantes : comment le sujet est-il représenté ?

► Analysez :
– le **cadrage** (champ et hors champ ; point de vue ; type de plan) ;
– la **composition** (plans, lignes dominantes, points de force…) ;
– les **couleurs**, les **lumières** ;
– le **texte** éventuel et sa fonction ;
– les **procédés** de superposition, déformation, contraste…

> **ATTENTION** Ne confondez pas les types de plan (plan d'ensemble, gros plan, etc.) et les plans de l'image (premier plan, second plan, arrière-plan).

C Interpréter l'image

> **MÉTHODE** Il ne faut pas citer un procédé pour lui-même mais toujours le lier aux effets qu'il produit.

Pour interpréter et comprendre une image, déterminez :
– les **émotions, impressions ou réactions** qu'elle exprime (point de vue de l'artiste) et qu'elle suscite (point de vue du spectateur) ;
– sa **visée** (fonction) : raconter, décrire, informer, argumenter (dénoncer, célébrer…) ;
– son **message**, sa valeur symbolique.

■ Vladimir Kush,
Départ du bateau ailé
*(Departure of the Winged
Ship)*, ca. 2000.
Huile sur toile,
79 x 99 cm.

▶ **Présentation de l'œuvre**

• Huile sur toile de 79 x 99 cm peinte vers l'an 2000 par Vladimir Kush, artiste russe marqué par le peintre espagnol surréaliste Dalí.

• **Sujet** : un bateau dont les voiles sont des papillons s'éloigne du rivage où se trouvent des hommes munis de filets à papillons.

▶ **Description de l'œuvre**

• **Cadrage** (point de vue) : vue frontale, depuis le rivage.

• **Composition** :

– trois plans : le rivage, où se trouvent des hommes et un papillon mort (1er plan), le bateau ailé (2nd plan), le ciel (arrière-plan).

– diagonales qui structurent l'espace → mouvement dynamique ; ligne d'horizon qui sépare mer et ciel → espace infini.

– deux triangles imaginaires : l'un repose sur sa base → stabilité du bateau ; l'autre sur un sommet → déséquilibre des hommes.

• **Couleurs et lumières** : contraste entre des couleurs chaudes et lumineuses pour le bateau ; froides et sombres pour le rivage.

▶ **Interprétation de l'œuvre**

• **Visée** (**fonction**) : décrire le monde de manière poétique et esthétique.

• **Impressions** : le spectateur est attiré par le bateau tout en s'identifiant aux personnages qui restent sur le rivage.

> INFO Un *memento mori*
> (« souviens-toi que tu vas
> mourir ») est une œuvre qui
> vise à rappeler à l'homme sa
> condition de mortel.

• **Message, valeur symbolique** : à travers un jeu sur les contrastes, l'artiste oppose la beauté de l'imaginaire (bateau ailé) à la dureté de la réalité (rivage inhospitalier). Il invite le spectateur à rêver pour échapper à sa condition de mortel : ce tableau est donc un *memento mori*, mais plein d'optimisme.

FRANÇAIS

▶ Quelle(s) impression(s) cette séquence suscite-t-elle sur le spectateur ?

▶ Quelles réflexions cette séquence vous inspire-t-elle ?

▶ Quelle signification peut-on donner à la scène ?

Ⓐ Présenter le film et la séquence à étudier

▶ Faites la **fiche d'identité** du film : titre, réalisateur, date de sortie, nationalité, genre du film (action, animation, drame…), durée, acteurs principaux.

▶ **Résumez l'intrigue** en répondant aux questions : qui (personnages) ? quoi (événements et thèmes) ? où ? quand ?

> Dans *Les Temps Modernes*, film américain muet en noir et blanc sorti en 1936, quelques années après la crise de 1929, Charlie Chaplin aborde une question de société : la place de l'homme dans le monde industriel moderne.

▶ **Situez et décrivez la séquence** (ou les photogrammes) à analyser : durée, moment de l'histoire, personnages, décor, événements…

> **INFO** Un plan est un ensemble d'images enregistrées au cours d'une prise de vue (entre le « Moteur ! » et le « Coupez ! »). Une séquence est une unité narrative constituée de plusieurs plans.

Ⓑ Décrire techniquement la séquence

▶ Identifiez **la succession des plans et le montage** (champ-contre-champ, fondu enchaîné…). Observez également **les mouvements de caméra** (plan fixe, travelling, zoom…).

▶ Analysez les différents plans comme vous le feriez pour une image fixe, en observant **le cadrage, la composition, la lumière et les couleurs.**

▶ Décrivez **la bande-son** (dialogues, bruits, musique ou silence). Les sons peuvent être *in*, hors-champ ou *off*, selon où se trouve la source.

▶ Étudiez **le jeu des acteurs** : déplacements, expressions du visage…

ⓒ Interpréter la séquence

Comme pour une image fixe (→ FICHE 94), déterminez :
– les **émotions, impressions ou réactions** que la séquence suscite (point de vue du spectateur) et qu'elle exprime (point de vue de l'artiste) ;
– sa ou ses visées **(fonctions)** : raconter, décrire, informer, argumenter ;
– son **sens** : que révèle la mise en scène sur les intentions du cinéaste ?

ⓓ Exemple : séquence initiale des *Temps modernes*, Charlie Chaplin (1936)

Rends-toi sur YouTube pour visionner cette séquence.

■ Charlie Chaplin, *Les Temps modernes (Modern Times)*, 1936.

▶ Description

• Séquence d'ouverture du film, après le générique.
• Deux plans d'ensemble juxtaposés en fondu enchaîné [la première image disparaît progressivement tandis que la seconde apparaît en surimpression], peu éclairés et filmés symétriquement en plongée : l'un montre un troupeau de moutons, l'autre des ouvriers sortant du métro. Les deux groupes se déplacent dans le même sens, au son d'un même thème musical rythmé et précipité.
• Un seul mouton se distingue du troupeau par sa couleur noire (couleur des vêtements traditionnels de Charlot).

▶ Interprétation

• **Visée (fonction)** : argumenter, critiquer l'industrie moderne.
• **Impressions** : le spectateur est à la fois amusé et intrigué par la juxtaposition de ces deux plans qui assimile les ouvriers à des moutons.
• **Message** : ces deux premières images introduisent les thèmes principaux du film. En les juxtaposant, Chaplin dénonce l'industrie de son époque qui transforme les ouvriers en animaux soumis et privés d'individualité. La présence du mouton noir, qui symbolise le marginal (et donc Charlot), invite à s'interroger sur la place de l'individu : quel sera son sort dans ces « Temps modernes » ?

► Quels éléments rapprochent l'image et le texte ?

► Quelles différences discernez-vous entre le texte et l'image ?

► Comparez les impressions que suscitent en vous le texte et l'image.

Ⓐ Analyser et confronter les deux documents

► Analysez chaque document et établissez un **tableau comparatif** (voir au verso).

► Interprétez ensuite ce tableau : quelles ressemblances et quelles différences observez-vous ? **Justifiez vos remarques** par des références précises aux documents.

► Essayez d'**expliquer** ces différences ou ces ressemblances (contexte, visée…).

> **MÉTHODE** N'analysez pas les documents l'un après l'autre mais organisez vos idées (ressemblances/différences).

Ⓑ Exemple : confronter un texte et une séquence filmique

► **Document 1** : extrait de « Voyage au bout de la nuit », L.-F. Céline

J'ai vu les grands bâtiments trapus et vitrés, des sortes de cages à mouches sans fin, dans lesquelles on discernait des hommes à remuer, mais remuer à peine, comme s'ils ne se débattaient plus que faiblement contre je ne sais quoi d'impossible. C'était ça Ford ? (…) La visite [médicale avant l'embauche], ça se passait dans une sorte de laboratoire (…)

– Vous n'êtes pas venu ici pour penser, mais pour faire les gestes qu'on vous commandera d'exécuter. Nous n'avons pas besoin d'imaginatifs dans notre usine. C'est de chimpanzés dont nous avons besoin. Un conseil encore. Ne nous parlez plus jamais de votre intelligence ! On pensera pour vous mon ami ! Tenez-le vous pour dit…

Une fois rhabillés, nous fûmes répartis en files traînardes, par groupes hésitants en renfort vers ces endroits d'où nous arrivaient les fracas énormes de la mécanique.

■ Louis-Ferdinand Céline, *Voyage au bout de la nuit*, 1932

► **Document 2** : séquence d'ouverture des *Temps modernes*, C. Chaplin → FICHE **95** (page 200).

▶ **Analyse au brouillon**

	Texte	Image
Sujet/thème	le travail à la chaîne	le travail à la chaîne
Genre	roman autobiographique	film en noir et blanc
Registre/tonalité	pathétique	satirique, ironique
Point de vue	interne (texte à la 1re personne)	plongée (observateur qui domine le sujet)
Composition	description, dialogue, pensées du narrateur	plan d'ensemble
Procédés	métaphore, animalisation	plans juxtaposés
Fonction	argumenter	argumenter
Effets	pitié, révolte	rire ou sourire
Message	L'industrie aliène l'homme qui perd son individualité	L'industrie aliène l'homme qui perd son individualité

▶ **Réponse rédigée**

Quels éléments rapprochent le texte et la séquence filmique ?

• L'extrait du *Voyage au bout de la nuit*, roman à la 1re personne de Céline (1932), décrit la visite médicale du protagoniste pour être embauché dans une usine Ford aux États-Unis ; la séquence initiale du film en noir et blanc de Charlie Chaplin *Les Temps Modernes* (1936) présente le début de journée de travail des ouvriers.

• Les deux documents abordent, à peu près à la **même époque**, à la suite de la crise de 1929, le **même sujet** : la condition des ouvriers qui travaillent à la chaîne. Le texte et l'image sont **argumentatifs** et visent à **dénoncer la modernisation** qui aliène l'homme et lui enlève toute individualité.

• Pour rendre compte de cette déshumanisation, Céline et Chaplin recourent tous deux au **procédé de l'animalisation** : Céline, du point de vue interne du protagoniste, parle de « files traînardes », de « cages à mouches » et de « chimpanzés », qui ne peuvent presque pas remuer dans un « laboratoire » ; Chaplin juxtapose deux plans en plongée et en parallèle, le premier sur un troupeau de moutons entassés, le deuxième identique mais sur une foule d'ouvriers au sortir du métro vers l'usine.

• Cependant les deux documents diffèrent dans leur **tonalité**, l'un – le texte – est pathétique tandis que l'autre – le film – fait sourire.

Il y a trois types d'accords majeurs :
1. entre le sujet et le verbe (partie conjuguée) (→ FICHE 98) ;
2. entre le déterminant et le nom ;
3. entre le nom (ou pronom) et l'adjectif qui le qualifie.

Il existe une quatrième sorte d'accord, plus complexe :
celui du participe passé (→ FICHE 99).

1 **Règles de base à retenir pour l'accord sujet-verbe**

► La **partie conjuguée** du verbe **change** quand vous faites varier le sujet.

> MÉTHODE Pour éviter les étourderies, matérialisez les accords par des flèches.

ils crient, nous crions ; ils avaient crié, nous avons crié.

► Un sujet singulier + un sujet singulier = un verbe au pluriel.

Pierre et Patrick courent. → pluriel

2 **Règles de base à retenir pour l'accord déterminant-nom**

► Considérez **toutes les sortes de déterminants** : articles, déterminants possessifs, démonstratifs, indéfinis, numéraux…

des vêtements ; une cabane   Certains êtres sont malveillants.

Un jour compte vingt-quatre heures.

► S'il n'y a pas de déterminant, mais les tournures *pas de* ou *sans*, demandez-vous : s'il y en avait, y en aurait-il plusieurs ou un(e) seul(e) ? Accordez en conséquence.

Il est venu *sans* bonnet [s'il en avait, il n'en aurait qu'un].

C'est un vieillard *sans* cheveux [s'il en avait, il en aurait plusieurs].

FRANÇAIS

3 Règles de base à retenir pour l'accord nom-adjectif

▶ Un adjectif, quelle que soit sa fonction (attribut du sujet, attribut du COD ; épithète ; apposé), **s'accorde toujours avec le nom** qu'il qualifie.

> des vêtements jaunes ; une jolie robe. Sa sœur me semble hautaine.

▶ Un adjectif peut aussi s'accorder **avec un pronom** qui remplace un nom.

> Tu as de nouvelles chaussures. Je les trouve belles.

▶ Un **participe passé employé comme adjectif** s'accorde avec le nom qu'il qualifie.

> Ma petite sœur, élevée à Madrid, parle parfaitement espagnol.

REMARQUE Le participe passé employé dans une forme verbale composée suit des règles spéciales (→ FICHE 99).

NOTEZ BIEN

Certains mots variables – noms, déterminants, adjectifs ou pronoms – présentent la **même forme** au masculin et au féminin ou au singulier et au pluriel. Ils s'accordent, mais pas de manière apparente !

> un garçon souple, une fille souple.
> Ces châteaux sont admirables. Ces églises sont admirables.

4 Quels mots restent toujours invariables ?

▶ Certains mots, du fait de leur nature, restent toujours invariables : les **prépositions** ; les **adverbes** ; les **conjonctions**.

> Par exemple, *debout* et *ensemble* sont des adverbes et sont donc invariables.
> Ils marchent ensemble. Ils sont debout, elles sont debout.

▶ Les **adjectifs employés comme adverbes** restent invariables.

> Ces articles coûtent trop cher. Elles crient fort.

▶ Les verbes à certains modes ne varient ni en personne ni en nombre : c'est le cas à l'infinitif, au participe présent, au gérondif.

Le verbe s'accorde en personne et en nombre avec son sujet. Cette règle générale présente quelques particularités, liées à des questions de personne ou de nombre.

1 *Comment trouver le sujet d'un verbe conjugué ?*

▶ En général, le sujet est placé **avant le verbe**.

> Ma mère et moi vivions très chichement.
> *Qui est-ce qui* vivait chichement ?
> Ma mère et moi.

> MÉTHODE Pour trouver le sujet, il faut poser la question
> « qui est-ce qui ? »
> ou « qu'est-ce qui ? » suivie du verbe à la 3ᵉ pers. du sing.

▶ Mais il peut être **placé après** (inversé).

> En contrebas s'étendaient des champs à perte de vue.
> Ce sont les *champs* qui s'étendaient.

▶ Quand le sujet est un groupe nominal avec des expansions, prenez garde d'accorder le verbe avec le **nom noyau** du groupe.

> Les élèves qui ont coché la bonne réponse espèrent avoir une bonne note.
> Le verbe s'accorde à la 3ᵉ personne du pluriel avec *élèves*, le nom noyau du groupe sujet.

2 *Quelles sont les particularités de l'accord sujet-verbe liées à la personne ?*

Règle	Exemples
sujet *qui* → verbe à la personne de l'antécédent	C'est toi qui as mal. Ce sont eux qui arrivent.
***je* + x** (ou x + *je*) → verbe à la 1ʳᵉ personne du pluriel	Mon frère et moi [= nous] sommes vieux.
***tu* + x** (ou x + *tu*) → verbe à la 2ᵉ personne du pluriel	Ton fils et toi [= vous] avez perdu.

FRANÇAIS

3 **Quelles sont les particularités de l'accord sujet-verbe liées au nombre ?**

Règle	Exemples
c'étaient + nom ou pronom de la 3ᵉ personne au pluriel	C'étaient des comètes.
c'était dans les autres cas	C'était lui. C'était vous.
il sujet grammatical → verbe au singulier	Il arrive des gens.
on → verbe au singulier	On frappe à la porte.
aucun, chacun → verbe au singulier	Aucun des élèves ne parle.
	Chacun prend son livre.
nom collectif + nom au pluriel → singulier / pluriel (accord selon le sens) Même règle pour *la plupart*	Une foule de gens arrive. / arrivent. La plupart des gens arrive. / arrivent.
adverbe collectif *(beaucoup de/peu de)* + nom pluriel → verbe au pluriel	Beaucoup de gens arrivent.
sujet singulier + *comme/ainsi que* + sujet singulier → verbe au singulier ou au pluriel selon le sens de la phrase	Mon chat, comme mon chien, (= de la même façon que) monte aux rideaux Mon frère comme (= et) mon cousin jouent

> *Pour accorder correctement un participe passé, il faut repérer s'il est employé comme adjectif ou s'il appartient à une forme verbale ; dans le second cas, il faut repérer ensuite l'auxiliaire employé.*

1 Comment repérer un participe passé ?

▶ Il est important de savoir reconnaître un participe passé d'un verbe pour éviter de le confondre avec d'autres formes de ce verbe.

Il a mangé.	Il va manger.	Il est parti.	Il partit.
[part. passé]	[infinitif]	[part. passé]	[passé simple]

▶ Pour distinguer le participe passé en *-é* et l'infinitif d'un verbe du 1ᵉʳ groupe, remplacez celui-ci par un verbe dont l'infinitif et le participe passé (p.p.) **se prononcent différemment.**

Il a mangé (= il a répondu).   Il va manger (= il va répondre).

2 Comment écrire un participe passé au masculin singulier ?

▶ Le participe passé des verbes du 1ᵉʳ groupe est en *-é* ; celui des verbes du 2ᵉ groupe, en *-i*. Mais le participe passé des verbes du 3ᵉ groupe peut prendre différentes terminaisons : *-i, -is, -it, -u, -us, -t.*

▶ Pour savoir si le participe passé se termine par une consonne, **cherchez le féminin.**

Le château a été détruit. → (une maison) détruite → détruit.
L'enfant a été puni. → (une fille) punie → puni.

3 Comment accorder un participe passé ?

Il faut suivre **étape par étape** « l'itinéraire » suivant :

> **ORTHOGRAPHE** Le verbe *être* s'emploie avec l'auxiliaire *avoir* : son participe passé est toujours invariable : *elles ont été.*

▶ 1. Regardez si le p.p. est employé avec un **auxiliaire** :

– s'il n'y a pas d'auxiliaire, le p.p. se comporte comme un adjectif et s'accorde avec le nom qu'il qualifie (→ FICHE 97) ;

Je photographie les châteaux construits sur la plage.

– s'il y a un auxiliaire, passez à l'étape suivante.

FRANÇAIS

► 2. Regardez **quel est l'auxiliaire** utilisé :
– si c'est l'auxiliaire *être*, le p.p. s'accorde avec le sujet du verbe ;

Les châteaux sont construits sur la colline.

– si c'est l'auxiliaire *avoir*, il ne s'accorde pas avec le sujet ; passez à l'étape suivante.

► 3. Cherchez si le verbe a un **COD**.
– s'il n'y a pas de COD, le p.p. ne s'accorde pas ;

Ils ont marché sur la plage.

– s'il y a un COD, passez à l'étape suivante.

► 4. Regardez **où est placé le COD** :
– si le COD est placé après le verbe, le p.p. ne s'accorde pas ;

Ils ont mangé la glace [COD].

– si le COD est placé avant le verbe, le p.p. s'accorde avec le COD.

Les crêpes, ils les [COD] ont mangées aussi.

NOTEZ BIEN

• Pour les **verbes pronominaux** (→ FICHE 123) :
– si le verbe est essentiellement pronominal, le p.p. s'accorde avec le sujet ;

Elle s'est enfuie.

– sinon, le p.p. suit les règles d'accord du p.p. avec *avoir*.

Elles se sont donné des conseils [COD après le verbe].

Les revues, ils se les [COD avant le verbe] sont échangées.

• Si le p.p. est **suivi d'un infinitif** :
– si le mot auquel se rapporte le p.p. fait l'action du verbe à l'infinitif → accord avec ce mot ;

Les acteurs que j'ai vus jouer étaient excellents.
[accord avec *que = les acteurs* qui font l'action de jouer]

– si le mot auquel se rapporte le p.p. ne fait pas l'action du verbe à l'infinitif → pas d'accord.

La musique que j'ai entendu jouer était du Mozart.
[*La musique* ne fait pas l'action.]

Certains mots sont tantôt variables, tantôt invariables. Mieux vaut connaître les règles pour limiter les erreurs d'orthographe.

1 Comment s'écrivent les nombres ?

▶ Les **numéraux ordinaux** (qui indiquent le rang) sont **variables** et s'accordent avec le déterminant ou avec le nom qu'ils accompagnent : *les premiers, le dixième tour…*

▶ Les **numéraux cardinaux,** eux, sont **invariables** : *un, deux, trois, quatre, cinq…, les huit (hommes)…*

> **ORTHOGRAPHE** Ne confondez pas le numéral *mille* invariable (*deux mille soldats*) avec la mesure de longueur *le mille* marin qui est un nom variable (*Le bateau a parcouru dix milles*).

REMARQUE Il y a un cas particulier pour ***vingt*** et ***cent*** :

– ils prennent la marque du pluriel s'ils sont multipliés et qu'ils ne sont pas suivis d'un autre numéral ;

▪ quatre-vingt**s**, cinq cent**s**

– ils restent invariables s'ils ne sont pas multipliés, ou si, étant multipliés, ils sont suivis d'un autre numéral.

▪ cent euros, vingt euros, quatre cent trois euros

2 Quand les mots tout et même sont-ils variables ?

▶ ***Tout*** peut être :

– un **déterminant** s'il accompagne un nom ou un pronom. Il est alors **variable** ;

▪ tout le village, tous les élèves, tous ceux qui lisent

– un pronom ou un nom. Il est alors toujours au singulier ;

▪ Tout va bien. Je prends le tout.

– un **adverbe** s'il accompagne un adjectif et équivaut à « tout à fait ». Il est alors **invariable**, **sauf** devant un adjectif féminin qui commence par une consonne ou un *h* aspiré.

• Des livres tout neufs.
• Elle est tout abasourdie.
• Elle est toute contente. [adj. féminin commençant par une consonne]

▶ *Même* peut être :

– un **déterminant** s'il accompagne un nom ou un pronom. Il est alors **variable** ;

▪ les mêmes refrains

– un **adverbe** dans les autres cas. Il est alors **invariable**.

▪ Même les philosophes peuvent se tromper.

③ Les adjectifs de couleur s'accordent-ils ?

Si l'on utilise :

▶ un seul adjectif : il s'accorde avec le nom qu'il qualifie ;

▪ des vases bleus ; des pommes rouges

▶ **plusieurs adjectifs** : ils ne s'accordent pas ;

▪ des peignoirs bleu clair ; des robes vert foncé

▶ **un adjectif dérivé d'un nom** : il ne s'accorde pas.

▪ des chaussures marron ; des rideaux orange

④ Comment s'écrivent les mots composés ?

▶ Dans les **noms composés**, seul le nom et l'adjectif peuvent prendre la marque du pluriel si le sens le permet.

▪ un chou-fleur, des choux-fleurs ; une pomme de terre, des pommes de terre ; un couvre-lit, des couvre-lits ; un gratte-ciel, des gratte-ciel

▶ Dans un **adjectif composé**, seul l'adjectif s'accorde, en général.

▪ des paroles aigres-douces ; des relations franco-suisses

⑤ Qu'en est-il des adverbes de manière en -ment ?

Notez en premier lieu qu'ils sont **toujours invariables**. Mais prenez garde à la manière dont ils sont formés.

▶ En règle générale, ils dérivent d'un adjectif et s'écrivent : **féminin de l'adjectif + -ment**.

▪ sérieux → sérieuse → sérieusement

▶ S'ils dérivent d'un **adjectif en -ant ou -ent** ou d'un participe présent, ils gardent la voyelle de l'adjectif et doublent le *m*.

▪ bruyant → bruyamment ; conscient → consciemment

Présent de l'indicatif ou du subjonctif ?

101

Il faut savoir distinguer le présent de l'indicatif du présent du subjonctif : au singulier, les formes peuvent en effet se prononcer de la même façon mais s'écrire différemment.

1 Où est le piège ?

▶ Au présent de l'indicatif et du subjonctif, les verbes du **1er groupe** (ainsi que les verbes *cueillir, ouvrir, offrir*) prennent **les mêmes terminaisons** -*e*, -*es*, -*e*.

j'aim**e**, tu aim**es**, il aim**e**
que j'aim**e**, que tu aim**es**, qu'il aim**e**

Mais cela ne pose pas de problème orthographique.

▶ Ce sont les verbes du **3e groupe** qui présentent une difficulté orthographique : le présent de l'indicatif et le présent du subjonctif de ces verbes ont des **terminaisons différentes** -*s*, -*s*, -*t*, parfois -*d* (à l'indicatif) et -*e*, -*es*, -*e* (au subjonctif) mais **se prononcent parfois de la même manière.**

je voi**s**, tu voi**s**, il voi**t**
que je voi**e**, que tu voi**es**, qu'il voi**e**

Ces formes homophones sont sources d'erreurs.

2 Comment déjouer le piège ?

▶ Pour distinguer deux formes homophones, **remplacez le verbe** par un autre dont la prononciation est différente au présent de l'indicatif et au présent du subjonctif (*répondre*, par exemple).

Tu voi**s** bien que tu es malade.
→ Tu répon**ds** bien… [→ *vois* est à l'indicatif]
Il faut que tu voi**es** un médecin.
→ Il faut que tu répon**des**… [→ *voies* est au subjonctif]

▶ N'oubliez pas que :
– l'indicatif est le mode des faits présentés comme **réels** ;
– le subjonctif, celui des faits **virtuels**, possibles, souhaités (**→ FICHE 125**).

Il faut que tu voi**es** un médecin.
L'action de voir le médecin est ordonnée mais non encore réalisée.

FRANÇAIS

Futur de l'indicatif ou présent du conditionnel ?

102

À la 1ʳᵉ personne du singulier, il faut distinguer la terminaison du futur de l'indicatif (je verrai) et celle du présent du conditionnel (je verrais).

1 Où est le piège ?

À la **1ʳᵉ personne du singulier**, la terminaison de l'indicatif futur (*-rai*) et celle du conditionnel présent (*-rais*) **se prononcent de la même manière.**

- Je gagnerai ma vie en m'occupant d'animaux. [→ indicatif futur]
- Si je pouvais, je gagnerais ma vie en m'occupant d'animaux. [→ conditionnel présent]

Vous devez donc savoir les distinguer pour pouvoir les écrire correctement.

2 Comment déjouer le piège ?

▶ Pour distinguer les deux terminaisons homophones, **remplacez la 1ʳᵉ personne par la 2ᵉ personne** du singulier. Vous devez entendre :
– *-ras*, si le verbe est à l'indicatif futur ;
– *-rais*, si le verbe est au conditionnel présent.

- Je gagnerai ma vie en m'occupant d'animaux.
  → Tu gagneras ta vie… [*gagnerai* est à l'indicatif futur]
- Si je pouvais, je gagnerais ma vie en m'occupant d'animaux.
  → Si tu pouvais, tu gagnerais ta vie… [*gagnerais* est au conditionnel présent]

▶ N'oubliez pas que :
– l'indicatif futur exprime un **fait à venir** de manière certaine ;
– le conditionnel présent exprime un fait soumis à une **hypothèse** ou un **futur du passé** (→ FICHE 125).

- Si je gagnais ma vie en m'occupant d'animaux, je serais heureux. [fait soumis à une hypothèse]
- Je lui expliquais que je m'occuperais d'animaux plus tard. [futur dans le passé]

*Les sons [e] (« é ») et [ɛ] (« è ») à la fin d'un verbe sont très
fréquents et correspondent à différentes graphies : -é, -er,
-ez ; -ai, -ais, -ait, -aient.*

1 **Comment peuvent s'écrire les sons [e] et [ɛ]
à la fin d'un verbe ?**

Voici les différents cas possibles.

- *chanter* : infinitif présent (pour un verbe du 1er groupe)
- *chanté(es)* : participe passé (pour un verbe du 1er groupe)
- *vous chantez* : 2e personne du pluriel du présent de l'indicatif
- *je chantai* : 1re personne du sing. du passé simple (pour un
  verbe du 1er groupe)
- *je chantais* : 1re personne du sing. de l'imparfait
- *tu chantais* : 2e personne du sing. de l'imparfait
- *il chantait* : 3e personne du sing. de l'imparfait
- *elles chantaient* : 3e personne du pl. de l'imparfait

2 **Comment raisonner quand il s'agit du son [e] ?**

▶ Quand on entend [e] à la fin d'un verbe, on peut avoir affaire
selon le cas :

1. à l'**infinitif** d'un verbe du 1er groupe (*aimer*) ;
2. au **participe passé** d'un verbe du 1er groupe (*aimé*) ;
3. à un verbe conjugué à la **2e personne du pluriel** (*vous aimez, vous
finissiez, vous partirez*).

▶ Dans le cas 3, le verbe est accompagné (sauf à l'impératif) du
pronom *vous*.

  Pens*ez-vous* que *vous* aur*ez* le temps ? Part*ez* vite.

▶ Pour distinguer les cas 1
et 2, remplacez le verbe par
un autre dont l'infinitif et
le participe passé sont distincts (par exemple, le verbe
du 3e groupe *répondre*).

> **ORTHOGRAPHE** Si la forme verbale
> peut être remplacée par *répondu(es)*
> il s'agit d'un participe passé et il faut
> alors appliquer les règles d'accord
> du participe passé (→ **FICHE 99**).

FRANCAIS

- Je n'ai jamais aimé les fêtes foraines.
  - → Je n'ai jamais répondu… [*aimé* est un participe passé]
- Je n'ai pas envie de vous accompagner.
  - → Je n'ai pas envie de vous répondre… [*accompagner* est un infinitif]

3 *Comment raisonner quand il s'agit du son [ɛ] ?*

▶ Quand on entend le son [ɛ] à la fin d'un verbe, on peut avoir affaire selon le cas :

> **INFO** Notez que le -*ai* du passé simple devrait se prononcer [e] mais qu'il est le plus souvent prononcé [ɛ].

– à un verbe du 1ᵉʳ groupe conjugué à la 1ʳᵉ personne du singulier du **passé simple** (*j'aimai*) ;
– à un verbe conjugué à l'**imparfait** à une personne du singulier ou à la 3ᵉ personne du pluriel (*j'aimais, tu finissais, il partait, ils savaient*).

▶ Le risque de confusion existe surtout quand le verbe est du 1ᵉʳ groupe et à la 1ʳᵉ personne. Dans ce cas, **remplacez le verbe par un autre** dont le passé simple et l'imparfait sont distincts à la 1ʳᵉ personne (par exemple, le verbe du 3ᵉ groupe *répondre*).

- Dès qu'il fut disponible, je m'approchai de lui.
  - → Dès qu'il fut disponible, je répondis… [→ *approchai* s'écrit donc avec -*ai*]
- J'espérais à chaque fois pouvoir le convaincre.
  - → Je répondais à chaque fois… [→ *espérais* s'écrit donc avec -*ais*]

▶ N'oubliez pas que :
– le passé simple est le temps par excellence du **récit**, qui permet de rapporter les faits de premier plan ;
– l'imparfait est le temps de la **description**, qui permet d'évoquer des faits ou des actions de second plan ou des faits habituels (→ FICHE 130).

- Je le visai et le blessai alors mortellement. [Les verbes au passé simple rapportent deux actions au premier plan du récit.]
- Je travaillais tranquillement quand j'entendis un craquement sinistre. [Le verbe à l'imparfait décrit le second plan du récit.]

On vous propose deux sujets au choix, l'un d'invention, l'autre de réflexion. Avant de vous lancer dans l'écriture, il faut analyser la consigne du sujet sélectionné, puis chercher et organiser vos idées.

1 *Comment analyser le sujet ?*

▶ Vous devez souligner de couleurs différentes les mots-clés du sujet selon les renseignements qu'ils vous fournissent :

– en rouge les mots qui vous indiquent le thème, ce dont vous devez parler ;

– en vert les mots qui vous indiquent la forme que doit prendre votre texte, c'est-à-dire les types de textes à combiner : narratif, argumentatif, descriptif, dialogue… (→ FICHE **83**) ;

– en bleu les mots qui vous indiquent les éléments de la situation d'énonciation : qui parle à qui ? où ? quand ? objectivement ou non ? (→ FICHES **87** ET **89**) ;

– en violet les mots qui vous précisent toutes les autres contraintes : utilisation d'un temps spécial (récit au passé, par exemple) ; utilisation des pronoms personnels ; registre à donner au texte (comique, pathétique…).

▶ Voici un exemple de sujet d'invention et son analyse.

Un héros de livre ou de film vous fascine mais votre meilleur ami ne le connaît pas. Vous lui en faites le portrait. Vous lui racontez ensuite brièvement ses aventures. Vous lui expliquez enfin les raisons de votre intérêt.

- En rouge : *héros de livre ou de film*.
- En vert : *portrait* → description ; *racontez* → discours narratif, récit ; *expliquez, raisons* → discours argumentatif.
- En bleu : qui ? *vous*, *votre* → locuteur ; à qui ? *votre meilleur ami, lui* → destinataire.
- En violet : *ensuite, enfin* → indications sur la structure, la progression du devoir.

▶ Voici un exemple de **sujet de réflexion** et son analyse.

« <u>Voyager</u>, voyager, qu'est-ce que cela fait ? », se demande Jemia, le personnage de J.M.G. Le Clézio, dans *Gens des nuages*. Écrivez <u>une lettre</u> <u>à un ami</u> dans laquelle <u>vous</u> <u>répondez</u> de façon <u>argumentée</u> à cette <u>interrogation</u>. Vous illustrerez votre réflexion d'<u>exemples</u> précis tirés de votre <u>expérience personnelle</u> de voyageur que vous pourrez <u>raconter</u> et de vos lectures. Votre lettre devra être <u>persuasive</u>.

- *Voyager* indique le thème du devoir.
- *Réflexion*, *répondez*, *interrogation*, *exemples*, *argumentée* indiquent que vous devez composer un texte argumentatif. *Raconter*, *expérience personnelle* indiquent que vous pouvez insérer des passages narratifs.
- *Vous* et *À un ami* indiquent la situation d'énonciation.
- L'adjectif *persuasive* suggère d'adopter un ton enthousiaste ou polémique.

❷ Que faire avant de rédiger ?

▶ **Collectez, en vrac**, sous forme de phrases télégraphiques (non rédigées), toutes les idées qui vous viennent à l'esprit.

▶ **Ordonnez vos idées**, faites le plan de votre devoir.

▶ Constituez une **réserve de mots** qui ont un rapport avec les mots importants du sujet. Cela vous évitera les répétitions.

> **MÉTHODE** Retenez les « règles d'or » de la rédaction :
> 1. Une idée = une phrase.
> 2. Faire des phrases complètes.
> 3. Pas de phrase de plus de deux lignes.

Voici un exemple de réserve de mots en lien avec les termes *fasciner/intérêt* du sujet d'invention de la page précédente :

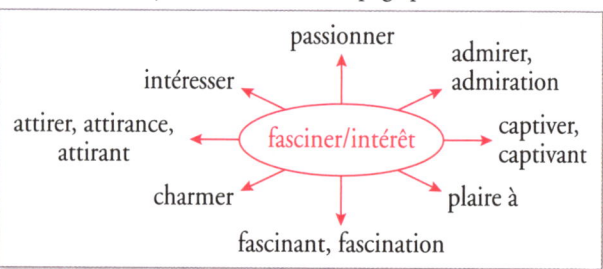

Changer de point de vue, c'est – selon le type de texte (→ FICHE 83) – modifier un texte en prenant la place d'un autre personnage, en changeant de perspective ou en s'opposant à une opinion.

1 *Comment changer le point de vue d'un texte narratif ?*

► Transposer un texte narratif en changeant de point de vue (→ FICHE 91), c'est raconter la **même histoire**, mais vue par une **autre personne**.

► Vous devez alors :
– **respecter** les temps et les lieux ; les événements (même s'ils sont perçus différemment) ; l'identité et le rôle des personnages ;
– **apporter des modifications** sur l'angle de vue, l'importance accordée aux événements, les émotions et les sentiments des personnages.

  • *La victime d'une avalanche raconte :*
  À la tombée de la nuit, j'ai vu une énorme masse blanche descendre de la crête nord et dévaler la pente : on aurait dit une vague venue du ciel ; j'avais l'impression que la montagne allait m'engloutir. Effrayée, j'ai cru que ma dernière heure était arrivée. Un grondement sourd… la lueur d'une lampe torche… puis plus rien… Je me suis réveillée sur un brancard.

  • *Le sauveteur raconte :*
  À la tombée de la nuit, nous avons senti venir l'avalanche de poudreuse qui menaçait depuis quelques heures. Nous savions qu'il y avait des alpinistes en danger. Avant même que la montagne ne se mette à gronder, j'ai saisi ma lampe torche et me suis élancé à ski vers la piste qui descend de la crête nord. J'ai très vite vu où était la cordée et, au moment même où la neige allait les engloutir, j'ai agrippé la jeune femme et l'ai couchée sur un brancard : elle était évanouie, mais vivante !

FRANÇAIS

❷ Comment changer le point de vue d'un texte descriptif ?

▶ Changer le point de vue d'une description (→ FICHES 91 ET 107), c'est décrire le même lieu, le même personnage, le même objet, mais d'un **autre angle de vue** (placé différemment), parfois en exprimant d'autres émotions, d'autres sentiments.

▶ Vous devez :
– **respecter** les éléments ou composantes du lieu, de la personne, de l'objet ;
– **apporter des modifications** sur l'angle de vue, sur les émotions et les sentiments provoqués (ou les supprimer pour prendre un ton objectif).

- *La ville de New York vue par un touriste du haut d'un gratte-ciel :*
Le quadrillage des rues tout en bas donnait le vertige et semblait un jeu de l'oie gigantesque où s'agitaient des fourmis microscopiques. Les taxis sillonnaient les artères comme d'intrépides insectes. J'avais la sensation que l'homme était bien peu de chose, écrasé sous la menace de ces gratte-ciel gigantesques.

- *La ville de New York vue par un New-Yorkais dans la rue :*
Comme à l'habitude, la rue grouillait de monde qui se bousculait : les uns se hâtaient, l'air préoccupé, vers la gare centrale, d'autres parlaient tout seuls, d'autres flânaient. Les taxis jaunes se faufilaient sans crier gare… Je me sentais protégé par l'ombre familière des buildings qui semblaient s'élancer vers le ciel. Je sentais ma ville vivre autour de moi…

❸ Comment exposer un point de vue différent dans un texte argumentatif ?

▶ Adopter un autre point de vue dans un texte argumentatif (→ FICHE 91), c'est soutenir une **opinion différente** de celle qui est exposée dans le texte.

▶ Vous devez alors clairement :
– formuler votre **opinion** ;
– trouver des **arguments** pour la soutenir ;
– éventuellement, trouver des **contre-arguments** pour réfuter la thèse adverse.

Il vous est fréquemment demandé dans le sujet d'invention d'imaginer un récit ou la suite du récit proposé dans le texte initial. Pour bien réussir ce type d'exercice, il faut préalablement identifier les composantes majeures du récit (narrateur, péripéties, choix des temps).

1 Comment préparer et construire un récit ?

▶ Identifiez le **narrateur** : l'énoncé du sujet vous indique en général « qui raconte ». Ainsi, vous saurez quels pronoms personnels et pronoms/déterminants possessifs utiliser.

▶ Choisissez le **point de vue** (→ FICHE 91).

▶ Identifiez, si nécessaire, le **destinataire** (→ FICHE 87). L'énoncé du sujet vous indique parfois « celui à qui on raconte ».

> Il vous [narrateur] est certainement arrivé de raconter à des camarades [destinataire] des événements que vous avez imaginés. Évoquez l'un de ces récits inventés.

▶ Définissez **les différentes étapes** de l'histoire, en distinguant :
– la situation initiale (qui ? où ? quand ?) ;
– les péripéties (les événements) ;
– la situation finale (comment se termine l'histoire).
Cela entraîne l'utilisation d'indicateurs de temps, des mots qui permettent de se repérer dans la succession des événements : *d'abord, ensuite, soudain…*

▶ Prévoyez des passages :
– de **description** (→ FICHE 107) pour faire imaginer et comprendre (cadre, personnages) ;
– de **dialogues** pour rendre l'histoire plus vivante (→ FICHE 109).
Essayez de ménager le **suspense** pour maintenir l'intérêt.

2 Comment rédiger un récit ?

▶ Choisissez le **temps verbal dominant** (passé simple ou passé composé pour un récit au passé ou, éventuellement, présent de narration) (→ FICHES 126 À 130).

FRANÇAIS

▶ Veillez à composer des **phrases complètes**, qui comportent un verbe conjugué.

▶ Allez à la ligne pour faire des **paragraphes**, pour chaque nouvel événement, chaque passage de la narration à la description (ou l'inverse).

▶ Utilisez la **ponctuation** qui convient dans les passages de dialogue (→ FICHE 109).

③ *Comment composer une suite de texte ?*

La composition d'une suite de texte est un cas particulier de construction de récit. Elle vous laisse **moins libre** que la composition d'un récit indépendant.

▶ **Analysez le texte de départ** qui vous est donné pour respecter :
– le type de texte (→ FICHE 83) ;
– le statut du narrateur (→ FICHE 91) ;
– le thème, le cadre et l'époque (évitez les anachronismes, comme des avions au Moyen Âge… ou les absurdités) ;
– l'identité et le caractère des personnages, leur niveau de langue (→ FICHE 86) ;
– les temps verbaux utilisés (→ FICHES 126 À 130).

▶ **Inventez et imaginez une suite** :
– en reprenant la ou les dernières phrases du texte et des éléments qui annonçaient la suite ;
– en respectant les principales caractéristiques de style ;
– en développant les caractéristiques des personnages ;
– en les faisant évoluer ;
– en ajoutant des péripéties qui s'enchaînent ;
– en concluant le récit (penser à une fin).

Une description s'intègre dans un récit : c'est une pause pour faire voir au lecteur les lieux, les personnages, les objets.

1 *Comment préparer et construire une description ?*

▶ Identifiez le **sujet** de la description : qui ou quoi décrire ?

▶ Choisissez le passage du récit où **placer la description**.

▶ Choisissez, comme un photographe ou un cinéaste, le **point de vue** : qui voit et d'où ? (→ FICHE **91**)

> **MÉTHODE** Attention au choix du temps dans votre description. Dans un récit au passé, vous devez opter pour l'imparfait ; dans un récit au présent, vous continuez avec le présent.

▶ **Organisez la description** en suivant un ordre, c'est-à-dire la succession des plans :
– rapprochement, éloignement ;
– de l'intérieur vers l'extérieur (ou l'inverse) ;
– du premier plan à l'arrière-plan (ou l'inverse).

> **NOTEZ BIEN**
>
> Cela entraîne l'utilisation d'**indications de lieu**, de mots qui permettent de se repérer dans l'espace :
> – adverbes ou locutions adverbiales de lieu : *plus loin, en bas, tout près, derrière…*
> – groupes nominaux prépositionnels : *au premier plan, à droite de…, au-dessous de…*

▶ Choisissez entre une description **objective** (neutre) ou **subjective** (marquée par les émotions ou les sentiments de celui qui voit) (→ FICHE **89**).

▶ N'oubliez pas les différents éléments possibles d'une description : formes, couleurs, lumière, mouvements, sons, odeurs, etc., pour **créer une impression sur le lecteur** (dégoût, admiration, angoisse…).

FRANÇAIS

▶ Donnez un **registre** (une tonalité) (→ FICHE 84) à la description en accord avec le récit dans lequel elle s'insère (comique, dramatique, pathétique…).

❷ Comment composer un portrait ?

La composition d'un portrait est un cas particulier de description. Faire un portrait, c'est décrire **une personne** :

▶ physiquement ou moralement : à l'arrêt (c'est l'équivalent d'une photographie) ou en mouvement (c'est l'équivalent d'un film) ;

▶ par ses actions ou les situations auxquelles elle fait face ;

▶ par ses paroles : le niveau de langue (→ FICHE 86) donne des renseignements sur l'origine sociale, le caractère, etc. ;

▶ par des images (comparaisons ou métaphores) (→ FICHE 92).

« Des épaules de lutteur, une voix de cuivre, des dents de chien, la peau olivâtre, les mains comme du citron, et les cheveux comme du bitume.

Avec cette tournure de sauvage, une timidité terrible, qui me rend malheureux et gauche. Chaque fois que je suis regardé en face par qui est plus vieux, plus riche ou plus faible que moi ; quand les gens qui me parlent ne sont pas de ceux avec qui je puis me battre et dont je boucherais l'ironie à coups de poing, j'ai des peurs d'enfant et des embarras de jeunes filles. »

■ Jules Vallès, *Le Bachelier*.

Le niveau de langue du narrateur qui fait son autoportrait est soutenu : on imagine quelqu'un de cultivé.

*Un sujet de réflexion vous invite à formuler
et à soutenir votre avis sur une question. Pour le traiter
de façon efficace et convaincante, il faut apprendre
à argumenter.*

1 *Qu'est-ce qu'une argumentation ? une thèse ?*

▶ Une argumentation, c'est une forme de discours **(→ FICHE 83)** dans laquelle on essaie de **faire partager** au lecteur (ou à l'auditeur) **une idée** que l'on croit juste.

▶ Une thèse, c'est une opinion que l'on consi-dère comme juste ou l'**idée directrice** que l'on veut soutenir.

> **MÉTHODE** Pour vérifier que c'est bien une thèse que vous énoncez, faites-la précéder de l'expression :
> *Je veux montrer que…*

2 *Qu'est-ce qu'un argument ? un exemple ?*

▶ Un argument, c'est une **preuve** qui sert à **démon-trer qu'une opinion est juste** dans un raisonne-

> **MÉTHODE** Pour vérifier que c'est bien un argument que vous formulez, faites-le précéder de l'expression :
> *La preuve en est que…*

ment. Il est obligatoirement au service d'une thèse qu'il vient confir-mer. Vous pouvez tirer vos arguments de votre expérience person-nelle, de lectures, de films, de la presse…

▶ Un exemple, c'est un **fait concret** qui vient appuyer et **illustrer un argument.** Un exemple est

> **MÉTHODE** Pour vérifier que c'est bien un exemple que vous présentez, faites-le précéder de l'expression :
> *Ainsi, par exemple…*

en général plus concret, plus précis qu'un argument et lui donne un caractère vivant. Vous pouvez tirer des exemples de votre expérience personnelle, de lectures…

- *Thèse :* Je veux montrer que la lecture est utile.
- *Argument :* La preuve en est qu'elle permet de se cultiver.
- *Exemple :* Ainsi, par exemple, les romans de Zola nous infor-ment sur la vie des ouvriers au XIXᵉ siècle.

FRANÇAIS

③ Comment construire un développement argumentatif ?

▶ Un développement argumentatif comporte des **étapes précises**. Vous devez formuler : la thèse au début du développement ; les arguments ; les exemples ; parfois, une conclusion partielle.

▶ Vous devez **construire une chaîne d'arguments**, donc choisir un ordre logique pour exposer ces arguments : par exemple, du plus simple au plus complexe ; du plus évident au plus inattendu…

▶ Il vous est parfois demandé de **peser le pour et le contre**, donc de considérer deux thèses.

> *Sujet* : « Pensez-vous qu'il soit parfois nécessaire de mentir ? Rédigez un développement argumenté et organisé. »
>
> • *Thèse 1.* Le mensonge est condamnable et a des effets négatifs. [Argument 1] En effet, s'il vient à être découvert, il risque de détruire toute confiance envers celui qui en use. [Exemple] Ainsi par exemple, Scapin, le valet menteur de Molière, éveille la suspicion de ses maîtres. [Argument 2] Par ailleurs, le mensonge peut nuire à autrui…
>
> • *Thèse 2.* Cependant, mentir peut s'avérer utile, voire nécessaire. [Argument 1] Ainsi, le mensonge évite parfois de peiner ou de désespérer autrui. [Exemple] En ne dévoilant pas à un patient que son mal est incurable, un médecin allège la fin de vie du malade. [Argument 2]…

④ Comment rédiger un développement argumentatif ?

▶ Dans le cas d'un développement qui s'étend sur plusieurs paragraphes, vous devez aller à la ligne à chaque changement d'argument.
1 paragraphe = 1 argument + ses exemples
Retenez la formule de tout paragraphe argumentatif :
AEC = Argument + Exemple(s) + Commentaire (des exemples)

▶ Quand vous rédigez, vous devez faire des **phrases complètes**.

▶ Pensez à utiliser, pour marquer la suite logique de l'argumentation :
– des **connecteurs temporels** qui marquent les différentes étapes : *d'abord, en premier lieu, ensuite, enfin…* ;
– des **connecteurs logiques** qui marquent les liens entre les idées : *en effet, par conséquent, pourtant…* (→ FICHE 122).

*Un dialogue peut s'intégrer dans un récit
ou une argumentation pour donner de la vivacité au texte.*

❶ Comment construire un dialogue ?

Quand vous composez un dialogue, vous devez :
– préciser clairement l'**identité des interlocuteurs** ;
– veiller à ce que le lecteur comprenne qui parle ;
– suivre une **progression** pour que le dialogue fonctionne : par exemple, à une question succède une réponse… ;
– choisir un **niveau de langue** (→ FICHE 86) ;
– varier les **verbes introducteurs** des paroles.

❷ Comment ponctuer un dialogue ?

▶ Le dialogue au discours (ou style) direct (→ FICHE 88) est signalé par un **deux-points** et un passage à la ligne.

▶ La première réplique est précédée de **guillemets** ouvrants. Tout changement d'interlocuteur est indiqué par un **passage à la ligne** et un **tiret.** La dernière réplique est suivie de guillemets fermants.

▶ La reprise du récit est marquée par un passage à la ligne.

▶ Les verbes de parole peuvent être intégrés en **incise,** au milieu ou à la fin d'une réplique. Attention à ne pas oublier la ou les virgules.

> **ATTENTION** La ponctuation peut changer totalement le sens. Comparez : « Les garçons, disent les filles, sont bêtes. » et : Les garçons disent : « Les filles sont bêtes. »

« Cet homme, dit-il, est très pauvre. »
« Cet homme est très pauvre », dit-il.

❸ Comment donner son registre (sa tonalité) à un dialogue ?

▶ Choisissez avec soin les **verbes introducteurs.** Ils indiquent :
– si la réplique est une affirmation, une question ou une réponse : *affirmer, réclamer, rétorquer…* ;
– le ton et le volume de la voix : *confier, hurler, bougonner…* ;
– le sentiment du locuteur : *gémir, riposter, confesser…*

▶ Veillez au **type des phrases** (exclamatives pour l'émotion, etc.).

FRANÇAIS

La qualité de votre travail d'écriture repose sur vos idées mais aussi sur votre expression.

1 **Comment avoir une expression correcte et claire ?**

▶ Veillez à ce que vos **phrases soient complètes**, avec au moins un verbe conjugué. Chaque proposition subordonnée est accompagnée d'une proposition principale (→ FICHE **119**). Les négations sont complètes (n'oubliez pas la négation *ne* avec *pas, rien, aucun…*).

▶ Ne vous trompez pas de **mode verbal** (→ FICHE **125**), surtout avec : *après que* + indicatif ; *avant que* + subjonctif ; *si* (de condition) + indicatif.

▶ Ne faites **pas de phrases trop longues** (deux lignes maximum).

▶ Vérifiez que le lecteur comprenne à la première lecture à qui ou à quoi renvoient les **pronoms personnels** (*il, elle…*). Si c'est ambigu, répétez le nom auquel ils renvoient. Ne mêlez pas la 1re pers. du pluriel (*nous*) et le pronom *on*.

▶ Faites des **paragraphes**.

2 **Comment avoir une expression élégante ?**

▶ Évitez les **mots plats, passe-partout** (*faire, dire, il y a, chose, être, avoir…*). Remplacez-les par des synonymes plus expressifs.
- faire un courrier → rédiger un courrier
- faire un tableau → peindre un tableau
- faire la tête → bouder…

▶ Évitez les **répétitions**. Vous pouvez remplacer le mot répété par un pronom, un synonyme, une périphrase.

▶ Constituez-vous une **réserve de mots** – en variant leur classe – autour des notions qui reviennent dans votre travail.

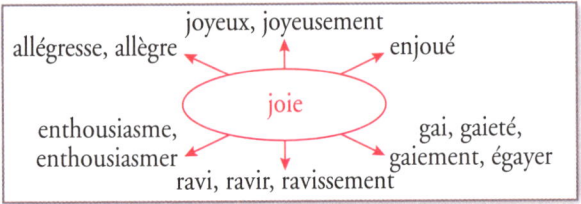

Vous avez terminé de rédiger ? Relisez votre travail en surveillant les points suivants.

1 **Comment vérifier la structure et la cohérence de votre devoir ?**

Vérifiez :

▶ que vous avez rédigé une **introduction** et une **conclusion** ;

▶ que les nouvelles péripéties (dans un récit) ou les changements d'idées (dans un développement argumenté) sont mis en évidence par des **passages à la ligne** ;

▶ que vous avez mis des **liens** (temporels dans le récit, logiques dans l'argumentation) entre les paragraphes.

2 **Comment relire un récit ?**

Vérifiez que :

▶ l'emploi des **temps** (→ FICHES **126** À **130**) est cohérent :
– si vous choisissez de raconter au présent, tous les verbes doivent être au présent ;
– si vous avez choisi de raconter au passé, les verbes rapportant les actions successives doivent être tous au passé simple (ou tous au passé composé, selon votre choix du temps de base) (→ FICHE **130**).

> **INFO** Dans un récit au passé, l'imparfait sert à décrire ; le plus-que-parfait à rapporter des faits antérieurs à ceux exprimés au passé simple (ou composé).

▶ la **situation d'énonciation** (→ FICHE **87**) ne change pas de manière illogique.

3 **Comment relire un dialogue ?**

Vérifiez que :

▶ l'**identité** des interlocuteurs est précisée ;

▶ les **changements d'interlocuteurs** sont clairs (grâce à une bonne ponctuation) ;

▶ les répliques se suivent **logiquement**.

4 Comment relire un texte argumentatif ?

Vérifiez que :

▶ les arguments se suivent **logiquement** (→ FICHE 108) ;

▶ ils sont illustrés par des **exemples** (→ FICHE 108).

5 Comment relire une lettre ?

Vérifiez que :

▶ **lieu et date** sont précisés ;

▶ la lettre commence par une **adresse au destinataire** (« Cher ami ») ;

▶ la **mise en page** est respectée ;

▶ il y a une **formule de conclusion** et une signature.

6 Comment vérifier la lisibilité de votre travail ?

Vérifiez :

▶ la **présentation**, la mise en page (êtes-vous allé(e) à la ligne, avez-vous décalé les débuts de paragraphe ?) ;

▶ la **ponctuation** (notamment dans les passages de dialogue) (→ FICHE 109) ;

▶ la **correction grammaticale** des phrases (toutes vos phrases sont-elles complètes et bien construites ?) ;

▶ l'**orthographe**, notamment les accords majeurs (→ FICHE 97) ;

▶ la précision du **vocabulaire** (avez-vous supprimé les répétitions et les mots plats ? (→ FICHE 110)).

NOTEZ BIEN

Faites **plusieurs relectures** de votre travail, avec des **objectifs différents** et spécifiques :
– une relecture pour la clarté et la correction des phrases ;
– une relecture pour l'orthographe ;
– une relecture pour éviter les répétitions et les mots plats.

FRANÇAIS

LES QUESTIONS CLÉS

▶ Indiquez la formation du mot « … », nommez ses composants.

▶ Donnez des mots de la même famille que le mot « … ».

Ⓐ Qu'est-ce que l'étymologie d'un mot ?

▶ **Préciser l'étymologie** d'un mot, c'est dire **de quel mot il vient**.

Biologie vient du mot grec *bios* (« vie »).

Bowling vient du mot anglais *bowl* (« boule »).

▶ Cela permet :

– d'expliquer un mot et de mieux en comprendre le sens ;

– de comprendre l'évolution de son sens.

Ⓑ Qu'est-ce que la formation d'un mot ?

Donner la formation d'un mot, c'est **décomposer le mot**, c'est-à-dire séparer ses divers éléments (radical, préfixe, suffixe) et donner le sens de chacun.

▶ Le **radical**, la **partie essentielle** du mot, indique à quelle idée il se réfère.

Im-buv-able : le radical est *-buv-* qui indique que le mot a un rapport avec l'idée de boire.

▶ Le **préfixe** se place **devant** un mot ou un radical pour former un nouveau mot.

> **ORTHOGRAPHE** Quelques mots formés avec un préfixe prennent un trait d'union (*vice-président, post-natal…*).

vie → survie ;

marché → hypermarché

▶ Le **suffixe** se place **après** un mot ou un radical pour former un nouveau mot, le plus souvent de nature différente.

délicat → délicatesse ; chambre → chambrette ; fruit → fruitier

Ⓒ Qu'est-ce qu'une famille de mots ?

Une famille rassemble des mots **formés sur un même radical**.

▶ La plupart sont des **mots dérivés**, c'est-à-dire composés du radical auquel s'ajoutent un préfixe et/ou un suffixe.

Famille du mot venir *: revenir, prévenir, prévention, préventif, advenir, contrevenir, contravention, etc.*

▶ Une famille de mots peut aussi comporter des **mots composés**, c'est-à-dire des mots qui associent :
– deux mots existants ;

▪ chou-fleur ; coupe-faim

– un mot et un radical d'origine grecque ou latine.

▪ chronomètre : *chrono* (en grec, « temps ») + *mètre*

REMARQUE Une famille de mots comporte des mots de classes grammaticales variées.

▪ Famille du mot *désert* : *déserter* (verbe), *désertique* (adj.), *désertification* (nom), etc.

ⓓ À quoi sert de connaître la famille d'un mot ?

▶ Connaître la famille d'un mot permet :
– d'expliquer un mot, de mieux **en comprendre le sens** ;

▪ *Aquatique* signifie « qui a rapport avec l'eau ».

– de mieux savoir l'**orthographier.**

▪ *Déshabiller* est de la famille d'*habit* ; d'où le *h* muet au milieu du mot.

▪ *Démentir* est de la famille de *mentir* ; d'où la graphie *en* pour former le son [ã].

▶ Il ne faut pas confondre synonymes (mots qui ont un sens proche mais en général pas le même radical : *sévère* / *strict*) et famille de mots (mots qui ont un même radical mais en général pas le même sens : *buvable* / *imbuvable*).

▶ Quel est le champ lexical dominant dans le texte ?

▶ À quel champ lexical appartiennent les mots « … » ?

▶ Relevez des mots ou expressions appartenant au champ lexical de « … ».

Ⓐ Qu'est-ce qu'un champ lexical ?

▶ C'est l'ensemble des mots qui se rapportent à un **même thème**, à un même domaine, à une même notion.

> **ORTHOGRAPHE** Le mot *champ* s'écrit sans *s* au singulier ! Au pluriel, on écrit : des *champs lexicaux*.

> Champ lexical de la montagne : *vallée, pic, sommet, col, montée, neige, forêt, torrent,* etc.

▶ Dans un texte, un champ lexical forme un **réseau de mots** qui participe à son unité.

> « […] la réserve prussienne paraît vers Saint-Lambert à six heures du soir ; une nouvelle et furieuse attaque est donnée au village de la Haie Sainte ; Blücher survient avec des troupes fraîches, et isole du reste de nos troupes déjà rompues les carrés de la garde impériale. Autour de cette phalange immobile, le débordement des fuyards entraîne tout parmi des flots de poussière, de fumée ardente et de mitraille […] »
>
> ■ François René de Chateaubriand, *Mémoires d'outre-tombe.*
>
> Les mots en couleur relèvent du champ lexical de la guerre.

REMARQUE Un champ lexical peut comporter des mots de classes grammaticales variées. Ces mots ne sont pas des synonymes (→ FICHE **114**).

> Champ lexical de l'eau : *mouiller* (verbe), *pluie* (nom), *humide* (adj.), *hydraulique* (adj.), etc.

FRANÇAIS

Cela sert à **repérer le thème principal** ou les thèmes importants du texte. Ainsi le texte de Chateaubriand cité en page précédente a pour thème principal la guerre.

NOTEZ BIEN

Un même texte peut comporter plusieurs champs lexicaux qui se combinent.

C'est un trou de verdure où chante une rivière
Accrochant follement aux herbes des haillons
D'argent ; où le soleil, de la montagne fière,
Luit : c'est un petit val qui mousse de rayons.

Un soldat jeune, bouche ouverte, tête nue,
Et la nuque baignant dans le frais cresson bleu,
Dort ; il est étendu dans l'herbe, sous la nue,
Pâle dans son lit vert où la lumière pleut. […]

■ Arthur Rimbaud, « Le dormeur du val ».

Dans les deux premières strophes de ce poème, quatre champs lexicaux se combinent : ils donnent l'impression que le jeune soldat est en parfaite harmonie avec une nature généreuse et riante. La fin du poème révèle que le soldat est mort, ce qui donne un tout autre éclairage à ces deux strophes.

Champ lexical de la nature
Champ lexical de la lumière
Champ lexical du corps
Champ lexical de la vitalité

C Un conseil pour les travaux d'écriture

Avant de commencer à rédiger, constituez-vous une **« réserve » de mots** qui tournent autour du thème principal du sujet à traiter : ils vous éviteront des répétitions et enrichiront votre travail d'écriture.

Sujet : « Vous avez eu un jour une très grande peur. Racontez. »
Vous pouvez constituer une réserve de mots qui appartiennent au champ lexical de la peur : *panique, effroi, terrorisé, effrayer, effrayant, terrifiant, anxieusement, s'angoisser, trembler, frissonner, palpitations, sueur froide, tressaillir, être pétrifié…*

LES QUESTIONS CLÉS

▶ Relevez un (ou des) synonyme(s) du mot, de l'expression « … ».

▶ Donnez un antonyme du mot « … ».

▶ Remplacez le mot « … » par un synonyme/un antonyme.

▶ Remplacez le mot « … » par une périphrase (de même sens).

▶ Remplacez la périphrase « … » par un mot synonyme.

Ⓐ Qu'est-ce qu'un synonyme ?

▶ Un synonyme est un mot qui a le **même sens** qu'un autre mot ou un **sens très proche**.

▪ Le verbe *souhaiter* a pour synonyme le verbe *espérer*.

▶ Deux synonymes peuvent **se substituer** l'un à l'autre dans une même phrase. Ainsi, quand on vous demande le sens d'un mot, vous pouvez avoir recours à un synonyme.

▪ *Doux* a pour synonymes, selon le contexte, *suave, agréable, soyeux, tendre…*
Il a une voix douce. → Il a une voix agréable.
Le poil du chien est doux. → Le poil du chien est soyeux.
Il lui dit des mots doux. → Il lui dit des mots tendres.

REMARQUE Deux synonymes doivent appartenir à la même classe grammaticale, de façon à pouvoir se substituer exactement l'un à l'autre dans une phrase.

▪ Il craint l'orage. → Il redoute l'orage.
[*craindre* et *redouter* sont deux verbes]
La forêt était obscure. → La forêt était sombre.
[*obscure* et *sombre* sont deux adjectifs]

Ⓑ Qu'est-ce qu'un antonyme ?

▶ Un antonyme est un mot qui a un **sens opposé** à un autre.

▪ *Bonheur* est l'antonyme de *malheur* ; *grand* est l'antonyme de *petit*.

▶ Deux antonymes ont souvent des racines différentes :

▪ bon ≠ mauvais ; proche ≠ lointain

FRANÇAIS

Mais ils peuvent aussi avoir la même racine :
- buvable ≠ imbuvable ; ranger ≠ déranger

REMARQUE Pour pouvoir s'opposer, deux antonymes doivent appartenir à la même classe grammaticale.
- vrai ≠ faux (adjectifs) ; parler ≠ se taire (verbes)

NOTEZ BIEN

Un même mot a des synonymes et des antonymes différents **selon le contexte**, c'est-à-dire selon le sens de la phrase dans laquelle il se trouve.
Prenons l'exemple de l'adjectif *étroit*.

Phrase (contexte)	Synonyme	Antonyme
Ils entretenaient des relations *étroites*.	intimes	lointaines
Il passa par un couloir *étroit*.	exigu, resserré	spacieux, large
Il a l'esprit *étroit*.	borné, intolérant	ouvert, généreux

Avant de donner le synonyme d'un mot, analysez le contexte !

C **Qu'est-ce qu'une périphrase ?**

▶ Une périphrase est un **groupe de mots synonyme d'un seul mot**, qui donne une caractéristique de l'élément désigné.
- la capitale de la France = Paris

▶ La périphrase sert à :
– éviter une répétition dans un travail d'écriture ;
> Il raconta la vie pénible des immigrants. Ces personnes venues s'établir dans un pays étranger rencontraient des difficultés.

– donner une définition, expliquer un mot dans un travail d'analyse de texte.
- un mousse = un jeune apprenti marin

▶ Le mot (l'expression) « ... » est-il (elle) employé(e) au sens propre ou au sens figuré dans le texte ?

▶ Le mot « ... » a dans le texte son sens propre ; quel peut être son sens figuré ?

▶ Trouvez, dans le texte, un mot pris dans son sens figuré. Expliquez-le.

▶ Quels sont les différents sens que peut prendre le mot « ... » ?

▶ Quel est le champ sémantique du mot « ... » ?

A Qu'est-ce qu'un mot polysémique ?

Souvent, un mot a **plusieurs sens** selon le contexte : il s'agit d'un mot polysémique.

Le nom *blanc* peut désigner :
- une couleur ;
- une personne ;
- le linge de maison ;
- un silence dans la conversation ;
- une sorte de vin.

B Qu'est-ce qu'un champ sémantique ?

Le champ sémantique d'un mot est **l'ensemble des sens** qu'il prend selon les divers contextes où il se trouve.

Le champ sémantique du mot *tête* comprend de nombreux sens.
- Il a une tête ronde (partie supérieure du corps humain, comprenant la face et le crâne).
- L'accusé risque sa tête (sa vie).
- Faire la tête (bouder).
- Avoir la tête dure (la compréhension lente ou un caractère têtu).
- Perdre la tête (perdre son calme ou devenir fou).
- Être à la tête de l'armée (en avoir le commandement).

FRANÇAIS

C Qu'est-ce que le sens propre ?

Le sens propre d'un mot est le **premier sens** donné dans le diction-naire. On l'appelle aussi sens **dénoté**.

■ *Lourd* a pour sens propre « qui a un poids important ».

D Qu'est-ce que le sens figuré ?

▶ Les sens figurés d'un mot sont les sens qu'il peut prendre **en plus de son sens propre**. On les appelle aussi sens **connotés**.

▶ Le sens figuré vient en général :

– du **passage du concret** (ce qu'on peut voir, entendre, toucher…) **à l'abstrait** (ce qu'on ne peut pas voir, entendre, toucher, mais qu'on saisit intellectuellement) ;

Mon panier est lourd (il a un poids important). → sens propre
Sa plaisanterie est lourde (pas très intelligente). → sens figuré
dessiner un trait fin (peu épais) → sens propre
avoir un esprit fin (très intelligent) → sens figuré

– d'une **ressemblance** entre deux réalités ;

les bras d'un homme → les bras d'un fauteuil

– d'une **métaphore** ou d'une métonymie (→ FICHE 92).

une vipère (un serpent) → sens propre
C'est une vraie vipère = Il est méchant comme une vipère (il fait mal comme une vipère). → sens figuré

NOTEZ BIEN

Veillez à bien repérer le sens figuré d'un mot ou d'une expression, de manière à éviter les contresens.

Il a pris ses jambes à son cou. = Il s'est enfui très vite.
J'ai mis mon grand-père en boîte. = Je l'ai taquiné.

Imaginez ce que signifieraient ces expressions si on les prenait au sens propre (on dit aussi « au pied de la lettre ») !

► Donnez le sens du mot/de l'expression « ... ».

► Comment comprenez-vous ce mot, cette expression ?

► Utilisez ce même mot dans une autre phrase avec un sens différent. Donnez-en un synonyme.

A **Comment expliquer un mot, une expression ?**

Pour expliquer un mot ou une expression, on peut procéder de différentes manières. Soyez très attentif à la consigne.

► Donner **un mot ou une expression synonyme** (→ FICHE 114).

Navire = bateau
S'en donner à cœur joie = profiter pleinement

NOTEZ BIEN

• Avant de donner le synonyme d'un mot, analysez le contexte !
• Pour vérifier que vous avez bien trouvé un synonyme, enlevez de la phrase le mot à expliquer et remplacez-le par ce synonyme : la phrase doit rester grammaticalement correcte et conserver son sens.

► Expliquer **sa formation** en décomposant ses éléments (radical, préfixe, suffixe → FICHE 112).

Intolérable est un adjectif composé du radical *tolér-* (qui signifie « supporter »), du préfixe privatif *in-* (qui exprime l'idée de contraire) et du suffixe *-able* (qui signifie qu'on peut ou qu'on doit).
Intolérable signifie donc « qu'on ne peut pas supporter ».

► Dire si le mot est pris, dans le texte, au **sens propre** ou au **sens figuré** (→ FICHE 115).

Quel génie, ce garçon !
Le nom *génie* est pris ici au sens figuré (*génie*, au sens propre, désigne un « esprit, être qui a des dons merveilleux »).

► Indiquer à quel **niveau de langue** appartient le mot ou l'expression : familier, courant, soutenu (→ FICHE 86).

FRANÇAIS

▶ Indiquer **l'intention de l'auteur** lorsqu'il emploie ce mot et **l'impression** que produit le mot sur le lecteur.

▶ Éventuellement, donner **les autres sens** du mot ou signaler ses **changements de sens** au cours du temps.

Il trempa sa plume dans l'encrier.

Encrier désigne un petit récipient pour mettre l'encre, qui s'utilisait avant que n'existent les stylos à plume avec réservoir ou cartouche.

Encrier désigne aussi le réservoir qui alimente en encre les rouleaux de presse d'imprimerie.

NOTEZ BIEN

• Si l'expression à expliquer est longue, il faudra peut-être expliquer un à un les mots importants qui la composent.

• Il faut **répondre par des phrases complètes**, grammaticalement correctes, et non par des mots isolés.

Au lieu d'écrire « *forcir* » = « *grossir* », rédigez : *le verbe « forcir » a ici pour synonyme « grossir »*.

B **Comment expliquer un mot ou une expression que vous ne connaissez pas ?**

▶ Vous pouvez **vous aider du contexte** (des mots qui l'entourent) et de l'ensemble du texte, qui comporte souvent des mots plus simples que celui qui doit être expliqué.

▶ Vous pouvez vous aider de **l'origine du mot**, de son étymologie ou de la **famille du mot** (→ FICHE 112).

• « L'eau jaune et saumâtre, charriant la rouille des vieux aqueducs, me fit regretter les gargoulettes d'Alger. » (Théophile Gautier)

Le nom *aqueduc*, composé du latin *aqua* (eau) et *ducere* (conduire), désigne un canal créé pour alimenter en eau une ville ou irriguer des cultures.

• Le mot *anachronisme* vient de Chronos, dieu grec du temps, et du préfixe *ana-* qui signifie « à l'inverse » ; un anachronisme est une erreur de chronologie ou une confusion entre des époques différentes.

LES QUESTIONS CLÉS

▶ Quel est le type de phrase dominant dans ce passage ? Quel est l'effet produit ?

▶ Par quel type de phrase se traduit la colère (l'émotion, la peur…) du narrateur ?

▶ Quel est le rôle de la phrase interrogative « … » ?

A Qu'est-ce qu'une phrase verbale ? une phrase nominale ?

▶ Une **phrase verbale** est une phrase qui a pour noyau un ou plusieurs verbes conjugués.

▍ Il a gagné tous les matchs du tournoi.

▶ Une **phrase non verbale** est une phrase sans verbe principal.

▍ Incroyable, mais vrai !

▶ Une **phrase nominale** est une phrase non verbale organisée autour d'un nom (ou d'un groupe nominal) qui lui sert de noyau.

▍ Quel champion sensationnel !

NOTEZ BIEN

Les phrases non verbales créent souvent un **effet stylistique**. Elles peuvent :
• traduire la force d'une émotion, d'une idée ;
▍ L'angoisse… L'angoisse absolue…
• accélérer le rythme d'un texte narratif, créer le suspense.
▍ Après d'interminables recherches, elle arriva enfin à l'endroit indiqué. Une ombre… Des bruissements étranges… Une forme assise sur un rocher surplombant l'océan…Quelle frayeur !

B Quels sont les différents types de phrases ?

▶ Le type (ou la modalité) d'une phrase dépend de **l'intention** de celui qui la prononce.

▍ Les phrases : *Nous travaillons. Est-ce que nous travaillons ? Travaillons. Encore travailler !* parlent de la même action, mais selon des modalités différentes.

▶ Il existe **quatre types** de phrases.

Intention	Type de phrase	Exemple
Exprimer un fait	déclaratif	*Je n'en veux pas.*
Poser une question	interrogatif	*À quoi penses-tu ?*
Donner un ordre	impératif (ou injonctif)	*Sors d'ici !*
Exprimer une émotion	exclamatif	*Comme il est beau !*

REMARQUE Chacun des types de phrases peut être mis à la forme affirmative ou à la forme négative.

Ⓒ Quelles sont les particularités de la phrase interrogative ?

▶ L'interrogation est :
– **totale** si la réponse attendue est de type *oui* ou *non* ;
– **partielle** si la réponse attendue consiste en un mot ou un groupe de mots qui donne une information. Elle est alors introduite par un mot interrogatif : *Qui ? Que ? Où ?…*

▶ La structure de la phrase interrogative varie **selon le niveau de langue** (→ FICHE 86) du locuteur.

• Tu veux quoi ?
  [non-inversion du sujet + mot interrogatif incorrect → langue familière]
• Vous croyez ?
  [l'intonation seule indique une question → langue orale courante]
• Est-ce qu'il a raison ?
  [la question est introduite par *Est-ce que… ?* → langue courante]
• Viendrez-vous ? Quand Pierre viendra-t-il ?
  [inversion du sujet simple ou complexe → langue soutenue]

NOTEZ BIEN

La phrase interrogative peut avoir plusieurs rôles. Elle peut :
• être une simple **demande d'information** ;
  As-tu froid ?
• indiquer le doute avant une prise de décision (**délibération**) ;
  Que faire ?
• éveiller l'intérêt en créant le suspense ;
  Va-t-il réussir ?
• être une fausse question et comporter déjà en elle-même la réponse (**question rhétorique**).
  Il prend d'énormes risques ! Et tu trouves cela intelligent ?

La proposition : juxtaposition, coordination, subordination

118

LES QUESTIONS CLÉS

▶ Relevez la proposition principale (ou la proposition subordonnée) dans la phrase « … ».

▶ Dans les phrases « … », comment sont reliées les propositions ? Quel effet cela produit-il ?

A Qu'est-ce qu'une proposition ?

▶ Une proposition est un **groupe de mots** organisé **autour d'un verbe** (en général conjugué).

> Nous avons observé une nouvelle planète.

▶ Pour repérer le nombre de propositions dans une phrase, on compte les verbes conjugués.

> [Je savais] [qu'il était parti] [avant que l'orage n'éclate].
> [3 verbes donc 3 propositions]

▶ Une phrase **simple** ne comprend qu'une seule proposition ; une phrase **complexe** en comprend au moins deux.

B Quelles sont les différentes sortes de propositions ?

▶ Il y a les propositions qui peuvent se dire toutes seules :
– la proposition **indépendante** (aucune proposition ne dépend d'elle) ;

> [Julien est malade]   : [il ne sort pas ce soir].
> [prop. indépendante]   [prop. indépendante]

– la proposition **principale** (une ou plusieurs propositions dépendent d'elle).

> [Je sais]   [que tu es malade].
> [prop. principale] [prop. subordonnée]

▶ À l'inverse, les propositions **subordonnées** ne peuvent pas se dire toutes seules ; elles dépendent d'une proposition principale.

> [Julien ne sort pas ce soir]   [parce qu'il est malade].
> [prop. principale]   [prop. subordonnée]

▶ On distingue **trois types de liens** entre les propositions : la juxtaposition (→ C), la coordination (→ D), la subordination (→ E).

FRANÇAIS

C **Qu'est-ce que la juxtaposition ? Quel effet produit-elle ?**

▶ Deux propositions sont juxtaposées quand elles sont « **posées** » **l'une à côté de l'autre**, sans mot pour les relier ; elles sont simplement séparées par un signe de ponctuation : virgule, point-virgule ou deux-points.

▶ La juxtaposition peut créer un **effet stylistique**. Elle permet :
– de créer un effet de rapidité ;

■ « Je suis venu, j'ai vu, j'ai vaincu. » (Jules César)

– de gommer la relation logique entre deux faits de manière frappante ; la relation devient alors implicite (→ FICHE **90**).

■ Nous sommes contre la peine de mort : elle risque de frapper des innocents.

D **Qu'est-ce que la coordination ?**

Deux propositions sont coordonnées quand elles sont **reliées par une conjonction de coordination** (*mais, ou, et, donc, or, ni, car*) ou un adverbe de liaison (*puis, en effet...*).

• [Il m'a secouru] mais [il n'a pas voulu me donner son nom].
[deux prop. indépendantes coordonnées par *mais*]

• Il n'a pas été grondé [parce qu'il a avoué] et [qu'il a paru sincère].
[deux prop. subordonnées coordonnées par *et*]

E **Qu'est-ce que la subordination ?**

La subordination est le rapport qui unit une proposition subordonnée à une proposition principale (→ **B**). En général, ce lien de subordination se fait à l'aide d'un **mot subordonnant** qui relie les deux propositions (conjonction de subordination, pronom relatif, mot interrogatif).

[Il s'est mis en colère]   [parce que l'ordinateur ne marchait plus].
[prop. principale]   [prop. subordonnée]

Les propositions subordonnées

119

LES QUESTIONS CLÉS

▶ Indiquez la nature et la fonction de la proposition « … ».

▶ Relevez une proposition subordonnée relative (ou complétive, ou circonstancielle).

▶ Toutes les consignes comprenant les termes *proposition subordonnée, subordination.*

Ⓐ Les deux grandes « familles » de subordonnées

Il existe deux grandes « familles » de subordonnées :

▶ celles qui donnent un renseignement sur un nom : ce sont les propositions subordonnées **relatives** ;

▶ celles qui donnent un renseignement sur un verbe : ces propositions sont elles-mêmes divisées en subordonnées **complétives** (elles sont COD du verbe) et en subordonnées **circonstancielles** (elles sont compléments circonstanciels du verbe).

NOTEZ BIEN

Deux natures de propositions ne comportent **pas de verbe conjugué** et ne sont pas introduites par des mots subordonnants (conjonctions de subordination, pronoms relatifs…) :

• la proposition **infinitive**, qui est une subordonnée complétive dont le verbe est à l'infinitif ;

  [J'entends]   [les musiciens jouer un air connu.]
  [prop. principale] [prop. infinitive, COD du verbe *entends*]

• la proposition **participiale**, qui est une subordonnée circonstancielle dont le verbe est au participe.

  [Son concert achevé],   [le chanteur salua le public.]
  [prop. participiale   [prop. principale]
  CC de temps du verbe *salua*]

FRANCAIS

Voici un tableau de synthèse donnant les caractéristiques des propositions subordonnées ayant pour noyau un **verbe conjugué**.

	Prop. sub. donnant un renseignement sur un nom	Proposition subordonnée donnant un renseignement sur le verbe principal...		... sur une circonstance de l'action
		... sur l'objet de l'action		
Fonction	complément de l'antécédent	complément d'objet du verbe principal		complément circonstanciel du verbe principal
Nature	relative	conjonctive complétive	interrogative indirecte	conjonctive circonstancielle
Mot introducteur	pronom relatif (*qui, que, dont, où, lequel...*)	conjonction de sub. *que*	mot interrogatif	conjonction de subordination
Comment la repérer ?	Elle complète un nom ou un pronom.	Elle complète un verbe de parole, de jugement, ou de sentiment.	Elle complète un verbe impliquant une question.	Elle exprime selon le cas : le temps, la cause, le but, la conséquence, la condition, la concession...
Exemple	J'ai invité l'ami dont je t'ai parlé.	J'espère qu'il viendra.	Il m'a demandé si j'acceptais.	Quand il sera là, nous déjeunerons.

▶ Cause, conséquence et but

120

LES QUESTIONS CLÉS

▶ Dans la phrase « … », distinguez la cause et la conséquence.

▶ Modifiez la phrase « … » de façon à exprimer la cause (ou la conséquence) sous la forme d'une subordonnée.

▶ Justifiez le mode utilisé dans la subordonnée « … ».

Ⓐ Comment distinguer la cause de la conséquence ?

▶ La conséquence est le résultat réel d'un autre fait qui est sa cause. Il n'y a donc **pas de conséquence sans cause**.

▶ Sur la ligne du temps, la cause précède toujours la conséquence.

Il a beaucoup mangé, si bien qu'il a eu une indigestion.

cause	conséquence
Il a beaucoup mangé	Il a eu une indigestion

NOTEZ BIEN

On peut exprimer **le même rapport cause/conséquence de plusieurs façons**. Voici les deux plus courantes, qui peuvent donner lieu à des exercices de transformation :

• proposition principale (qui exprime la cause)
  + proposition subordonnée (qui exprime la conséquence)
  Il s'est tant entraîné   qu'il a gagné.
  [p. princ. : cause]   [sub. de conséquence]

• proposition principale (qui exprime la conséquence)
  + proposition subordonnée (qui exprime la cause)
  Il a gagné,   parce qu'il s'est beaucoup entraîné.
  [p. princ. : conséquence]   [sub. de cause]

Ⓑ Comment distinguer le but de la conséquence ?

▶ La **conséquence** est un **fait réel** qui résulte d'un autre fait réel.

▶ Le **but** exprime un **fait non encore réalisé**, le résultat qu'on cherche à atteindre dans le futur (et qui ne sera peut-être pas atteint). Il exprime une intention, un désir, un objectif (on dit aussi une « fin »).

FRANÇAIS

245

Comme la conséquence, il se situe sur la ligne du temps après un autre fait.

Il fait des tours pour qu'on l'admire.

but

Il fait des tours   pour qu'on l'admire [mais il n'est pas sûr que son désir se réalise]

REMARQUE Le but s'exprime par un groupe prépositionnel à l'infinitif quand le sujet est le même pour les deux verbes de la phrase.

Le professeur donne un contrôle pour avoir la paix.
[sujet de *donne* et de *avoir*]   [but]

C Les modes verbaux dans les subordonnées de conséquence et de but

▶ Comme la **conséquence** exprime un fait réel, on emploie en général **l'indicatif** dans les subordonnées de conséquence.

Il a sauté si haut qu'il a battu le record mondial.

▶ Comme le **but** exprime un fait non réalisé qui aura lieu ou non, on emploie le **subjonctif** dans les subordonnées de but.

L'entraîneur prépare son équipe pour qu'elle soit la meilleure.

> **ORTHOGRAPHE** Attention, les terminaisons *-e, -es, -ent* du subjonctif présent ne s'entendent pas toujours : *Que faire pour qu'il me voie dans la foule ?*

D Bilan

Rapport logique	Question ou expression clé	Exemple
cause fait 1 ← fait 2	*à cause de quoi ?*	Il a mal parce qu'il s'est blessé.
conséquence fait 1 → fait 2	*résultat : …*	Il a triché si bien qu'il a été puni.
but fait 1 → fait 2	*dans quel but ?*	Il m'a téléphoné pour que je ne m'inquiète pas.

▶ Trouvez dans le texte une proposition subordonnée de condition.

▶ « … » exprime-t-il une concession ou une opposition ?

A Qu'est-ce que la condition, l'hypothèse ?

La condition et l'hypothèse expriment un fait dont dépend la réalisation d'un autre fait.

▶ Si les deux faits sont réalisables et vérifiables, on parle de **condition** et on utilise l'indicatif.

> **ATTENTION !** On n'emploie jamais le conditionnel dans la subordonnée de condition introduite par *si* (« le si n'aime pas le ré (= *rais*) »).

> Si on met de l'engrais, les fleurs poussent mieux.

▶ Si les deux faits, au moment où l'on parle, n'existent ni dans le passé ni dans le présent, on parle d'**hypothèse** et on utilise le conditionnel.

> Si les hommes étaient immortels, la terre serait surpeuplée.

B Qu'est-ce que l'opposition, la concession ?

▶ Exprimer une **opposition,** c'est montrer que deux faits mis en relation sont contraires ou contradictoires.

> Ils se sont baignés, alors que c'était interdit.

▶ Exprimer une **concession,** c'est accepter partiellement une affirmation, qu'on ne partage pas, pour la rectifier.

> Bien qu'il soit gentil, je ne l'apprécie pas.
> (= il est gentil, je suis d'accord, mais je ne l'apprécie pas)

REMARQUE On emploie le subjonctif après : *bien que, quoique, sans que*… Mais on emploie l'indicatif après : *même si, alors même que*…

Rapport logique	Expression clé	Exemple
opposition fait 1 ≠ fait 2	*au contraire*	Tu es colérique alors que ton frère ne l'est pas.
concession fait 1 ≠ fait 2	*d'accord, mais*	Bien qu'il soit souvent désagréable, je l'aime bien.

FRANÇAIS

L E S   Q U E S T I O N S   C L É S

▶ Par quel moyen grammatical est exprimé le rapport logique entre les propositions « … » et « … » ?

▶ Quel rapport logique est exprimé par la juxtaposition, la coordination, la subordination ?

Les **connecteurs logiques** permettent d'établir un rapport logique entre des faits ou des idées et de faire progresser un raisonnement. On peut également utiliser des verbes ou des prépositions.

		Connecteurs logiques		Autres moyens pour exprimer ce rapport
	Conj. de coord.	Conj. de subord.	Adverbes	
Cause	car	parce que, puisque, comme, sous prétexte que	en effet	Prépositions : grâce à, en raison de Subord. participiale (→ FICHE **119**)
Conséquence	donc	de sorte que, si bien que, si… que, tellement que, trop… pour que	c'est pourquoi, par conséquent, alors, ainsi, aussi	Verbes : entraîne, a pour résultat, implique
Concession	mais, or	bien que, quoique, quel que soit, même si, quand bien même	pourtant, cependant, toutefois, néanmoins, en tout cas	Prépositions : malgré, en dépit de Verbes : j'ai beau, il se peut que, j'admets que
Opposition	mais	tandis que, alors que, au lieu que	en revanche, au contraire, inversement, en réalité	Verbes : il n'en reste pas moins que, il n'empêche que
Addition	et		de plus, aussi, ainsi que, par ailleurs, en outre	Verbes : j'ajoute, s'ajoute à cela que

LES QUESTIONS CLÉS

► À quelle voix est le verbe « … » ?

► Les consignes qui comportent les termes *actif, passif, pronominal*.

A Qu'est-ce que la voix d'un verbe ?

► La voix du verbe traduit les différentes façons de présenter les relations entre le sujet, le verbe et ses compléments.

► On distingue **trois voix** :
– la voix active : *Je soigne le malade* ;
– la voix passive : *Je suis soignée par ma mère* ;
– la voix pronominale : *Je me soigne.*

B Comment distinguer la voix active et la voix passive ?

► Si le sujet est aussi l'agent (celui qui agit), le verbe est à l'actif.
Le verbe est à l'actif quand son sujet fait l'action.

L'avion transporte trois passagers.
Qui est-ce qui transporte des passagers ? *L'avion*, sujet de *transporte*.
Qui fait l'action de transporter ? *L'avion*, agent dans la phrase.
Le sujet est l'agent. → Le verbe est à l'actif.

► Si le sujet est aussi le patient (celui qui subit), le verbe est au passif.
Le verbe est au passif quand son sujet subit l'action.

L'enfant est bousculé par son grand frère.
Qui est-ce qui est bousculé ? *L'enfant*, sujet de *est bousculé*.
Qui subit l'action ? *L'enfant*, patient dans la phrase.
Le sujet est le patient. → Le verbe est au passif.

REMARQUE Dans une phrase au passif, l'agent a une fonction de complément. On l'appelle **complément d'agent**. Il est introduit par les prépositions *par* ou *de*.

L'animal a été capturé par les chasseurs.
Cette chanson est connue de tous.

FRANÇAIS

C Comment reconnaître qu'un verbe est employé à la voix pronominale ?

▶ On reconnaît qu'un verbe est à la voix pronominale quand son **infinitif** est **précédé du pronom personnel** *se*.

■ Nous nous lavons. → infinitif : *se* laver

▶ Quand on le conjugue, il est précédé de **deux pronoms personnels** : le premier est sujet, le second est complément.

■ Je me lave, tu te laves…

▶ Notez également que tous les verbes pronominaux forment leurs **temps composés** avec l'auxiliaire *être*.

> ORTHOGRAPHE Les règles d'accord du participe passé d'un verbe pronominal sont délicates. Il faut commencer par se demander si le verbe est toujours pronominal (→ FICHE 99).

■ Je me *suis* aperçue dans le miroir.

D Comment reconnaître les différents types de verbes pronominaux ?

▶ Tous les verbes qui peuvent avoir un complément d'objet direct peuvent être mis à la voix pronominale.

■ laver quelque chose → se laver

▶ Quand l'agent et le patient (→ FICHE 124) sont identiques, on parle de verbes de **sens réfléchi**.

■ Carine se douche quand elle rentre du sport.
[Carine = agent = se (Carine) = patient]

▶ Quand l'agent et le patient agissent l'un sur l'autre de la même manière, on parle de verbes de **sens réciproque**.

■ Pierre et Paul se sont regardés.
→ Pierre a regardé Paul et Paul a regardé Pierre.
  [agent]   [patient] [agent]   [patient]

▶ Certains verbes ne peuvent être employés qu'à la voix pronominale : on les appelle verbes **essentiellement pronominaux**.

■ s'envoler, s'enfuir, s'écrouler, se suicider…

▶ Certains verbes pronominaux ont un **sens passif**.

■ Le rugby se pratique dans le Sud-Ouest.
→ Le rugby est pratiqué dans le Sud-Ouest.

Cet emploi permet d'attirer l'attention sur le sujet.

LES QUESTIONS CLÉS

▶ Transposez la phrase « … » au passif (ou à l'actif). Quel effet la transformation produit-elle ?

▶ Pourquoi l'auteur a-t-il employé la tournure active / passive dans ce passage ?

A Comment rendre compte d'un même fait par l'actif et par le passif ?

On peut rendre compte d'une même action **par une phrase active ou par une phrase passive.**

Les policiers ont arrêté les bandits. [actif]
Les bandits ont été arrêtés par les policiers. [passif]
Les deux phrases renvoient à la même réalité : la relation de sens entre les policiers et les bandits n'a pas changé.

B Comment passer de l'actif au passif ?

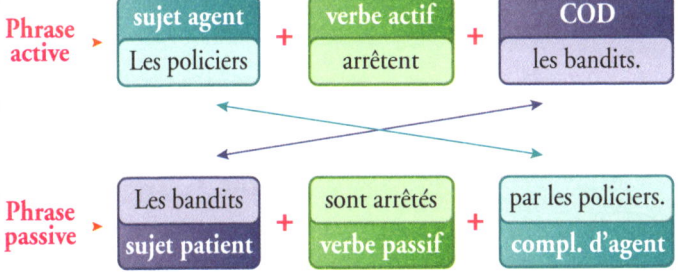

▶ Dans la phrase passive :
– **le sujet est devenu complément** mais, du point de vue du sens, il est resté agent (il fait l'action) ;
– **le COD est devenu sujet** mais, du point de vue du sens, il est resté patient (il subit l'action).

▶ Le sens de la phrase n'a donc pas fondamentalement changé.

• Le passage de l'actif au passif ne peut se faire **que si la phrase active comporte un COD**.

Tous les élèves lisent ce magazine.

→ Ce magazine est lu par tous les élèves.

Ma mère lit. [pas de COD → substitution impossible]

• Quand une phrase au passif n'a **pas de complément d'agent**, pour pouvoir la passer à l'actif, on a recours au **pronom indéfini** *on*.

Le château a été réparé. → On a réparé le château.

C **Comment passer un verbe de l'actif au passif en respectant le temps du verbe ?**

▶ Le passif se forme avec **l'auxiliaire *être* + le participe passé** du verbe conjugué.

Il mange un gâteau.

→ Le gâteau est mangé.

ORTHOGRAPHE Dans une forme passive, n'oubliez pas d'accorder le participe passé avec le sujet du verbe. Exemple : *La tartine est mangée.*

▶ Pour savoir quel est le temps d'un verbe au passif, il faut repérer le **temps auquel se trouve l'auxiliaire *être*** : c'est lui qui indique le temps du verbe passif.

Marc avait été transporté d'urgence.

[auxiliaire au plus-que-parfait → verbe au plus-que-parfait passif]

D **Quelle nuance de sens y a-t-il entre actif et passif ?**

▶ Le passif permet de placer le **patient** (qui subit l'action) en tête de phrase et de le mettre ainsi en évidence : il devient le **thème principal** de la phrase.

Le malade a été rapatrié d'urgence.

▶ Le passif permet d'effacer l'agent et de souligner ainsi les faits ; dans un texte explicatif, il permet de **mettre au premier plan les phénomènes**.

Les plaines ont été inondées.

▶ À l'inverse, l'actif met en valeur **l'action et l'agent**.

Les policiers enquêtent.

► Donnez le mode du verbe conjugué. Quelle valeur a-t-il ?

► Pourquoi le narrateur a-t-il utilisé le subjonctif
(ou le conditionnel, ou l'impératif) ?

**Ⓐ Quels sont les modes verbaux ?
Quelles sont leurs principales valeurs ?**

Un mode est un groupe de temps verbaux. Les différents modes expriment différentes manières d'envisager l'action.

► Il existe **quatre modes personnels**.

Indicatif	8 temps, 6 personnes	**Mode de la réalité** : il affirme la réalité du fait qu'il exprime et l'inscrit dans le temps. *Il est parti hier, il atterrira demain.*
Subjonctif	4 temps, 6 personnes	**Mode du virtuel** : il exprime un fait possible, souhaité. *Je souhaite qu'il vienne.*
Conditionnel	2 temps, 6 personnes	Il sert à exprimer : – **une action soumise à une hypothèse** ; *Si j'avais de l'argent, je ferais un grand voyage.* [Le conditionnel apparaît dans la proposition principale.] – **un futur dans le passé** (il s'agit alors d'un conditionnel à valeur temporelle). *Il affirmait qu'il partirait s'installer en Chine.*
Impératif	2 temps, 3 personnes	Il sert à exprimer **un ordre, une défense** (ordre négatif), un conseil, une prière.

REMARQUE Le subjonctif remplace l'impératif aux 3ᵉ pers. du singulier et du pluriel qui n'existent pas à l'impératif.

▨ Qu'il vienne ! Qu'ils rebroussent chemin !

▶ Il existe **trois modes impersonnels** (un verbe à un mode imper-sonnel ne varie pas en personne).

Infinitif	2 temps (présent et passé)	**Forme nominale du verbe,** il exprime, au présent, l'action elle-même *(mordre)*, et, au passé, l'action sous sa forme accomplie *(avoir mordu)*. Il peut parfois être le verbe principal d'une phrase. *Que faire dans ces circonstances ?*
Participe	2 temps (présent et passé)	**Forme adjectivale du verbe,** il est invariable au présent *(chantant)*, variable en genre et nombre au passé passif *(mordu[es])* (→ FICHE **99**).
Gérondif	2 temps (présent et passé)	Formation : *en* + participe présent **Forme adverbiale du verbe,** il est toujours invariable et complément circonstanciel. *Elle s'exprime en gesticulant.* [CC de manière de *s'exprime*]

B Quel mode utiliser après les verbes de déclaration, de jugement, de sentiment ?

Le mode du verbe de la proposition subordonnée conjonctive complément d'objet varie **selon le sens du verbe principal.**

Sens du verbe principal	Mode du verbe de la subordonnée	Exemple
Affirmation, déclaration	Indicatif	*J'affirme, je dis qu'il est malade.*
Opinion, jugement	Indicatif	*Je crois, je juge qu'il est fou.*
Volonté, souhait	Subjonctif	*Je veux, j'exige qu'il vienne.* *Je souhaite qu'il guérisse.*
Sentiment	Subjonctif	*Je crains qu'il ne soit malade.* *Je me réjouis qu'il soit guéri.*

REMARQUE *Souhaiter* + subjonctif, mais *espérer* + indicatif futur.
Je souhaite qu'il guérisse.
J'espère qu'il guérira.

LES QUESTIONS CLÉS

▶ Quel est le temps verbal dominant ?

▶ Identifiez les temps du passé utilisés dans le passage.

Ⓐ Quelles sont les terminaisons du présent de l'indicatif ?

▶ Aux **personnes du pluriel**, les verbes, quel que soit leur groupe, prennent les terminaisons : *-ons, -ez, -(e)nt.*

> **ATTENTION** Les verbes *être*, *faire* et *dire* prennent la terminaison *-tes* à la 2ᵉ personne du pluriel : *vous êtes, vous faites, vous dites.*

nous aim**ons**, vous aim**ez**, ils aim**ent**
nous part**ons**, vous part**ez**, ils part**ent**

▶ Aux **personnes du singulier**, il existe deux systèmes de terminaisons principaux : *-e, -es, -e* ou *-s, -s, -t*. Voici les verbes concernés dans chaque cas.

-e, -es, -e	les verbes du 1ᵉʳ groupe	j'aim**e**, tu aim**es**, il aim**e**
	les verbes *cueillir, offrir, ouvrir, souffrir* et leurs dérivés	j'offr**e**, tu offr**es**, il offr**e**
-s, -s, -t	pratiquement tous les autres verbes	je fini**s**, tu fini**s**, il fini**t** je par**s**, tu par**s**, il par**t**

▶ Parmi les verbes du 3ᵉ groupe **qui se terminent par *-dre***, il faut distinguer :

– les verbes gardant le *d* du radical et se terminant par *-ds, -ds, -d* ;

je pren**ds**, tu pren**ds**, il pren**d**

– les verbes en *-indre* ou *-soudre* prenant les terminaisons *-s, -s, -t* ajoutées à un radical sans *d*.

je résou**s**, tu résou**s**, il résou**t**

NOTEZ BIEN

-x, -x, -t	*pouvoir, valoir, vouloir*	je peu**x**, tu peu**x**, il peu**t**
-cs, -cs, -c	*vaincre* et ses dérivés	je vain**cs**, tu vain**cs**, il vain**c**

B Comment former les autres temps simples de l'indicatif ?

Futur	Pour tous les verbes	Terminaisons : *ai, as, a, ons, ez, ont*	je chanter**ai** je finir**ai** je prend**rai** je cueille**rai**
Impft	Pour tous les verbes	Terminaisons : *ais, ais, ait, ions, iez, aient*	je chant**ais** je jet**ais**
Passé simple	1er groupe	Terminaisons : *ai, as, a, âmes, âtes, èrent*	je chant**ai**, tu chant**as**…
	2e groupe	Terminaisons : *is, is, it, îmes, îtes, irent*	je fin**is**, tu fin**is**…
	3e groupe	Terminaisons : *is, is, it*… ou *us, us, ut*… ou *ins, ins, int*…	il part**it** je cour**us** nous v**înmes**

C Comment former le présent du conditionnel ?

Le présent du conditionnel est formé sur le **radical du futur** de l'indicatif auquel on ajoute : *-ais, -ais, -ait, -ions, -iez, -aient.*

- *chanter* → futur : *je chanterai*
  → présent du conditionnel : *je chanterais, il chanterait…*
- *courir* → futur : *je courrai*
  → présent du conditionnel : *je courrais…*
- *savoir* → futur : *je saurai*
  → présent du conditionnel : *je saurais…*

REMARQUE Comme pour le futur de l'indicatif, les verbes du 3e groupe se terminant en *-e* (*prendre, résoudre*) perdent ce dernier : *je prendrais, je résoudrais.*

▶ Repérez les verbes au subjonctif et justifiez leur utilisation.

▶ Identifiez les verbes à l'impératif et justifiez leur orthographe.

Ⓐ Comment former les temps simples du subjonctif ?

▶ Le **présent du subjonctif** est formé sur le radical du présent de l'indicatif auquel on ajoute : *-e, -es, -e, -ions, -iez, -ent*.

Pour les verbes des 2ᵉ et 3ᵉ groupes (sauf les verbes irréguliers, comme *faire*), le radical se déduit de la 3ᵉ personne du pluriel du présent de l'indicatif.

ils finiss**ent** → *que je finisse…* ;
ils prenn**ent** → *que je prenne…*

▶ L'**imparfait du subjonctif** est formé sur le radical du passé simple de l'indicatif auquel on ajoute : *-sse, -sses, -^t, -ssions, -ssiez, -ssent*.

il *aima* → *que j'aimasse, qu'il aimât…*
je *pris* → *que je prisse, qu'il prît…*

Ⓑ Comment former le présent de l'impératif ?

Comme pour le présent de l'indicatif, les terminaisons du présent de l'impératif **dépendent du groupe du verbe**.

Verbes du 1ᵉʳ groupe (+ verbes du 3ᵉ groupe comme *ouvrir, offrir*)	*-e, -ons, -ez*	chante, ouvre, chantons…
Autres verbes	*-s, -ons, -ez*	cours, prends, courons…

NOTEZ BIEN

• Pour des questions d'euphonie, **on ajoute parfois un** *s* à la 2ᵉ personne du singulier d'un verbe du 1ᵉʳ groupe, par exemple quand il est suivi de *y* ou de *en*.

Mange**s**-en. Jette**s**-y une pierre.

• Lorsqu'un impératif est suivi d'un ou plusieurs pronoms personnels, on met toujours un **trait d'union**.

Donne-le-moi.

FRANÇAIS

L E S   Q U E S T I O N S   C L É S

► À quels temps, mode et personne est le verbe « … » ?
► Identifiez les temps du passé utilisés dans le passage.

A **Comment forme-t-on les temps composés ?**

Les temps composés se forment avec : l'auxiliaire ***être*** ou ***avoir***
+ participe passé du verbe principal.

Modes	Temps	Temps de l'auxiliaire	Exemple
Indicatif	Passé composé	Présent	j'ai chanté, je suis né
	Plus-que-parfait	Imparfait	j'avais chanté, j'étais né
	Passé antérieur	Passé simple	j'eus chanté, je fus né
	Futur antérieur	Futur	j'aurai chanté, je serai né
Conditionnel	Conditionnel passé	Conditionnel présent	j'aurais chanté, je serais né
Subjonctif	Passé	Subjonctif présent	que j'aie chanté, que je sois né
	Plus-que-parfait	Subjonctif imparfait	que j'eusse chanté, que je fusse né

B **Quel auxiliaire utiliser ?**

► ***Avoir*** est utilisé pour la plupart des verbes.

► ***Être*** est utilisé :
– pour les verbes de mouvement comme *aller*, *partir*, *venir*, *revenir*, *tomber*, *descendre*, *monter* ;
– pour *devenir, naître* et *mourir* (passage d'un état à un autre) ;
– pour les verbes pronominaux (**→ FICHE 123**).

REMARQUE Quand *monter* et *descendre* ont un COD, on utilise *avoir*.
▌ Elle est descendue. mais Elle a descendu l'escalier.

LES QUESTIONS CLÉS

▶ Quel est le temps verbal dominant ? Justifiez son emploi.

▶ Quelle est la valeur du présent dans la phrase « … » ?

▶ Comment expliquez-vous l'emploi du présent
dans ce récit au passé ?

A Quelles sont les valeurs du présent ?

▶ Le **présent d'énonciation** :

– se réfère au moment où le locuteur (ou le narrateur) parle ou écrit
(→ FICHE **87**) ;

> J'avais sept ou huit ans quand un camarade m'offrit une boîte de
> fer que j'ai perdue depuis. Je *vois* encore [maintenant où je parle/
> j'écris] cette boîte… mais je ne *sais* plus où je l'ai mise.

– permet d'introduire une réflexion du narrateur au moment même
où il est en train d'écrire. C'est pour cela qu'il est **fréquent dans
l'autobiographie** (récit de sa propre vie).

> J'étais jeune quand je pris le commandement de ce régiment.
> Maintenant, je *suis* vieux et je n'*ai* plus ma force d'autrefois.

▶ Le **présent de narration** :

– sert, dans un **récit au passé**, à **mettre en relief** certains événements
importants ; il donne de la vivacité au récit, crée une impression
d'actualité, un effet de direct, « comme si on y était » ;

> On annonça l'arrivée du maître de maison ; il salua tout le
> monde en entrant, adressa un sourire à Madame Smith. Tout à
> coup, un inconnu l'*empoigne* et le *ceinture* violemment. Il tenta
> de résister.

– peut être employé pour raconter tous les événements.

> On *annonce* l'arrivée du maître de maison ; il *salue* tout le
> monde en entrant, *adresse* un sourire à Madame Smith. Tout à
> coup, un inconnu l'*empoigne* et le *ceinture* violemment. Il *tente*
> de résister.

REMARQUE Quand il s'agit du récit d'événements historiques, on parle de **présent historique**.

> Napoléon *décide* alors de faire un coup d'État.

▶ Le **présent de vérité générale** sert à exprimer une idée qui est toujours vraie, quels que soient l'époque et le lieu (son sujet est alors souvent : *on, l'homme, les hommes*).

> Il n'eut aucune pitié pour ces malheureux… Les hommes *sont* en effet souvent cruels et impitoyables.

▶ Le présent qui exprime un **passé récent** ou un **futur proche** se trouve surtout dans le langage parlé.

> • Tu peux voir ton père : il *rentre* juste du bureau. [passé récent]
> • Le train *arrive* dans une heure. [futur proche]

Ⓑ Quelles sont les valeurs du futur ?

▶ Le futur exprime une action ou un **fait postérieur** (qui se situe après) **au présent** de celui qui parle.

> Je ne me fais pas d'illusion ; il ne *viendra* pas.

▶ Il exprime quelquefois un événement dans un récit au passé.

> Napoléon prend le pouvoir par un coup d'État ; plus tard, il *se sacrera* lui-même empereur.

Ⓒ Quelles sont les valeurs du futur antérieur ?

▶ Le futur antérieur exprime une action **postérieure** (qui se passe après) **au présent** de celui qui parle, mais **antérieure** (qui se situe avant) **à une autre action future**.

> *Je sais* que, quand *tu auras réussi* ton examen, *tu te réjouiras*.

Je sais	tu auras réussi	tu te réjouiras
[présent d'énonciation]	[futur antérieur]	[futur simple]

▶ Il peut aussi exprimer une **supposition**.

> J'entends un bruit bizarre : le chien *aura* encore *fait* une bêtise.
> [je suppose que le chien a fait une bêtise]

▶ Quel est le temps verbal dominant ? Justifiez son emploi.

▶ Quelle est la valeur de l'imparfait dans la phrase « … » ?

▶ Relevez les verbes à l'imparfait, puis ceux au passé simple : quelles valeurs prennent ces différents temps ?

Ⓐ Quels sont les temps d'un récit au passé ?

Dans un récit, il y a :

▶ les **actions, faits ou péripéties qui font avancer l'histoire**, ce qui est au premier plan de l'histoire. Pour ces faits, on utilise le passé simple, le passé composé, parfois le présent (→ FICHE **129**) ;

▶ les **informations** sur le cadre de l'histoire (lieu, époque…), les personnages (situation, sentiments, caractère…), ce qui est en arrière-plan du récit, en toile de fond, et qui fait qu'on y croit. Pour cela, on utilise l'imparfait.

Ⓑ Dans un récit, quelles sont les valeurs de l'imparfait ?

L'imparfait peut :

▶ **décrire** le cadre, les personnages (portrait) dans un récit au passé.

Il arriva sans crier gare. Il avait l'air farouche et sauvage ; sa chevelure flottait au vent.

▶ exprimer la **durée** (par opposition au passé simple qui exprime une action soudaine et de courte durée).

Il travaillait depuis trois jours quand un événement étrange se produisit.

▶ exprimer la **répétition**, l'habitude.

Chaque soir, il fermait la porte avec précaution.

FRANÇAIS

C Dans un récit, quelle est la valeur du plus-que-parfait ?

Le plus-que-parfait exprime une **action antérieure à un fait passé exprimé à l'imparfait**, avec l'idée d'une répétition de cette séquence.

Quand il avait travaillé, il se détendait.

il avait travaillé   il se détendait   [présent du locuteur]

D Quelle différence y a-t-il entre le passé simple et le passé composé ?

Le passé simple et le passé composé ne sont **pas exactement équivalents**. Le tableau ci-dessous vous permet de distinguer les nuances entre ces deux temps.

Les événements racontés au…	
passé simple	**passé composé**
1. semblent être **éloignés** du moment où on les raconte, rejetés dans le passé. *Je volai alors une pomme : ce fut là mon premier péché.*	1. semblent être **plus récents**. Le passé composé exprime souvent le résultat présent d'une action passée. *J'ai appris alors à connaître les hommes (et je le sais encore).*
2. traduisent le **recul du narrateur** qui semble s'en détacher.	2. traduisent l'**implication du narrateur** qui semble les ressentir plus vivement.
3. Le passé simple, surtout utilisé **à l'écrit**, donne au récit une tournure littéraire.	3. Le passé composé, très utilisé **à l'oral**, donne au récit une tournure familière.

E Dans un récit, quelle est la valeur du passé antérieur ?

Le passé antérieur exprime une **action antérieure à un fait passé exprimé au passé simple**.

Quand il eut reconstruit le château, il s'y installa.

il eut reconstruit   il s'y installa   [présent du locuteur]

Histoire-géo, EMC

*Cochez la case
quand vous avez révisé* ☑
la fiche ou la partie

SOMMAIRE
HISTOIRE-GÉO, EMC

HISTOIRE

CHECK LIST

▷ **L'Europe, un théâtre majeur des guerres totales (1914-1945)**

OK ☐

▷ **Le monde depuis 1945**

OK ☐

Dans quelle mesure les individus ont-ils été marqués par l'expérience combattante de la Première Guerre mondiale ?

1 Une expérience combattante inédite

A Un conflit d'une ampleur considérable

▶ En août 1914, la Grande Guerre éclate : elle oppose les **Empires centraux** (Allemagne, Autriche-Hongrie) à l'**Entente** (France, Royaume-Uni, Russie).

▶ À partir de novembre, à l'est de la France, les soldats s'enterrent dans des **tranchées** : c'est le début d'une **guerre de position**.

▶ Le conflit devient **mondial** : les métropoles font appel à leurs colonies, l'Empire ottoman rejoint l'Allemagne pour former la Triple Alliance, tandis que l'Italie rallie l'Entente. Les États-Unis entrent en guerre en avril 1917 et la Russie, secouée par deux révolutions (→ FICHE 133), sort du conflit : c'est le **tournant** de la guerre.

▶ L'Allemagne relance l'offensive avant l'arrivée des Américains, mais, vaincue, elle signe l'**armistice** à Rethondes le 11 novembre 1918.

> **MOT CLÉ** Un armistice est un arrêt des combats. Il ne met pas officiellement fin au conflit, contrairement à un traité de paix.

B Une expérience de la mort de masse

▶ Les batailles sont très longues et meurtrières : à **Verdun** (février-décembre 1916), un soldat meurt chaque minute. La bataille de la **Somme** est la plus violente du conflit. Les hommes suffoquent sous les gaz ou meurent enterrés, démembrés par les explosions d'obus.

▶ De **nouvelles armes** (gaz, lance-flammes, grenades, chars) transforment la façon de se battre. Les assauts sont meurtriers et laissent des séquelles physiques et psychologiques.

▶ Les **conditions de vie** des soldats sont déplorables : ils vivent dans la boue, en présence des cadavres de leurs camarades, de la vermine, des poux et des rats. Les soldats n'ont plus aucune intimité ni hygiène. Ils souffrent de la faim, de la soif, du froid.

HIST.-GÉO, EMC

2 Des combattants mobilisés pour « tenir »

Ⓐ Le patriotisme défensif

▶ Même si des **mutineries** éclatent en 1917 et que certains soldats désertent, lassés de l'inutilité des offensives de la **guerre d'usure**, la majorité d'entre eux continue de combattre par « devoir ».

▶ Protéger sa famille et la nation motive les « poilus ». La **camaraderie des tranchées**, relayée par des journaux écrits sur le front, les lettres des familles et des marraines de guerre maintiennent le moral des troupes.

▶ La **diabolisation de l'ennemi** alimente la haine et explique que la plupart des combattants aient supporté une expérience aussi longue.

Ⓑ Le poids de la contrainte

▶ Près de 70 millions d'hommes sont mobilisés pendant la durée du conflit. Les États sont responsables de la **mobilisation**, par le service militaire (France, Allemagne) ou l'appel aux volontaires (États-Unis). Des réservistes sont rappelés et des soldats sont recrutés dans les empires coloniaux.

▶ Dans chaque pays, la **justice militaire** est implacable et les auteurs de mutinerie ou de désertion sont fusillés « pour l'exemple », surtout au début du conflit.

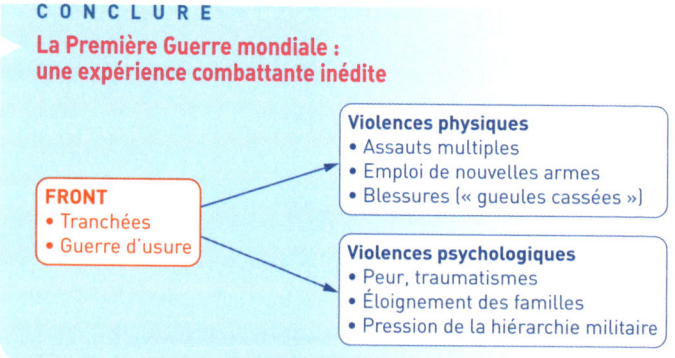

C O N C L U R E

**La Première Guerre mondiale :
une expérience combattante inédite**

Violences physiques
• Assauts multiples
• Emploi de nouvelles armes
• Blessures (« gueules cassées »)

FRONT
• Tranchées
• Guerre d'usure

Violences psychologiques
• Peur, traumatismes
• Éloignement des familles
• Pression de la hiérarchie militaire

Quelle est la place des civils dans la Grande Guerre ?

1 La mobilisation de l'arrière dans l'effort de guerre

A Une mobilisation économique et financière

▶ La guerre totale suppose une **mobilisation de tous** : les civils, notamment les femmes, remplacent les hommes partis au front, dans tous les secteurs d'activité. Les matières premières et les produits agricoles sont réquisitionnés pour l'armée.

▶ L'État doit financer l'effort de guerre : il lance donc des **emprunts d'État**, auprès des États-Unis notamment, crée de nouveaux impôts directs (en France, sur le revenu en 1917) ou indirects (loterie nationale). Il augmente la masse monétaire en circulation en émettant de nouveaux billets, entraînant une forte inflation.

> **MOT CLÉ** L'inflation est la hausse généralisée des prix.

▶ Les États favorisent le développement des **industries de guerre** qui produisent massivement de nouvelles armes, comme les avions et les chars.

B Des civils soumis à une « culture de guerre »

▶ Afin d'éviter le défaitisme, la presse et le courrier sont censurés. La **propagande** exalte les victoires, tait ou minimise les échecs, diffuse de fausses informations : c'est le « **bourrage de crâne** ».

▶ Tous les supports sont utilisés pour véhiculer une « culture de guerre » : journaux, jouets, images, objets de la vie quotidienne.

2 Les civils, victimes des violences de guerre

A L'effacement des limites entre civils et militaires

▶ Les civils subissent les **violences de guerre**, directement (bombardements, occupation) ou indirectement (accueil des soldats en permission…). 40 % des victimes du conflit sont des civils.

▶ À l'arrière, les conditions de vie sont difficiles : le **rationnement** des civils est établi pour limiter les effets de la **pénurie**.

HIST.-GÉO, EMC

Ⓑ Le génocide des Arméniens

▶ Entre 1915 et 1916, 1,5 million d'Arméniens sont éliminés par l'armée ottomane. Ils sont victimes de massacres dans les villes, mais aussi de « marches de la mort », au cours desquelles beaucoup meurent d'épuisement ou sont abattus par les soldats.

▶ L'élimination des Arméniens répond à des objectifs religieux et ethniques, car les autorités ottomanes les considèrent comme des traîtres responsables de leurs difficultés militaires. L'élimination programmée, intentionnelle et systématique d'un groupe ethnique, telle celle des Arméniens, est qualifiée de génocide (→ FICHE 137).

❸ Des sociétés bouleversées

Ⓐ Des sociétés traumatisées

▶ Le bilan de la Première Guerre mondiale est lourd : 9 millions de morts en Europe et 20 millions de blessés dont les « gueules cassées », les soldats mutilés par les bombardements. Environ 900 Français et 1 200 Allemands ont péri chaque jour.

▶ Les conséquences de la guerre diffèrent d'un pays à l'autre :
– en France, de nombreux anciens combattants veulent que cette guerre soit la « der des ders » et militent pour le pacifisme ;
– en Allemagne et en Italie, le traité de Versailles signé le 28 juin 1919 est vécu comme une humiliation. Jugée responsable de la guerre, l'Allemagne doit payer de lourdes réparations. Le pays est désarmé, la Rhénanie démilitarisée. La France recouvre l'Alsace et la Lorraine. Les « terres irrédentes » promises à l'Italie par les Alliés ne lui sont pas cédées.

Ⓑ Des sociétés en deuil

Les nations européennes organisent la commémoration de la Première Guerre mondiale : les monuments aux morts et les cérémonies du 11-Novembre cherchent à construire une mémoire collective. Ils doivent permettre aux familles de faire leur deuil et d'atténuer ainsi leurs souffrances.

C O N C L U R E

La Grande Guerre a mobilisé aussi bien le front que l'arrière. Elle laisse des sociétés traumatisées et brutalisées par les violences qu'elles ont subies.

Comment, à la tête de l'URSS, Staline établit-il un régime totalitaire ?

1 La Russie en révolution

A La révolution de février 1917

▶ En 1917, la Russie est **épuisée par la guerre** : elle a perdu 2 millions d'hommes. En février, la population de Petrograd manifeste pour « du pain et la paix ». Les insurgés s'emparent de la capitale.

▶ Le 2 mars, le tsar **Nicolas II abdique.** Un double pouvoir se met en place : le **Soviet,** élu par les ouvriers et les soldats, et le **gouvernement provisoire**, qui poursuit la guerre.

B La révolution bolchevique d'octobre 1917

▶ Le parti bolchevique, dont les principaux dirigeants sont Lénine et Léon Trotski, prépare une **insurrection.** La révolution, qui se déroule le 25 octobre 1917 à Petrograd, porte Lénine au pouvoir.

▶ Lénine signe à Brest-Litovsk un **armistice** avec l'Allemagne, puis la paix en mars 1918.

C La défense de la Russie bolchevique

▶ Une **guerre civile** (1918-1921) oppose les bolcheviks et l'Armée rouge aux contre-révolutionnaires. L'Armée rouge l'emporte mais le pays est ruiné et la famine sévit.

▶ Lénine instaure une dictature qui s'appuie sur un parti unique, le **parti communiste** (nom du parti bolchevique depuis 1918).

▶ En 1922, la Russie devient un État fédéral et prend le nom d'Union des républiques socialistes soviétiques (**URSS**).

▶ En 1924, **Staline** s'impose au pouvoir face à **Trotski**.

2 Un État socialiste

A Nationalisation et collectivisation

▶ Les industries sont nationalisées. Les paysans doivent travailler dans de vastes exploitations collectives (les **kolkhozes**).

▶ Les paysans aisés, les **koulaks**, résistent mais sont éliminés.

HIST.-GÉO, EMC

B Planification et industrialisation

▶ Le gouvernement fixe des objectifs de production à atteindre sur des périodes de cinq ans : les **plans quinquennaux**. Le « patriotisme du travail » est exigé de chacun, soit par la contrainte (punitions), soit par l'émulation (primes, **stakhanovisme**).

▶ Pour équiper le pays et mécaniser l'agriculture, l'**industrie lourde** est privilégiée.

3 Un État totalitaire

A Une population embrigadée soumise à un parti unique

▶ À la tête du parti communiste, Staline impose une **dictature** et exige de la population une soumission totale. L'État contrôle tous les domaines : politique, économique, culturel.

▶ Les Soviétiques sont **endoctrinés** par l'enseignement et par des loisirs encadrés. Les opposants sont réduits au silence par la **censure**.

▶ La propagande exalte la supériorité du régime et développe le **culte de la personnalité** de Staline.

B La terreur de masse

▶ La population est surveillée par la **police politique** (NKVD).

▶ Dans les **camps du Goulag**, 5 à 8 millions de déportés vivent dans des conditions inhumaines et travaillent dans les régions hostiles du Nord et de la Sibérie.

> **MOT CLÉ** Le Goulag est l'administration des camps de travail forcé où sont déportés, sous Staline, les Soviétiques qui n'adhèrent pas au régime.

▶ Avec les **procès de Moscou** (1936-1939), Staline déclenche la Grande Terreur. Des purges éliminent ses adversaires.

CONCLURE
Le régime totalitaire stalinien

Une économie dirigée	Un régime de terreur	L'endoctrinement des masses
• Collectivisation des terres • Nationalisation des entreprises • Industrie lourde	• Persécutions (koulaks, opposants) • Emprisonnement arbitraire (Goulag) • Grande Terreur	• Propagande (médias) • Culte du chef • Encadrement

Comment l'Allemagne devient-elle un État totalitaire, raciste et antisémite ?

1 La nazification de l'Allemagne

A Une démocratie allemande fragile

▶ Le 9 novembre 1918, l'empereur Guillaume II abdique et la **République de Weimar** est mise en place. Dès la signature du traité de Versailles, le nouveau régime doit faire face à des contestations, communistes et nationalistes.

▶ Le **parti nazi** (NSDAP) fondé en 1920 et dirigé par **Adolf Hitler**, entretient une violence politique par le biais des SA (sections d'assaut) et des SS (brigades de protection), dénonçant le « Diktat » (paix dictée).

B Hitler au pouvoir

▶ La **Grande Dépression** permet au NSDAP de rallier les opposants au régime et de devenir le premier parti du pays.

> **INFO** La Grande Dépression est la grave crise économique qui touche le monde à partir de 1929.

▶ Après la victoire du NSDAP aux élections législatives, Hitler est nommé **chancelier** le 30 janvier 1933 par le président Hindenburg. Il obtient, en février, la dissolution du Reichstag.

C L'installation de la dictature

▶ Les libertés fondamentales sont supprimées en mars 1933. Partis politiques et syndicats sont interdits. Hitler obtient les **pleins pouvoirs**. Il est le *Führer* (guide) qui incarne la nation et dirige le peuple.

▶ Le parti nazi devient **parti unique**. Il est lui-même épuré avec l'assassinat des chefs SA, le 30 juin 1934 (Nuit des longs couteaux). À la mort d'Hindenburg (1934), Hitler devient *Reichsführer*, cumulant les pouvoirs de chef d'État et de chef de gouvernement.

2 Le projet nazi

A Un régime totalitaire

▶ Les médias conditionnent les esprits. L'enseignement est contrôlé et la jeunesse embrigadée dans les **Jeunesses hitlériennes**.

HIST.-GÉO, EMC

▶ La **Gestapo** (la police politique) torture, assassine, déporte les opposants dans des **camps de concentration**, créés dès 1933 (Dachau). En 1939, un million de personnes, opposants et juifs, y sont internées.

Ⓑ Une politique raciste et eugéniste

▶ Selon les nazis, la **race aryenne**, supérieure, est incarnée par le peuple allemand qui doit disposer d'un « **espace vital** ».

▶ Le peuple allemand doit préserver sa « pureté ». L'**antisémitisme** (la haine des juifs) est un pivot du nazisme, dont l'idéologie est contenue dans l'ouvrage d'Hitler paru en 1925, *Mein Kampf* (*Mon Combat*). Les livres d'auteurs juifs ou marxistes sont interdits et brûlés en public (**autodafés**).

▶ En 1935, les **lois de Nuremberg** interdisent aux juifs de s'unir avec des « Aryens ». Les juifs sont privés de leur citoyenneté et écartés de certaines professions.

▶ Des personnes handicapées sont stérilisées ou tuées dans le but d'améliorer la race : c'est l'**eugénisme**.

Ⓒ Un projet expansionniste

▶ Pour réaliser la **Grande Allemagne** qui doit rassembler tous les peuples de langue allemande, la Rhénanie est remilitarisée (1936), en violation du traité de Versailles.

▶ Hitler **annexe** ensuite l'Autriche et la région des Sudètes (1938). Les démocraties occidentales, attachées à la paix, réagissent peu lors de la conférence de Munich.

▶ Dans la perspective d'une guerre, l'Allemagne signe avec l'URSS un **pacte de non-agression**, le 23 août 1939. Hitler **envahit** la Pologne (1er septembre 1939) (→ FICHE 136).

CONCLURE
Le régime totalitaire nazi

Une économie dirigée	Un régime de terreur	L'endoctrinement des masses
• Recherche de l'autarcie (produits de substitution : *Ersatz*) • Grands travaux (logements, stades)	• Persécutions (opposants, juifs) • Emprisonnements arbitraires (camps de concentration)	• Propagande • Culte du chef • Embrigadement (Jeunesses hitlériennes)

Comment la III⁺ République s'adapte-t-elle aux bouleversements du début du XXᵉ siècle ?

1 Une république fragilisée

A Le retour à la paix

▶ Après l'armistice du 11 novembre 1918, le Parlement ratifie le **traité de Versailles** le 28 juin 1919. La France, dévastée par la guerre, se reconstruit.

▶ En 1919 et 1920, les gouvernements modérés doivent faire face à une forte **agitation sociale** qui, à l'exemple de la révolution russe (→ FICHE 133), se développe en France.

▶ En décembre 1920, au **congrès de Tours,** le parti socialiste ou SFIO (Section française de l'Internationale ouvrière) se scinde en deux partis : le parti communiste, qui adhère à la **IIIᵉ Internationale** et qui adopte un programme révolutionnaire, et la SFIO, qui conserve un programme réformiste.

> **MOT CLÉ** La IIIᵉ Internationale est une organisation regroupant tous les partis communistes. Elle est dirigée par le Parti communiste d'Union soviétique (PCUS).

B La France en crise (1929-1936)

▶ En 1931, la France est touchée par la **crise économique mondiale.** Les exportations chutent, les faillites augmentent, mettant au chômage 300 000 personnes. Les revenus diminuent, l'inquiétude et la misère se développent.

▶ Des scandales financiers touchent des parlementaires (affaire Stavisky), instrumentalisés par des ligues d'extrême droite qui manifestent le **6 février 1934.**

▶ La IIIᵉ Internationale recommande l'union de la gauche pour faire barrage au fascisme. Le **Front populaire** résume son programme par le slogan « Pain, Paix, Liberté ». Il emporte 63 % des sièges à la Chambre des députés en mai 1936.

> **MOT CLÉ** Le Front populaire regroupe le parti radical, la SFIO et le parti communiste. Ce dernier ne participe cependant pas au gouvernement.

HIST.-GÉO, EMC

2 Le Front populaire (1936-1937)

A Les réformes sociales du Front populaire

▶ Le gouvernement du socialiste **Léon Blum** doit faire face à une **grève générale**. Les ouvriers occupent les usines, manifestant ainsi leur espoir de conquérir de nouveaux droits.

▶ Blum organise des négociations entre patronat et syndicats. Les **accords Matignon** (7 juin 1936) prévoient l'extension des conventions collectives ainsi que des augmentations de salaires.

▶ Ces mesures sont complétées par les lois sur la semaine de **40 heures de travail** et les **congés payés** (deux semaines). Les salariés saluent ces avancées sociales avec enthousiasme.

B Les difficultés du Front populaire

▶ L'inflation monétaire et les augmentations de salaires se répercutent sur les prix : l'économie stagne, le **chômage augmente.**

▶ L'extrême droite se déchaîne dans la presse antisémite contre certains membres du gouvernement. Le parti communiste reproche au Front populaire de ne pas intervenir dans la **guerre d'Espagne** aux côtés des républicains (1936).

> **INFO** La guerre d'Espagne (1936-1939) est une guerre civile opposant les partisans de la République et les nationalistes du général Franco.

▶ L'unité du Front populaire se fissure : Blum perd le soutien des radicaux et des communistes. Il **démissionne** en juin 1937.

▶ Les **modérés** reviennent au pouvoir. En septembre 1938, à la conférence de Munich, la France cède aux exigences d'Adolf Hitler sur les Sudètes (→ FICHE 134).

▶ Devant la montée du péril nazi, le réarmement de la France est accéléré.

C O N C L U R E

Victorieuse en 1918, la France est fragile en 1939. Affaiblie par la crise économique, elle n'est pas prête militairement mais elle a réussi à maintenir un régime démocratique et a donné une place sans précédent au monde ouvrier.

*Quelles sont les phases et les caractéristiques
de la Seconde Guerre mondiale ?*

1 *Les victoires de l'Axe (1939-1942)*

A La guerre éclair

▶ D'avril à juin 1940, le Danemark, la Norvège, la Belgique, les Pays-Bas et la France sont envahis et occupés par l'Allemagne qui applique la tactique de la **guerre éclair** (*Blitzkrieg*). Vaincue, la **France** signe l'armistice le 22 juin 1940.

> **INFO** La guerre éclair suit une tactique de bombardements aériens intensifs suivis de l'occupation du terrain par les blindés.

▶ L'Allemagne prépare un débarquement au **Royaume-Uni** qui, seul dans la guerre, résiste aux bombardements (*Blitz*).

▶ La **Yougoslavie** et la **Grèce** sont occupées au printemps 1941 par les forces italo-allemandes.

B Un conflit planétaire

▶ Rompant le pacte de non-agression qui lui a évité de se battre sur deux fronts, Adolf Hitler attaque l'**URSS** le 22 juin 1941 (opération *Barbarossa*). Une avancée foudroyante fixe le front de Leningrad à Stalingrad en 1942.

▶ Dans le Pacifique, le **Japon** mène une politique expansionniste agressive depuis 1931 (conquête de la Mandchourie). Profitant de la guerre en Europe, il s'empare des colonies européennes en Asie. Puis, le 7 décembre 1941, le Japon détruit la flotte américaine basée à **Pearl Harbor**. Les États-Unis entrent en guerre le lendemain.

▶ Les pays de l'**Axe** (Allemagne, Italie, Japon), qui veulent conquérir de nouveaux territoires et soumettre les nations vaincues à leur idéologie, se trouvent face aux **Alliés**. Ces derniers défendent chacun leur propre idéologie (Royaume-Uni et États-Unis : la démocratie ; URSS : le communisme) contre leur adversaire commun.

C Une guerre totale

▶ Les combats se déroulent sur tous les océans et continents. Au total, **100 millions de soldats** se sont affrontés.

HIST.-GÉO, EMC

▶ De nouvelles **armes d'anéantissement** sont utilisées : bombes volantes (V1), fusées (V2) et bombe atomique. Les avancées technologiques marquent le conflit (radar).

▶ Les belligérants adoptent une **économie de guerre** et mobilisent les travailleurs.

▶ Dans les pays occupés, l'économie et la main-d'œuvre sont réquisitionnées. L'**idéologie** des vainqueurs est diffusée.

2 La victoire des Alliés (1942-1945)

A Les coups d'arrêt

▶ Dans le Pacifique, la victoire américaine de **Midway** (juin 1942) marque le début du reflux japonais.

▶ Les Alliés débarquent en **Afrique du Nord** (novembre 1942), puis en Sicile.

▶ En URSS, l'armée allemande s'empare de **Stalingrad**. La population de la ville lutte héroïquement pour se défendre. Encerclés par l'Armée rouge, les Allemands capitulent le 2 février 1943, déplorant la perte de 300 000 hommes. Cette défaite marque un tournant dans la guerre.

B La défaite de l'Axe

▶ L'Armée rouge libère l'URSS puis les États d'Europe de l'Est.

▶ Les **débarquements alliés en Normandie** (6 juin 1944), puis en Provence, permettent la libération de la France avec l'appui de la Résistance. Paris est libéré le 25 août 1944.

▶ Écrasée sous les bombes (Dresde, Berlin), envahie à l'est et à l'ouest, l'**Allemagne capitule le 8 mai 1945**. Hitler se suicide.

▶ Dans le Pacifique, malgré l'avance américaine, le Japon ne cède pas. Les États-Unis larguent deux bombes atomiques sur **Hiroshima et Nagasaki** les 6 et 9 août 1945. Le Japon signe sa capitulation le 2 septembre 1945.

CONCLURE

Durant six ans d'une guerre planétaire, les combats ont été démesurés, opposant les belligérants pour des enjeux à la fois nationaux et idéologiques.

Pourquoi peut-on dire que la Seconde Guerre mondiale est le conflit le plus destructeur de l'histoire ?

1 Les civils dans la guerre

A Les civils, victimes des bombardements

► Les villes sont **bombardées** pour forcer l'adversaire à capituler (*Blitz* à Londres, Normandie, Berlin, Dresde).

► Au Japon, les 6 et 9 août 1945, les Américains lancent les deux premières **bombes atomiques** sur Hiroshima et Nagasaki.

B La terreur de l'occupation

► Les **États vaincus** par l'Allemagne ou le Japon sont occupés militairement et dirigés par des gouvernements qui collaborent.

► Ils paient de **lourds frais** d'occupation. Leurs productions sont réquisitionnées et des millions de travailleurs sont déplacés de force en Allemagne. Partout, les libertés sont supprimées et les médias, censurés, diffusent l'idéologie nazie.

C L'univers concentrationnaire

► La **Gestapo** arrête des juifs, prend des otages, traque les résistants. Ils sont torturés, déportés, exécutés.

► Dans les **camps de concentration**, toute volonté de résistance est brisée. La mortalité, très élevée (10 millions de victimes), est accrue par les exécutions et les épidémies.

> **MOT CLÉ** Les camps de concentration sont destinés à isoler les adversaires du nazisme et à fournir une main-d'œuvre travaillant jusqu'à épuisement.

2 Les génocides

A Le génocide des juifs : la Shoah

► Les *Einsatzgruppen* (groupes d'intervention formés de SS) suivent les armées en URSS avec pour mission d'exterminer les juifs. Un million d'entre eux périssent, victimes de fusillades, de noyades et de gazages dans des camions.

HIST.-GÉO, EMC

▶ Les nazis enferment les juifs dans des **ghettos** (Lodz, Varsovie, Cracovie). Entassés et affamés, ils sont promis à la mort.

▶ En janvier 1942, les dirigeants nazis décident la « **Solution finale** de la question juive ». Des **centres de mise à mort** sont créés en Pologne (Treblinka, Auschwitz-Birkenau…).

> **MOT CLÉ** Les centres de mise à mort ont pour objectif l'élimination massive et organisée des juifs par gazage à l'arrivée des convois.

▶ Les juifs sont raflés partout en Europe et acheminés par trains à bestiaux vers ces camps de la mort. Après la sélection par les SS, les plus faibles (femmes, enfants, personnes âgées) sont asphyxiés dans les **chambres à gaz** et leurs corps brûlés dans les **fours crématoires**.

▶ **5,1 millions de juifs** sont exterminés pendant le conflit, dont près de 3 millions dans les centres de mise à mort.

Ⓑ Le génocide des Tziganes

Considérés comme des « êtres asociaux » parce que nomades, les Tziganes sont raflés dans toute l'Europe par les nazis. Environ **220 000** d'entre eux (soit 25 % de la population tzigane d'Europe) sont exterminés selon les mêmes procédés que pour les juifs.

❸ *Le conflit le plus destructeur de l'histoire*

▶ En Europe et en Asie, des villes entières ainsi que les infrastructures économiques sont détruites. Des millions de sans-abri subissent les destructions.

▶ **50 millions d'hommes sont morts**, dont 75 % d'Européens. Les civils, victimes de la sous-nutrition, des bombardements, des déportations, des massacres de masse (comme à Nankin en Chine en 1937) constituent 50 % des décès.

▶ En 1945, la **libération des camps** par les Alliés révèle l'insoutenable réalité de l'univers concentrationnaire.

▶ Les Alliés jugent à Nuremberg les chefs nazis responsables de **crimes contre l'humanité** et à Tokyo l'empire japonais.

C O N C L U R E

> Les puissances de l'Axe ont imposé leur implacable domination sur l'Europe et le Pacifique. Jamais l'humanité n'a connu semblable détermination dans l'exécution de crimes contre l'humanité.

Comment les résistants européens s'organisent-ils pour faire face à l'occupation nazie pendant la Seconde Guerre mondiale ?

1 L'essor de la résistance européenne

A La naissance de la résistance (1940)

▶ Dès 1940, dans les pays occupés par l'Allemagne nazie, des civils tentent d'agir pour faire face à l'occupant : manifestations d'hostilité (V de la victoire peints sur les murs, célébration des fêtes nationales), actes de **sabotage.** Ces actions sont néanmoins isolées et peu coordonnées.

▶ Les gouvernements néerlandais, tchécoslovaque, polonais ainsi que des responsables politiques ou militaires isolés (général de Gaulle) se réfugient dans le seul pays européen encore en guerre contre l'Allemagne en 1940 : le **Royaume-Uni.**

▶ Depuis Londres, ils cherchent à organiser la **résistance extérieure**, tel de Gaulle avec la France libre : contacts par la radio anglaise, la BBC, avec les résistants intérieurs, filières d'évasion, parachutage d'armes et de matériel dans les pays occupés. Ils font contrepoids à la propagande nazie en diffusant des tracts.

B La résistance s'organise (1941-1943)

▶ En juin 1941, l'URSS est envahie à son tour par l'Allemagne. Les communistes européens, habitués à la lutte politique et parfois à la clandestinité, viennent grossir les rangs des **partisans**. Liés auparavant par le pacte germano-soviétique, ils sont désormais nombreux à rejoindre les **maquis**.

> **MOT CLÉ** Les partisans sont des résistants qui combattent derrière les lignes allemandes. Les résistants vivent dans la clandestinité dans des lieux inaccessibles appelés « maquis » (zones montagneuses, forêts).

▶ Un deuxième foyer de coordination des mouvements de résistance s'installe à Moscou. Il abrite les chefs des partis communistes européens en **exil.**

▶ À partir de 1942, les réfractaires au **Service du travail obligatoire** (STO) viennent gonfler les effectifs de « l'armée des ombres ».

HIST.-GÉO, EMC

▶ Les résistants s'organisent en **mouvements,** souvent à partir d'un journal clandestin, d'un groupe armé ou d'un réseau de renseignements (→ FICHE **139**).

▶ Dans les ghettos (Varsovie en 1943) et même dans les camps de concentration, des **révoltes** éclatent, sans armes et sans aucune chance de survie.

2 Le rôle de la résistance dans la libération de l'Europe

A Des résistants traqués

▶ Traqués par la police politique allemande (**Gestapo**), les SS et les **milices** formées des collaborateurs, les résistants vivent dans la clandestinité. Ils risquent d'être arrêtés, torturés et même déportés.

> MOT CLÉ Une milice est une organisation paramilitaire traquant les résistants.

▶ Pour encourager les dénonciations, la Gestapo exécute des otages en représailles d'actes de résistance.

B Les actions des résistants

▶ Les résistants gênent les communications en dynamitant des ponts et des voies ferrées lors des **débarquements** alliés en Italie et en Normandie (6 juin 1944).

▶ Incorporés dans l'armée, ils participent également à l'**invasion de l'Allemagne.**

▶ Dans certains pays (Yougoslavie) ou régions (Limousin), les mouvements de résistance intérieure reprennent seuls le contrôle du territoire en repoussant l'ennemi. En Tchécoslovaquie, en Pologne, ils libèrent des déportés épuisés après les « **marches de la mort** ».

▶ Pendant la guerre, les résistants élaborent des programmes politiques (**programme du Conseil national de la Résistance** en France → FICHE **147**). Dans de nombreux pays, ils siègent dans les gouvernements d'après-guerre.

CONCLURE

Minoritaires et peu nombreux, les résistants européens s'organisent progressivement et participent à la libération de l'Europe.

Quels sont les aspects du régime de l'État français et comment la Résistance le combat-elle ?

1 Une France défaite et occupée

A La débâcle

▶ Après la « **drôle de guerre** », la France est rapidement vaincue (tactique de la « guerre éclair » → FICHE **136**). Elle est envahie jusqu'à la Loire. Huit millions de Français prennent la fuite : c'est **l'exode**.

▶ Nommé président du Conseil, le maréchal Philippe Pétain signe, le 22 juin 1940, un **armistice** qui organise l'occupation du territoire.

B La France occupée

▶ La France est désarmée et doit payer de lourds frais d'occupation. Elle est administrée par l'Allemagne nazie en **zone occupée**, au Nord, et par le gouvernement français installé à Vichy, en **zone libre**, au Sud (envahie en novembre 1942).

▶ Le 10 juillet 1940, le Parlement vote les pleins pouvoirs constituants au maréchal Pétain qui instaure un **régime autoritaire et réactionnaire : l'État français**.

2 L'État français et la collaboration

A Un régime de dictature

▶ Pétain établit une **dictature personnelle** : les partis politiques et les syndicats sont dissous. Le droit de grève est interdit.

▶ L'État français exerce une **politique d'exclusion** : socialistes, communistes et francs-maçons sont traqués.

▶ Le régime de Vichy pratique une **politique antisémite**. Dès 1940-1941, deux lois portant sur le statut des juifs excluent ces derniers de certaines professions et confisquent leurs entreprises. En 1942, les juifs doivent se faire recenser et porter l'étoile jaune.

B La révolution nationale

▶ Pétain veut créer un « **ordre nouveau** » par un retour aux valeurs traditionnelles. La devise « Travail, Famille, Patrie » remplace la devise républicaine.

HIST.-GÉO, EMC

▶ En octobre 1940, Pétain rencontre Adolf Hitler à Montoire et « entre dans la voie de la **collaboration** ».

▶ Vichy envoie des travailleurs en Allemagne pour le Service du travail obligatoire (**STO**) et participe aux **rafles des juifs** (rafle du Vélodrome d'Hiver le 16 juillet 1942). Les Allemands déportent 85 000 juifs en Allemagne. Une police spéciale, la **Milice,** appuie la Gestapo dans sa traque des juifs et des résistants.

3 *La Résistance face aux nazis et à l'État français*

A La Résistance extérieure

▶ Le **général de Gaulle** fonde la France libre, dotée d'un gouvernement et d'une armée, les Forces françaises libres (**FFL**).

> DATE CLÉ **Le 18 juin 1940, alors que Pétain a demandé à signer l'armistice, de Gaulle lance, depuis Londres, un appel à la résistance.**

▶ De Gaulle s'adresse aux Français et aux résistants intérieurs par la radio anglaise, la BBC.

B La Résistance intérieure

▶ En **zone dite libre**, des Français se regroupent en grands mouvements clandestins (Combat, Libération, Franc-Tireur).

▶ En **zone occupée**, des associations clandestines, très cloisonnées, se forment (Libération-Nord).

C L'unification de la Résistance

▶ **Jean Moulin** est chargé par de Gaulle d'unifier les différents mouvements de la Résistance intérieure. Il crée en mai 1943 le **Conseil national de la Résistance** (CNR).

▶ En mars 1944, les différents réseaux se regroupent dans les Forces françaises de l'intérieur (**FFI**).

▶ Dès le **débarquement allié en Normandie** (6 juin 1944), les FFL combattent avec les Alliés. Les FFI ralentissent l'arrivée des renforts allemands et libèrent certains territoires.

▶ Le 25 août 1944, l'armée allemande signe sa reddition à Paris.

C O N C L U R E

De 1940 à 1944, la République est effacée par le régime de dictature de Vichy. Selon de Gaulle, « elle n'avait jamais cessé d'être » à travers la France libre et la Résistance.

L'effondrement des empires coloniaux

*Pourquoi et comment, à partir de 1945,
les peuples colonisés accèdent-ils à l'indépendance ?*

1 Les causes de l'émancipation des colonies

A Une Europe affaiblie après la Seconde Guerre mondiale

▶ Pendant le conflit, les **métropoles** ont promis des réformes en échange de la fidélité de certaines colonies. En 1945, celles-ci attendent une juste récompense pour leur loyauté.

> **MOT CLÉ** Une métropole est un territoire à la tête d'un empire colonial.

▶ En Asie, le Japon a alimenté une intense **propagande anticoloniale**.

B La montée de l'anticolonialisme

▶ En réaction à la présence étrangère et à l'exploitation économique, des **mouvements nationalistes** sont nés (Tunisie, Inde).

▶ Les **principes démocratiques**, diffusés par les métropoles mais en contradiction avec le système colonial, se retournent contre elles.

C Un contexte international défavorable au colonialisme

▶ Les **États-Unis** (ex-colonie anglaise) font pression sur le Royaume-Uni afin qu'il accorde l'indépendance à ses colonies.

▶ L'**URSS** et la **Chine** communistes, hostiles à l'impérialisme, veulent étendre chacune leur propre vision du communisme.

▶ L'**Organisation des Nations unies (ONU)**, créée en 1945, défend la liberté des peuples et prend position contre le colonialisme.

2 La décolonisation commence en Asie (1947-1954)

A L'indépendance par la négociation

▶ Dans les **Indes britanniques**, le Congrès national indien, dirigé par Nehru, réclame l'indépendance depuis 1885. En 1919, Gandhi lance un mouvement non violent de désobéissance civile.

▶ En 1947, l'indépendance est accordée. L'opposition entre hindous et musulmans entraîne la **partition** en deux États, l'Inde et le Pakistan. 12 millions de personnes sont déplacées.

ⓑ L'indépendance par la guerre

▶ Après une guerre, l'**Indonésie** (ex-Indes néerlandaises) accède à l'indépendance en 1949.

▶ En **Indochine,** le Vietminh, nationaliste et communiste, dirigé par Hô Chi Minh, s'oppose à l'armée française dès 1946. En 1954, après la défaite de Diên Biên Phu, la France reconnaît l'indépendance du Cambodge, du Laos et du Vietnam (divisé en deux États).

❸ *La décolonisation en Afrique (1954-1980)*

ⓐ L'indépendance progressive des colonies britanniques

▶ Le **Ghana** (1957) ou le **Nigeria** (1960) négocient sans heurts leur indépendance.

▶ Le **Kenya** accède plus difficilement à l'indépendance en 1963, après 11 ans de rébellion contre l'autorité britannique. En 1980, les Britanniques accordent l'indépendance à la Rhodésie du Sud sous le nom de **Zimbabwe.**

ⓑ L'indépendance des colonies françaises

▶ Après des troubles, le **Maroc** et la **Tunisie** obtiennent de la France, empêtrée dans la guerre d'Algérie (→ FICHE 141), leur indépendance en 1956.

▶ Dans les colonies françaises d'Afrique noire, l'autonomie réclamée par les nationalistes modérés (Senghor au Sénégal, Houphouët-Boigny en Côte d'Ivoire) est accordée aux États d'**Afrique subsaharienne francophone**, au sein de l'Union française, en 1956. En 1960, leur indépendance est acquise.

ⓒ L'indépendance des colonies belges et portugaises

▶ Le **Congo belge** obtient l'indépendance en 1960, après de violentes émeutes. Les Belges quittent le **Rwanda** et le **Burundi** en 1962, alors que les premières tensions naissent entre Hutus et Tutsis.

▶ Le Portugal accorde l'indépendance au **Mozambique** en 1974 et à l'**Angola** en 1975. Mais les deux pays sombrent dans la guerre civile.

C O N C L U R E

En 1975, la décolonisation est presque achevée en Afrique et en Asie. La naissance de dizaines de pays africains et asiatiques bouleverse la géopolitique mondiale.

Pourquoi l'Algérie accède-t-elle à l'indépendance dans la violence ?

1 Les origines de la guerre en Algérie

A Un territoire particulier

▶ Conquise en 1830, l'Algérie est une **colonie de peuplement** qui abrite environ 1 million d'Européens pour 8,5 millions d'Algériens musulmans.

▶ Intégrée au territoire français, l'Algérie est divisée en trois départements. Malgré l'existence d'une assemblée algérienne, le pouvoir appartient en réalité au gouverneur et à l'**administration française.**

B Une société inégalitaire

▶ Les Français d'Algérie (**pieds-noirs**) sont des urbains (commerçants, salariés) ou de grands propriétaires fonciers.

▶ Les Algériens, peu scolarisés, sont ouvriers agricoles ou petits commerçants. Ils sont nombreux à venir gonfler la population des villes où la **pauvreté** augmente.

C La montée du nationalisme algérien

▶ Le 8 mai 1945, à **Sétif** et Guelma où des défilés sont organisés pour fêter la victoire, des violences font de nombreuses victimes.

▶ Après la **répression** de ces manifestations, le nationalisme algérien se radicalise. Le Front de libération nationale (FLN) réclame l'**indépendance** et préconise l'insurrection.

2 Le conflit algérien

A Les débuts de la guerre

▶ Le **1ᵉʳ novembre 1954,** des attentats éclatent dans tout le pays. C'est la première action du FLN et de sa branche armée, l'ALN.

▶ Le FLN se signale par des attentats et une action de **guérilla** qui s'amplifie de 1955 à 1956. En 1956, le gouvernement envoie le **contingent** (400 000 jeunes qui font un service militaire de 18 mois) pour y effectuer des « opérations de maintien de l'ordre ».

HIST.-GÉO, EMC

B L'enlisement

▶ Élu en 1956 pour faire la paix en Algérie, Guy Mollet enfonce le pays dans la guerre et couvre les exactions de l'armée. L'armée gagne la **bataille d'Alger** en 1957 en utilisant la **torture**.

▶ Les militaires cherchent à désolidariser les Algériens des nationalistes. Certains combattent aux côtés des Français : les **harkis.**

C La chute de la IVᵉ République

▶ En France, l'**impuissance politique** est totale : de mai 1957 à mai 1958, quatre gouvernements se succèdent.

▶ Le **13 mai 1958,** à Alger, des manifestants pieds-noirs réclament le retour du général de Gaulle.

▶ Le 1ᵉʳ juin 1958, de Gaulle est nommé président du Conseil. L'Assemblée le charge de préparer une **nouvelle constitution.**

3 *Une fin de conflit violente*

A Une guerre qui gagne la métropole

▶ Élu président de la Vᵉ République, de Gaulle propose en septembre 1959 le droit à l'**autodétermination** du peuple algérien.

▶ Les **partisans de l'Algérie française** s'y opposent : les pieds-noirs, l'Organisation de l'armée secrète (**OAS**) et une partie de l'armée. Ces derniers organisent deux rébellions qui échouent : la « semaine des barricades » en janvier 1960 et le « putsch des généraux » en avril 1961.

▶ La violence gagne la **métropole.** Lors d'une manifestation à Paris le 17 octobre 1961, près de 200 Algériens sont tués par la police.

B L'indépendance de l'Algérie

800 000 pieds-noirs rentrent en France. Après l'indépendance, plus de 60 000 **harkis** sont massacrés en Algérie et l'OAS commet des attentats en France.

> **DATES CLÉS** En mars 1962, les accords d'Évian prévoient le cessez-le-feu. Le 3 juillet 1962, l'indépendance est proclamée.

C O N C L U R E

La guerre d'Algérie constitue pour la France l'apogée de la contestation coloniale. Ce conflit se solde par la fin de la IVᵉ République, le retour au pouvoir du général de Gaulle et l'indépendance de l'Algérie.

Comment, après 1945, le monde se partage-t-il en deux puissances antagonistes ?

1 Le monde en 1945

A La création de l'ONU

▶ En juin 1945, l'**Organisation des Nations unies (ONU)** est créée avec la signature par 51 États de la Charte des Nations unies.

▶ L'ONU a pour buts de maintenir la paix, de défendre l'indépendance des peuples et les Droits de l'homme.

B Une nouvelle hiérarchie des puissances

▶ L'**Europe** est ruinée par la guerre. Son rôle économique et diplomatique est effacé.

▶ Les **États-Unis** demeurent la première puissance économique et financière. Ils sont les seuls, jusqu'en 1949, à détenir l'arme atomique.

▶ L'**URSS** a tiré de sa lutte contre le nazisme un grand prestige. Elle étend son influence en Europe.

2 La naissance d'un monde bipolaire

A La rupture de 1947

▶ Libérés des nazis par les Soviétiques, les États d'Europe de l'Est sont occupés par l'Armée rouge. L'URSS y impose des **démocraties populaires** dans lesquelles le parti communiste local est le parti unique.

▶ Le président américain Truman présente alors sa théorie de l'**endiguement**. Il propose une aide financière pour la reconstruction (**plan Marshall**), que seule l'Europe occidentale accepte.

B La mise en place des blocs

▶ Le **bloc de l'Ouest** (États-Unis et Europe occidentale) forment en 1949 l'Organisation européenne de coopération économique (OECE), chargée de répartir l'aide Marshall, et l'Organisation du traité de l'Atlantique nord (OTAN), alliance militaire.

▶ Le **bloc de l'Est** (l'URSS et démocraties populaires) se regroupent dans le Conseil d'aide économique mutuelle (CAEM) et dans le pacte de Varsovie en 1955.

HIST.-GÉO, EMC

3 La guerre froide

A Un conflit idéologique entre deux modèles

La guerre froide est une période de **forte tension** entre les deux Grands. Ils s'affrontent indirectement parce que leur idéologie s'oppose et qu'ils possèdent tous deux la bombe atomique. Toute opposition directe est impossible : c'est « l'équilibre de la terreur ».

	Modèle politique	Modèle économique
URSS	• Démocratie populaire (parti unique) • **But** : construire une société sans classes	• **Communisme** : mise en commun des moyens de production, planification, priorité à l'industrie lourde
États-Unis	• Élections libres • Régime parlementaire • **But** : diffuser la démocratie et les Droits de l'homme	• **Capitalisme** : propriété privée des moyens de production, recherche du profit, libre-échange

B Un conflit de puissance : la question allemande

▶ En 1945, les Alliés divisent l'Allemagne et Berlin en **quatre zones d'occupation** (américaine, britannique, française, soviétique).

▶ En 1948, Staline, souhaitant récupérer Berlin, isole les quartiers occidentaux. Pendant un an, les États-Unis ravitaillent la ville par un pont aérien. Staline lève le **blocus** en mai 1949.

> **MOT CLÉ** Un blocus consiste à couper le ravitaillement ou les communications d'une zone par la force.

▶ En 1949 sont créées la République fédérale d'Allemagne (**RFA**) et la République démocratique allemande (**RDA**), situées de part et d'autre du « **rideau de fer** ».

▶ Après la mort de Staline (1953), le bloc de l'Est est fragilisé par des révoltes à Berlin-Est, en Pologne et en Hongrie.

▶ Le 13 août 1961, les dirigeants de la RDA édifient un **mur entre Berlin-Est et Berlin-Ouest** pour stopper la fuite des Allemands de l'Est.

C O N C L U R E

Les antagonismes entre les deux Grands et la menace réelle d'une guerre capable de détruire la planète conduisent à une confrontation indirecte.

Quels bouleversements géopolitiques mettent fin à l'affrontement entre les États-Unis et l'URSS et au monde bipolaire ?

1 La détente (1962-1975)

A Une détente nécessaire

▶ En 1962, la **crise de Cuba** plonge le monde « au bord du gouffre » : les États-Unis découvrent des rampes de lancement de missiles sur l'île de Cuba, territoire communiste. Le président américain John F. Kennedy place l'île sous **embargo** et menace l'URSS de Nikita Khrouchtchev, qui recule.

▶ En 1972, les **accords SALT I** limitent les armes stratégiques. Par les **accords d'Helsinki** (1975), les deux blocs s'engagent à respecter les frontières de l'Europe et les Droits de l'homme.

B La remise en cause d'un monde bipolaire

▶ Lors des conférences de Bandung (1955) et de Belgrade (1961), les nouveaux États indépendants affirment leur volonté de « **non alignement** » : c'est la naissance du **tiers monde.**

▶ À l'Est, la Chine communiste se pose en modèle concurrent de l'URSS ; à l'Ouest, la France se dote de l'arme nucléaire en 1960 et retire ses forces de l'OTAN en 1966.

C La persistance des crises

▶ Les États-Unis échouent au **Vietnam** Sud contre la guérilla communiste soutenue par le Vietnam Nord, l'URSS et la Chine. Ils se retirent en 1973.

▶ **Israël,** soutenu par le bloc de l'Ouest, remporte les guerres des Six-Jours (1967) et du Kippour (1973) sur les pays arabes voisins soutenus par l'URSS.

2 Un regain de tension (1975-1985)

A L'affaiblissement de la puissance américaine

▶ Les États-Unis perdent l'alliance de l'**Iran** après la prise du pouvoir par les islamistes (1979).

HIST.-GÉO, EMC

▶ En 1979, l'Armée rouge entre en **Afghanistan** pour défendre le régime communiste contre lequel la population résiste. L'URSS étend sa **zone d'influence** en Afrique, en Asie du Sud-Est et en Amérique centrale.

🅱 « *America is back* »

▶ En 1980, le président américain Ronald Reagan lance une nouvelle course à l'armement. Des **euromissiles** soviétiques (SS 20) sont pointées sur les bases de l'OTAN, qui braque ses fusées sur l'URSS.

▶ En 1983, Reagan annonce la création d'un **bouclier spatial anti-missile** au-dessus des États-Unis.

③ *L'effondrement du communisme et de l'URSS*

🅐 Les réformes de Gorbatchev

▶ À partir de 1985, Mikhaïl Gorbatchev libéralise progressivement l'économie (**perestroïka**), étayée par la **glasnost** (transparence). Mais la pénurie et le chômage engendrent une contestation du régime.

▶ Dans un souci de **détente**, les euromissiles sont détruits (1987) et les armements stratégiques réduits (1991). En 1989, les Soviétiques quittent l'Afghanistan.

▶ Encouragées par Gorbatchev, les **démocraties populaires** se soulèvent. Des élections libres et pluralistes ont lieu.

> **DATES CLÉS** À Berlin, le « mur de la honte » est abattu le 9 novembre 1989. L'Allemagne est réunifiée en octobre 1990.

🅱 L'éclatement de l'URSS et la fin de la guerre froide

▶ Les **républiques d'URSS** proclament leur indépendance. L'URSS disparaît en décembre 1991.

▶ L'éclatement de l'ex-URSS désagrège le bloc de l'Est : le pacte de Varsovie et le CAEM sont dissous. Les anciennes démocraties populaires d'Europe adoptent un **régime démocratique** et un **système économique capitaliste**.

▶ Elles rejoignent l'ancien bloc de l'Ouest avec l'adhésion à l'OTAN et entrent dans l'Union européenne en 2004.

CONCLURE
La dislocation du bloc de l'Est a fait cesser l'antagonisme entre deux blocs constituant une menace pour le monde.

Quelles sont les étapes de la construction européenne ?

1 Les débuts de la construction européenne

A Les objectifs d'une coopération européenne

▶ Après la Seconde Guerre mondiale, six États d'Europe de l'Ouest se rapprochent afin de **préserver la paix**, supprimer les rivalités économiques et favoriser le développement.

> **INFO** Les six États qui mettent en place la coopération européenne sont la Belgique, la France, l'Italie, le Luxembourg, les Pays-Bas et la RFA.

▶ Ces États sont attachés aux valeurs de la **démocratie**. Ils appartiennent au bloc de l'Ouest et adhèrent à l'OTAN.

B Les traités fondateurs et les premières réalisations

▶ En 1951, les six États créent la Communauté européenne du charbon et de l'acier (**CECA**) qui établit la libre circulation de ces produits entre ces pays.

▶ Le 25 mars 1957, ils signent deux traités à Rome qui fondent la Communauté économique européenne (**CEE**), dont l'objectif est la libre circulation des marchandises, des capitaux et des hommes, et la Communauté européenne de l'énergie atomique (**CEEA**).

▶ En 1962, la Politique agricole commune (**PAC**) est mise en place. En 1968, la réalisation du **Marché commun** établit le libre-échange à l'intérieur de la CEE.

C Élargissement et approfondissement du projet européen

▶ La CEE s'ouvre au **Nord** en 1973. Puis elle accueille des États du **Sud**.

▶ Les institutions européennes s'organisent : le **Conseil européen** (1974) propose des projets à la Commission européenne (à Bruxelles) qui fait appliquer les directives et les règlements. Le **Conseil des ministres** de l'UE vote les décisions proposées par la Commission.

▶ Le **Parlement européen**, à Strasbourg, élu à partir de 1979, vote le budget et contrôle la Commission. La **Cour de Justice**, à Luxembourg, veille au respect du droit communautaire.

HIST.-GÉO, EMC

2 L'Europe de Maastricht

A Un nouveau projet

▶ La fin de la guerre froide (1989) redonne du dynamisme à l'Europe.

▶ Le **traité de Maastricht** (1992) fonde une véritable citoyenneté européenne : les individus peuvent résider librement dans la communauté. Il crée un nouveau domaine communautaire : la Politique étrangère et de sécurité commune (PESC).

▶ En 1995, la mise en place de l'**espace Schengen** permet la libre circulation des personnes dans la majorité des pays membres de l'UE.

▶ Une **monnaie commune**, l'euro, entre en circulation dans 11 pays en 2002 et concerne 19 pays en 2015.

B Une Europe élargie

▶ En 1995, l'UE accueille l'Autriche, la Finlande et la Suède. En 2001, le **traité de Nice** réforme les institutions afin d'accueillir de nouveaux membres.

▶ Entre 2004 et 2013, l'UE passe de 15 à 28 membres.

3 Quel avenir pour l'Europe ?

A Une Europe à réformer

▶ En 2005, les Français et les Néerlandais **rejettent le projet de Constitution européenne.**

▶ En 2009, le Parlement européen ratifie le **traité de Lisbonne** sans l'avis des populations : il augmente les pouvoirs du Parlement européen et crée le poste de président du Conseil européen.

B Une Europe dans l'impasse ?

▶ La ratification des traités de Maastricht, de Nice et de Lisbonne est difficile. Certains États négocient des **dérogations** pour ne pas participer à un domaine de la politique communautaire.

▶ L'**euroscepticisme** augmente, aggravé par la crise financière qui touche la Grèce à partir de 2008. En juin 2016, le Royaume-Uni décide par référendum de sortir de l'UE (**Brexit**).

CONCLURE

De la CEE et l'UE, le projet européen étend ses compétences et accueille de nouveaux membres. Il est néanmoins confronté à l'euroscepticisme.

Depuis la fin du monde bipolaire, quels nouveaux rapports de force les acteurs de la géopolitique ont-ils établis ?

1 Les États-Unis, une superpuissance fragilisée

A Une puissance sans égale

▶ Économiquement, culturellement et militairement, les États-Unis réunissent tous les critères de la **superpuissance.**

▶ Depuis l'effacement de la Russie, ils jouent le rôle de « gendarme du monde ». En 1991, avec l'aval de l'Organisation des Nations unies (ONU), ils interviennent dans la **guerre du Golfe**, libérant le Koweït occupé par l'Irak. Ils mènent alors une politique **multilatérale.**

▶ Leur **forte influence** à l'ONU incite l'Organisation à intervenir dans des conflits locaux où les populations s'affrontent dans des guerres d'une extrême violence (génocide des Tutsis par les Hutus au Rwanda en 1994 ; génocide des musulmans bosniaques par les Serbes en Bosnie-Herzégovine en 1995).

B Une puissance contestée

▶ Certaines organisations islamistes radicales pratiquent le **terrorisme**, pour déstabiliser les gouvernements, au Maghreb et au Moyen-Orient, par des attentats et des prises d'otages. D'autres, comme Al-Qaïda qui rejette la superpuissance des États-Unis ainsi que l'existence de l'État d'Israël, multiplient les attentats dans le monde entier.

> **MOT CLÉ** L'intégrisme religieux est la volonté d'appliquer strictement les règles religieuses traditionnelles en refusant toute évolution.

▶ Le **11 septembre 2001**, des terroristes d'Al-Qaïda frappent les États-Unis, visant les symboles de leur puissance économique à New York, militaire et politique à Washington ; deux avions percutent les tours du World Trade Center ; un troisième s'écrase sur le Pentagone. Environ 3 000 personnes meurent au cours de ces attentats.

HIST.-GÉO, EMC

2 *Un monde instable et multipolaire*

A Un monde instable

▶ Les attentats du 11 septembre constituent un tournant dans la politique extérieure américaine : le président George W. Bush définit un « axe du mal » qu'il veut combattre.

▶ Les États-Unis et leurs alliés envahissent l'**Afghanistan** en 2001 et l'**Irak** en 2003, qu'ils accusent de détenir des armes de destruction massive et de soutenir Al-Qaïda. Cette « guerre préventive » a lieu sans l'approbation de l'ONU (politique **unilatérale**).

▶ Mais après de rapides victoires, l'armée américaine s'enlise en Irak et en Afghanistan : la politique mondiale **unipolaire** est un échec.

B De nouvelles menaces

▶ Les guerres civiles, les famines organisées, les guérillas se multiplient en Afrique noire et au Moyen-Orient et sont désormais plus nombreuses que les **conflits interétatiques.** Elles ont des origines ethniques, religieuses ou sont liées aux ressources naturelles (pétrole, eau).

▶ L'organisation **État islamique** (Daesh ou EI) proclame un califat en 2014 qui s'étend sur l'Irak et la Syrie. Il s'oppose aux régimes syrien et irakien, aux forces kurdes et à une coalition internationale. Daesh externalise le conflit en frappant l'Europe (Paris en janvier et novembre 2015), l'Afrique et le Proche-Orient.

C De nouveaux acteurs

▶ Le Brésil, la Russie, l'Inde, la Chine et l'Afrique du Sud (**BRICS**) conjuguent puissances démographique et économique majeures. La Russie est un élément clé de l'approvisionnement en hydrocarbures. La Chine domine le commerce international des biens industriels.

▶ Les BRICS disposent de l'arme atomique (à l'exception du Brésil et de l'Afrique du Sud) et entendent jouer un **rôle politique régional.**

▶ Les BRICS veulent se faire entendre dans les **instances internationales.** La Russie et la Chine, membres permanents du Conseil de sécurité de l'ONU, contrent l'influence américaine. Le Brésil et l'Inde demandent à y entrer.

CONCLURE

Des contrepoids à l'hyperpuissance américaine s'imposent pour instaurer une gestion multipolaire plus équilibrée et faire face aux menaces pesant sur la sécurité mondiale.

Pourquoi depuis plusieurs décennies le Moyen-Orient est-il une région de conflits ?

1 Une région stratégique sous tension

Le Moyen-Orient, qui s'étend de l'est de la Méditerranée (Turquie au nord, Égypte au sud) jusqu'à l'Iran et à la péninsule Arabique, est une zone de tensions.

Tensions culturelles	Tensions pour l'eau	Tensions pour le pétrole
• Entre musulmans sunnites (Arabie saoudite) et chiites (Iran) • Entre musulmans, chrétiens et juifs (à Jérusalem)	• Entre la Turquie, la Syrie et l'Irak à propos de l'Euphrate • Entre Israéliens et Palestiniens à propos du Jourdain	• Entre l'URSS et les États-Unis pendant la guerre froide • Entre les grandes puissances et les pays émergents (Chine, Inde)

2 Le conflit israélo-palestinien

A L'origine du conflit

Après 1945, la **Palestine** est évacuée par les Britanniques. Le plan de partage de l'ONU

> **DATE CLÉ** Le Conseil national juif proclame la création de l'État d'Israël en 1948.

(1947), qui projette de la diviser en deux États, un État juif et un État arabe, est rejeté par les Palestiniens et les États arabes.

B Les guerres israélo-arabes (1948-1973)

▶ En 1948-1949, Israël étend son territoire : 800 000 Palestiniens se réfugient dans les États arabes voisins qui ont le soutien de l'URSS. Les États-Unis soutiennent Israël. Les Palestiniens sont défendus à partir de 1964 par l'**Organisation de libération de la Palestine** (OLP) qui recourt au terrorisme.

▶ En 1967 (guerre des Six-Jours), Israël occupe le Sinaï, la bande de Gaza, le Golan et la Cisjordanie. L'ONU exige, en vain, l'évacuation de ces **territoires occupés** qu'Israël conserve après la guerre du Kippour en 1973. En riposte, les pays exportateurs de pétrole (OPEP) quadruplent le prix du baril (premier choc pétrolier).

HIST.-GÉO, EMC

Ⓒ L'extension et la persistance du conflit (depuis 1973)

▶ La présence de bases de l'OLP déchire le **Liban** : la guerre civile entre chrétiens et musulmans (1975-1990) entraîne l'intervention de la Syrie puis d'Israël (1982).

▶ Dans les territoires occupés, Israël favorise l'installation de **colons**. Les Palestiniens se soulèvent (première **Intifada** ou « guerre des pierres ») en 1987.

▶ En 1988, l'OLP rejette le terrorisme. Avec les **accords d'Oslo** (1993 et 1995), Israël et l'OLP se reconnaissent mutuellement. L'Autorité palestinienne est créée en Cisjordanie, qu'Israël évacue en 1998.

▶ Après le lancement de la deuxième Intifada en 2000, Israël construit un mur pour isoler les territoires palestiniens. Malgré l'évacuation de la bande de Gaza par Israël en 2005, la région est dans une situation de **guerre larvée**.

❸ Le Moyen-Orient, une poudrière ?

Ⓐ La lutte contre le terrorisme

▶ En octobre 2001, après les attentats du 11 septembre, les États-Unis et l'OTAN bombardent l'**Afghanistan** soupçonné d'abriter des bases d'Al-Qaïda et son chef Oussama **Ben Laden**. Celui-ci est tué en mai 2011.

▶ Sans l'accord de l'ONU, les États-Unis envahissent l'**Irak** accusé de détenir des armes non conventionnelles. **Saddam Hussein** est exécuté.

▶ L'Afghanistan et l'Irak sombrent dans la **guerre civile**, aggravée par des attentats.

Ⓑ Les espoirs déçus du Printemps arabe

▶ En 2011, **en Égypte et en Libye**, les populations renversent les dictateurs. En Égypte, les élections portent au pouvoir les partis islamistes, renversés à leur tour en 2013.

▶ En **Syrie**, l'opposition, désunie, tente de renverser le président Bachar el-Assad. Déstabilisé par l'essor de Daesh qui sème le chaos dans la région pour fonder un califat, le pays sombre dans la guerre civile.

C O N C L U R E

Le Moyen-Orient, convoité pour ses ressources, est déstabilisé par des conflits ethniques et religieux, ainsi que par le terrorisme islamiste.

Dans quelle mesure la refondation républicaine est-elle empreinte des idéaux de la Résistance ?

1 Une refondation préparée par le GPRF

A La restauration de la paix civile

▶ Le **Gouvernement provisoire de la République française** (GPRF), créé le 2 juin 1944 par le général de Gaulle, s'installe à Paris, libéré en août 1944. Il réunit toutes les composantes de la Résistance et restaure l'**État de droit**.

▶ Des tribunaux procèdent à l'**épuration** juridique des collaborateurs. Pierre Laval et le maréchal Pétain sont jugés en 1945.

B De nouveaux outils pour gouverner et moderniser le pays

▶ À partir de 1945, les représentants de l'État sont formés à l'**École nationale d'administration** (ENA).

▶ L'État crée le **Commissariat général au Plan** (1946) afin de fixer les grandes priorités économiques nationales pour la reconstruction. Cet organisme est aidé par les études menées par l'INSEE.

▶ La création de l'INRA (agronomie), du CNRS (recherche scientifique) et du CEA (énergie atomique) relancent la **recherche**.

2 La mise en place d'une République démocratique

A La naissance difficile de la IVᵉ République

▶ Le GPRF rétablit le suffrage universel et accorde le **droit de vote aux femmes** le 21 avril 1944, en juste retour de leur rôle dans la Résistance (→ FICHE 151). Celles-ci votent pour la première fois aux élections municipales un an plus tard.

▶ Le 21 octobre 1945, les Français élisent une assemblée constituante chargée de rédiger une **nouvelle Constitution**. De Gaulle, hostile au projet constitutionnel, démissionne en janvier 1946.

▶ La IVᵉ République, approuvée par **référendum,** naît en octobre 1946.

> **MOT CLÉ** Un référendum est un vote portant sur une question. Les électeurs sont invités à y répondre par « oui » ou par « non ».

HIST.-GÉO, EMC

Ⓑ Un régime parlementaire

▶ La Constitution de la IVᵉ République réaffirme les symboles et les **principes républicains**.

▶ Elle dote le **Parlement** de pouvoirs forts : l'Assemblée nationale et le Conseil de la République élisent le président de la République et peuvent renverser le gouvernement (nommé par le président) par une **motion de censure**. Les députés sont élus au **scrutin proportionnel**, ce qui rend la majorité difficile à obtenir. Des accords entre les partis sont nécessaires pour gouverner.

❸ *La mise en place d'une République économique et sociale*

Ⓐ Pour moderniser la France

▶ Alors que la population est rationnée jusqu'en 1949, l'État doit reconstruire le pays. De nombreuses entreprises privées sont **nationalisées** dans les secteurs stratégiques : charbon, électricité, chemin de fer, banques.

▶ L'État soutient les secteurs de pointe (pétrochimie, automobile, aéronautique) par des **commandes publiques**.

Ⓑ Pour renforcer la cohésion nationale

Conformément au programme du Conseil national de la Résistance (CNR) (→ FICHE 139), le GPRF puis la IVᵉ République engagent des réformes sociales : création de la **Sécurité sociale** en 1945, des allocations familiales et d'un salaire minimum (1950). C'est le début de l'**État-providence**.

C O N C L U R E

La légalité républicaine rétablie, la nouvelle Constitution met en place une République démocratique et sociale.

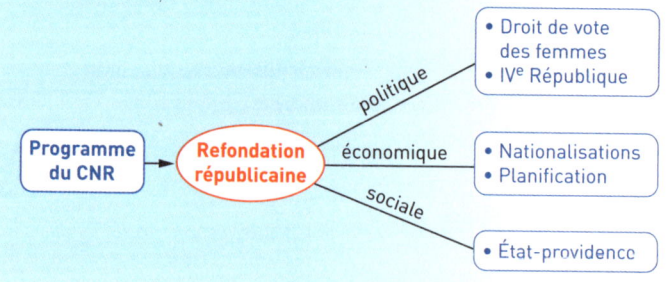

- Programme du CNR → **Refondation républicaine**
  - *politique* → • Droit de vote des femmes • IVᵉ République
  - *économique* → • Nationalisations • Planification
  - *sociale* → • État-providence

Quelle marque le général de Gaulle, fondateur de Vᵉ République, imprime-t-il aux institutions et à la politique du nouveau régime ?

1 La fondation de la Vᵉ République

A La fin de la IVᵉ République

▶ Dans le contexte de la crise du 13 mai 1958 (→ FICHE 141), le général **de Gaulle** revient au pouvoir. L'Assemblée nationale le nomme président du Conseil et lui octroie les pleins pouvoirs constituants. C'est la fin de la IVᵉ République.

▶ Le texte de la **Constitution de la Vᵉ République** est approuvé par référendum en octobre 1958, avec 79 % de « oui ». De Gaulle est élu **président de la République** par un collège de grands électeurs.

B Le pouvoir présidentiel renforcé

▶ Tout en maintenant le régime parlementaire, la Constitution de 1958 dote le président de pouvoirs très étendus. Il peut **dissoudre l'Assemblée nationale**.

▶ En cas de crise grave, il dispose de pouvoirs exceptionnels (article 16). Il peut consulter le peuple par **référendum**.

▶ À partir de 1962, le président est élu au **suffrage universel direct,** renforçant ainsi sa légitimité.

> INFO L'élection du président au suffrage universel direct fait de l'élection présidentielle le moment le plus fort de la politique française.

2 La pratique gaullienne du pouvoir

A Une relation directe avec les Français

Le recours au référendum permet un exercice direct de la souveraineté nationale. Par des **messages télévisés**, des conférences de presse, de Gaulle explique et justifie sa politique.

B L'affirmation de l'indépendance nationale

▶ De Gaulle souhaite une **France forte**, affranchie de l'influence des États-Unis : la France se dote en 1960 de la **bombe atomique**, retire ses troupes de l'OTAN, mais reste membre de l'Alliance atlantique.

HIST.-GÉO, EMC

▶ De Gaulle approfondit le **dialogue** avec la République fédérale d'Allemagne (RFA), noué dès 1962. Il se rapproche de l'URSS et reconnaît la Chine en 1964.

▶ De Gaulle, partisan d'une « Europe des nations », refuse une Europe supranationale qui soumettrait la France aux institutions européennes.

③ L'usure du pouvoir, un mandat inachevé

Ⓐ Des signes de fragilité

▶ L'activité économique ralentit à la fin des années 1960. Les inégalités sociales se creusent. Le **chômage** augmente (mines, textiles).

▶ Les Français montrent un désintérêt pour la vie politique (**taux d'abstention croissants**).

▶ La gauche se regroupe autour de **François Mitterrand**.

Ⓑ La crise de mai 1968

▶ Des mouvements de **contestation** remettent en cause la société de consommation, les inégalités sociales et les institutions. Les étudiants affrontent les forces de l'ordre, notamment à Paris.

▶ La crise gagne le monde ouvrier. La France est paralysée par une **grève générale** avec occupation d'usines pendant un mois.

▶ Les **accords de Grenelle** prévoient des augmentations de salaires et un exercice plus libre du droit syndical dans les entreprises. Mais les grèves continuent.

▶ La crise devient politique, la gauche réclame le départ de de Gaulle.

Ⓒ Les conséquences des événements de mai 1968

▶ De Gaulle dissout l'Assemblée nationale et, aux **élections de juin 1968**, les Français, inquiets du désordre, votent massivement pour les gaullistes.

▶ L'autorité du général de Gaulle est pourtant ébranlée. En 1969, les Français rejettent par référendum la régionalisation et la réforme du Sénat. De Gaulle démissionne.

C O N C L U R E

Par l'exercice d'un pouvoir présidentiel fort, le général de Gaulle a marqué durablement le fonctionnement des institutions de la Vᵉ République.

Comment les institutions résistent-elles aux changements de majorité ?

1 L'après de Gaulle : garantir la continuité des institutions (1969-1981)

A La présidence de G. Pompidou, l'héritage gaulliste (1969-1974)

▶ Georges Pompidou succède au général de Gaulle. Il poursuit la politique d'indépendance nationale mais cherche à moderniser le pays. Il augmente le pouvoir d'achat des Français (**SMIC**, 1970) et permet l'entrée du Royaume-Uni dans la communauté européenne.

▶ Si Pompidou parvient à endosser la stature présidentielle, il doit faire face à la montée du Parti socialiste qui signe en 1972 un **programme commun** avec le Parti communiste. Gravement malade, il meurt le 2 avril 1974 en cours de mandat.

B Un non-gaulliste au pouvoir : V. Giscard d'Estaing (1974-1981)

▶ V. Giscard d'Estaing est élu face au socialiste François Mitterrand en 1974. Il cherche à **rajeunir** l'image de la fonction présidentielle.

▶ Il abaisse l'âge de la majorité de 21 à 18 ans (1974) et instaure le collège unique (1975). À l'écoute des revendications féministes, il légalise **l'interruption volontaire de grossesse** (loi Veil, 1975), crée un secrétariat d'État à la Condition féminine et facilite le divorce (→ FICHE **151**). Il permet également le regroupement des familles de travailleurs immigrés (→ FICHE **152**).

2 L'alternance : les présidences de F. Mitterrand (1981-1995)

A De nombreuses réformes

▶ En 1981, en pleine crise économique, la gauche accède au pouvoir avec l'élection de François Mitterrand et d'une Assemblée nationale socialiste : c'est **l'alternance**.

▶ En 1981-1982 sont prises des **mesures de « changement »**, comme la France n'en avait pas connues depuis la Libération. Le

> **MOT CLÉ** Les mesures du « changement » sont la suppression de la peine de mort, la semaine de 39 heures, la 5ᵉ semaine de congés payés et la retraite à 60 ans.

HIST.-GÉO, EMC

SMIC et les allocations familiales sont augmentés pour relancer la consommation. L'audiovisuel est libéralisé (radios libres). De grands groupes bancaires et industriels sont nationalisés. Les lois de décentralisation donnent davantage de pouvoirs aux régions.

▶ En 1982, le chômage croissant et l'inflation obligent le gouvernement à appliquer une **politique de rigueur** (blocage des prix et des salaires).

🅱 La cohabitation : une situation inédite

▶ Les mesures de rigueur sont très impopulaires et, en 1986, la droite remporte les élections législatives. Mitterrand, président de gauche, doit nommer un Premier ministre de droite, **Jacques Chirac**. C'est la première cohabitation.

▶ Le président garde la main en **politique étrangère** tandis que le Premier ministre mène la **politique intérieure** : les institutions résistent, même si l'entente entre les deux hommes est parfois difficile.

▶ Chirac **privatise** des secteurs nationalisés par la gauche. Cependant, il échoue dans sa lutte contre le chômage et il est battu à l'élection présidentielle de 1988 par Mitterrand.

🅲 Le second septennat de F. Mitterrand (1988-1995)

▶ À la fin des années 1980, la France profite d'une légère reprise de la croissance économique. Le Premier ministre socialiste, Michel Rocard, crée alors le **revenu minimum d'insertion** (RMI).

▶ Mais la mondialisation fragilise l'économie et le chômage ne diminue pas. La popularité de la gauche est entamée. Aux élections législatives (1993), la droite l'emporte (deuxième cohabitation). Le Premier ministre de droite, **Édouard Balladur**, applique une politique de rigueur.

▶ En 1995, Chirac accède à la présidence de la République, inaugurant alors la **deuxième alternance**.

CONCLURE

De 1969 à 1995, droite et gauche alternent au pouvoir sans déclencher de crise politique, attestant la solidité des institutions de la Ve République.

Depuis les années 1950, quelles sont les transformations économiques et sociales observables en France et comment la République les accompagne-t-elle ?

1 L'évolution de l'économie française

A La prospérité économique

▶ La croissance économique est importante (croissance du PIB de **5 % par an**) des années 1950 aux années 1970 : ce sont les Trente Glorieuses. En 1959, une monnaie forte est créée avec le nouveau franc.

> **MOT CLÉ** L'expression Trente Glorieuses désigne la période de forte croissance économique de 1945 à 1975.

▶ La France s'équipe de centrales nucléaires et développe les réseaux de transport : autoroutes, aéroports…

▶ Afin de réduire les déséquilibres régionaux, la **Délégation à l'aménagement du territoire et à l'action régionale** (DATAR) est fondée en 1963.

▶ Le niveau de vie et le temps consacré aux loisirs augmentent grâce à une législation favorable (allongement des congés payés, salaire minimum). La population entre dans l'ère de la **société de consommation**.

B La récession

▶ À partir de 1974, le **ralentissement de la croissance** (1 à 2 % par an), ponctué de phases de récession, bouleverse l'économie. Les prix augmentent fortement et un chômage de masse apparaît.

▶ Les délocalisations et la concurrence mondiale entraînent une **désindustrialisation** et un déclin du secteur secondaire (40 % des actifs en 1970, 22 % en 2000), tandis que le secteur tertiaire (services) augmente.

▶ Le **chômage**, chronique (4 % des actifs en 1974), touche les travailleurs non qualifiés, les immigrés, les femmes et les seniors.

HIST.-GÉO, EMC

2 Les bouleversements de la société française

A D'une France jeune à une France plus âgée

▶ La **politique nataliste**, menée par la IVe République et poursuivie ensuite, entraîne une forte croissance démographique : c'est le **baby boom**. La population française augmente.

> **MOT CLÉ** Une politique nataliste consiste à encourager la natalité (allocations familiales, Sécurité sociale).

▶ Le **poids des jeunes** dans la société s'accroît et l'âge minimum de la scolarité passe de 14 à 16 ans (1959).

▶ La jeunesse développe une culture qui lui est propre : vêtements (jeans), musique (rock'n roll). En mai 1968, elle revendique davantage de libertés individuelles et collectives (→ FICHE 148). La **majorité à 18 ans** est accordée en 1974.

▶ À partir des années 1970, le **travail des femmes** se généralise (→ FICHE 151). Le recours à la contraception (1967) entraîne une baisse de la fécondité. La croissance démographique diminue en même temps que l'espérance de vie augmente du fait des progrès de la médecine : la population vieillit.

B Une France plus urbaine

▶ Avec l'augmentation des services, les emplois se concentrent dans les villes. Les campagnes se dépeuplent et les nouveaux urbains s'installent dans les banlieues des grandes agglomérations. L'État construit des **grands ensembles**, des villes nouvelles et des autoroutes.

▶ L'usage généralisé de la voiture et le développement des transports en commun (RER, trains régionaux) permettent cet **étalement urbain**.

C De nouvelles structures familiales

▶ Si l'attachement au modèle de la famille traditionnelle reste important, les **mariages** sont de moins en moins nombreux.

▶ Les **divorces**, plus fréquents, font augmenter le nombre de familles monoparentales et de familles recomposées.

CONCLURE

La Ve République accompagne, par de nombreuses lois, les transformations économiques et sociales de la France des années 1950 à 1980.

Des années 1950 aux années 1980, comment la condition des femmes évolue-t-elle dans la société ?

1 Une longue conquête des droits politiques

A Le statut de la femme avant 1944

▶ Depuis le Code civil (1804), la femme est **juridiquement considérée comme inférieure à l'homme**. Elle ne peut ni travailler, ni disposer d'un compte en banque sans l'accord de son époux. Elle est sous la tutelle de son mari ou de son père, éternelle mineure.

▶ Malgré le rôle des femmes pendant la **Grande Guerre** et plusieurs votes positifs des députés, les sénateurs refusent de leur accorder le droit de vote dans l'entre-deux-guerres. Cependant, le **Front populaire** nomme trois femmes au gouvernement en 1936.

B La citoyenneté politique

▶ En 1944, le Gouvernement provisoire de la République française (GPRF) accorde le **droit de vote et d'éligibilité** aux femmes (→ FICHE **147**) pour leur participation à la Résistance (20 à 30 % des effectifs).

▶ Pourtant, jusqu'à la fin des années 1980, les femmes n'occupent qu'une place minoritaire en politique. La loi sur la **parité en politique** (1999) vise à changer cette situation.

> **MOT CLÉ** La parité consiste, pour un parti politique, à présenter autant de candidats femmes que de candidats hommes lors des élections.

2 Les femmes dans le monde du travail

A L'essor du salariat féminin

▶ Les femmes travaillent **massivement depuis le XIXᵉ siècle**, souvent aux côtés de leur mari, comme commerçantes, paysannes ou ouvrières.

▶ À partir de la Première Guerre mondiale, leur part dans le **secteur des services** s'accroît (employées, secrétaires).

▶ Ce phénomène se poursuit pendant les Trente Glorieuses grâce à la **démocratisation de l'enseignement**. En 1964, pour la première

HIST.-GÉO, EMC

fois, on compte autant de bachelières que de bacheliers, mais les filles sont moins nombreuses que les garçons à poursuivre leurs études.

B Une précarité qui demeure

▶ Les lois Roudy de 1981-1983 interdisent toute forme de **discrimination sexiste** au travail. Mais les inégalités persistent. À diplôme égal, le salaire des femmes reste de 20 % inférieur à celui des hommes.

▶ Les femmes restent davantage touchées par le **travail à temps partiel subi** et par le **chômage**.

3 *La place des femmes dans la famille*

A De nouvelles revendications ...

▶ Après l'obtention du droit de vote (1944), les femmes reprennent la lutte pour leur émancipation sociale. *Le Deuxième Sexe* de Simone de Beauvoir (1949) conteste la place des femmes dans la société.

▶ À partir des années 1960, les **mouvements féministes,** dont le Mouvement de libération des femmes (MLF), revendiquent de nouveaux droits afin que les femmes puissent maîtriser leur fécondité.

B ... entendues par la République

▶ La **contraception orale** (pilule) est autorisée en 1967 par la loi Neuwirth.

▶ En 1974, le projet de loi défendu par Simone Veil, légalisant l'**interruption volontaire de grossesse (IVG),** provoque de vifs débats. En 1975, la loi Veil autorise l'avortement en milieu hospitalier, tout en affirmant la liberté de conscience pour les praticiens.

C O N C L U R E
De nouveaux droits pour les femmes

		Début du XXᵉ siècle	Fin du XXᵉ siècle
	Vie politique	• Absence de droits politiques	• Droits politiques égaux à ceux des hommes • Loi sur la parité mais faible représentativité
	Travail	• Faibles qualifications • 30 % de la population active	• Accès aux formations supérieures • 48 % de la population active (mais inégalités salariales)
	Vie sociale	• Domination masculine et maritale	• Égalité de principe au sein de la famille • Maîtrise de la fécondité

Dans quelle mesure l'évolution de la place des immigrés dans la société française est-elle le reflet des mutations économiques du pays ?

1 Une immigration massive pendant les Trente Glorieuses

A Une immigration encouragée

▶ Pendant l'entre-deux-guerres, des **Européens** (Belges, Espagnols, Italiens, Polonais) viennent pourvoir les besoins de la France en main-d'œuvre. Leur **intégration** s'effectue en une ou deux générations.

▶ Après 1945, pendant les **Trente Glorieuses**, la France manque de main-d'œuvre non qualifiée.

> **CHIFFRE CLÉ** Entre 1946 et 1976, le nombre d'immigrés double, passant de 1,7 million à 3,3 millions.

L'Office national de l'immigration (ONI) organise la venue de **travailleurs** du Portugal, des pays du Maghreb (récemment décolonisés), puis d'Afrique noire francophone.

▶ Sans formation professionnelle, ils travaillent dans l'industrie, le bâtiment ou le secteur tertiaire où ils occupent les emplois les plus difficiles, les plus répétitifs et les moins qualifiés.

B Une intégration parfois difficile

▶ De 1945 à 1974, un immigré sur deux obtient la nationalité française. Il s'agit encore majoritairement d'hommes seuls qui vivent dans des conditions précaires. Ils sont nombreux à vivre en foyers ou dans des **bidonvilles** (40 % des immigrés algériens).

▶ Ces bidonvilles sont détruits et leurs habitants relogés dans des **grands ensembles**, créés entre 1957 et 1969, le plus souvent en zones périurbaines éloignées des centres-villes.

▶ L'intégration se poursuit pour les enfants nés de parents immigrés, notamment grâce à l'**école**.

▶ Malgré la croissance économique, les immigrés sont parfois victimes de **violences racistes**, comme dans le sud de la France en 1973.

HIST.-GÉO, EMC

2 Une immigration contrôlée, source de débats

A L'immigration freinée

▶ L'immigration est **officiellement arrêtée** en 1974. En diminution, les flux sont constitués des proches des immigrés au titre du regroupement familial (1976), des ressortissants de l'Union européenne et des réfugiés politiques.

▶ L'immigration légale étant freinée, l'**immigration clandestine** se développe.

▶ À la fin des années 1980, l'immigration est limitée et choisie en fonction des **besoins de main-d'œuvre**. Elle est également restreinte en raison de la question à la fois politique, sociale et humaine de l'intégration parfois difficile des immigrés.

B L'immigration en débat

▶ L'immigration devient un **sujet politique** dans les années 1980. Le Front national, parti politique d'extrême droite créé en 1972, voit ses résultats augmenter aux différentes élections. Il dénonce l'ouverture des frontières et présente l'immigration comme source de chômage.

▶ Des actions comme la Marche pour l'égalité et contre le racisme (1983) ou des associations telles SOS Racisme (1984) se positionnent en faveur de l'**intégration**, et non l'**assimilation**, et du « droit à la différence » des populations immigrées. Elles militent également pour la régularisation des sans-papiers.

> **MOT CLÉ** L'assimilation d'une personne à une société implique l'abandon des éléments de son identité d'origine. L'intégration, au contraire, ne nie pas les particularités culturelles et ethniques d'origine et permet à l'immigré de participer pleinement à la vie de la nation.

CONCLURE

L'évolution de la place des immigrés en France reflète les mutations économiques et sociales du pays. Jusqu'en 1974, l'immigration est encouragée, puis la politique migratoire se durcit dans le contexte de la crise économique. La question migratoire devient alors un enjeu politique.

Que signifie vivre en ville aujourd'hui en France ?

1 **La France, un territoire d'urbains**

A **Les Français vivent en majorité dans une aire urbaine**

► Aujourd'hui, une ville intègre les espaces dans lesquels les populations ont un ==mode de vie urbain== : elles y travaillent et s'y déplacent, mais n'y résident pas toujours.

► 85 % de la population française vit dans une ==aire urbaine==, c'est-à-dire un espace centré autour d'un pôle urbain (ou agglomération), qui rassemble une ville-centre et ses banlieues.

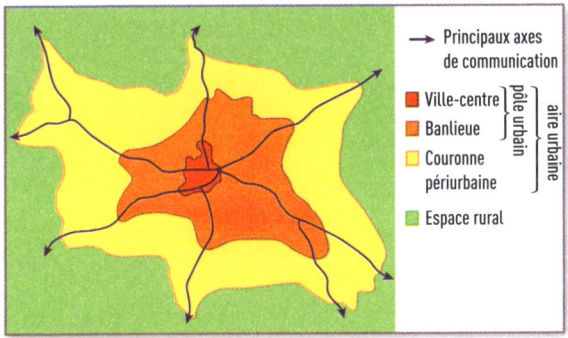

→ Principaux axes de communication

■ Ville-centre ⎱ pôle urbain
■ Banlieue ⎰
□ Couronne périurbaine ⎱ aire urbaine
■ Espace rural

B **Les différents espaces urbains**

Ils se distinguent par leur forme.

► La ==ville-centre== présente un espace bâti en continu (immeubles, tours) avec de fortes densités humaines.

► Les ==banlieues== sont composées d'immeubles, de grands ensembles (cités) et/ou de maisons individuelles.

► Au-delà de ce ==pôle urbain== commence la ==couronne périurbaine==, formée de villes ou villages dont au moins 40 % de la population active travaille dans le pôle urbain. Elle a une fonction résidentielle mais abrite aussi des espaces spécialisés (zones industrielles et commerciales) et des équipements lourds (stations d'épuration, usines, aéroports).

HIST.-GÉO, EMC

2 L'étalement spatial des villes et ses conséquences

A L'étalement urbain

▶ L'attrait pour un meilleur cadre de vie, la hausse des prix de l'immobilier des villes-centres et le développement des moyens de transport ont entraîné l'**étalement** des villes le long des voies de communication.

▶ Les espaces périurbains les plus éloignés des villes, mais bien pourvus en moyens de transport, sont peuplés de « **néoruraux** », c'est-à-dire d'anciens citadins venus s'installer loin des centres où ils continuent de travailler.

B Une mobilité accrue des habitants

▶ Grâce aux transports à grande vitesse et aux voies rapides, les **distances-temps** se sont réduites et les espaces traversés quotidiennement se sont étendus (43 km en moyenne).

> **CHIFFRE CLÉ** Les mobilités quotidiennes concernent plus de 60 % des actifs du fait de l'éloignement croissant entre le lieu de résidence et celui du travail, des loisirs et des achats. Elles sont appelées migrations pendulaires.

▶ Cependant, l'étalement urbain grignote les espaces ruraux, entraîne des **pollutions atmosphériques** causées par les routes saturées aux heures de pointe, et des coûts élevés en infrastructures de transport.

C De fortes inégalités sociospatiales

▶ Elles se manifestent par d'**importants écarts socio-économiques** : la hausse des prix de l'immobilier a accentué l'**embourgeoisement** (ou **gentrification**) des centres, tandis que les banlieues plus populaires, concentrant les grands ensembles et parfois classées « zones urbaines sensibles » (ZUS), sont mises à l'écart et évitées.

▶ Les politiques de la ville consistent à **réhabiliter** les immeubles des ZUS, à favoriser la **mixité sociale** en imposant aux communes de disposer d'au moins 25 % de logements sociaux (loi SRU) ou en encadrant les prix des loyers à Paris.

CONCLURE

Aujourd'hui, 95 % des Français vivent dans un territoire sous influence urbaine. Ces aires urbaines, de plus en plus étalées, grignotent l'espace rural. Elles souffrent également de fortes inégalités sociospatiales.

Quelles sont les dynamiques de l'urbanisation sur le territoire français ?

1 Un système urbain dominé par Paris

A Une armature urbaine déséquilibrée

▶ La France présente une situation de **macrocéphalie**

> **MOT CLÉ** L'armature urbaine est la hiérarchie des villes au sein d'un territoire.

parisienne. Paris, l'aire urbaine la plus peuplée (12,4 millions d'habitants), est sept fois plus peuplée que Lyon, la seconde aire urbaine française (2,2 millions d'habitants).

▶ Seules sept aires urbaines dépassent un million d'habitants : Paris, Lille, Lyon, Marseille, Nice, Toulouse et Bordeaux.

▶ 50 % des urbains vivent dans les très nombreuses **villes moyennes** (entre 30 000 et 200 000 habitants) qui sont distribuées équitablement sur tout le territoire.

B Paris, une métropole mondiale

▶ L'urbanisation s'accompagne d'un regroupement des fonctions de commandement et de services diversifiés (formation, recherche, administrations, santé). Cette **métropolisation** se développe dans les villes engagées dans la compétition européenne et mondiale.

▶ Paris est la seule aire urbaine française de rang mondial. Elle est connectée aux autres **métropoles mondiales** (New York, Londres, Tokyo, etc.). Ses fonctions de commandement lui permettent de rayonner dans le monde entier.

▶ Paris est une **métropole politique, financière, économique et culturelle**.

> **CHIFFRES CLÉS** Paris réalise 30 % du PIB français. Le quartier de La Défense abrite 15 firmes transnationales parmi les 50 premières mondiales ; 3 500 entreprises y sont présentes.

Elle accueille une grande place boursière, le premier quartier des affaires européen, de grandes universités, de nombreux musées et des centres de congrès.

▶ Paris exerce son influence sur tout le territoire national. Le réseau de lignes à grande vitesse (LGV) est organisé en étoile autour de la métropole. Le 1er janvier 2016, l'aire urbaine parisienne est devenue la métropole du **Grand Paris.**

② *Un système urbain en évolution*

Ⓐ Une nouvelle hiérarchie urbaine

▶ Les aires urbaines **les plus peuplées** se situent au nord et à l'est, mais celles qui ont la **plus forte croissance urbaine** sont au sud et à l'ouest : Rennes, Nantes, Bordeaux, Montpellier ou encore Toulouse.

▶ Cette évolution s'explique par le phénomène d'**héliotropisme** (attractivité des régions ensoleillées et dynamiques économiquement).

Ⓑ Un système urbain organisé par des métropoles régionales

▶ Le **statut de métropole** a été créé, par la loi du 16 décembre 2010, pour affirmer le rôle moteur des grandes agglomérations.

▶ En 2014, 13 aires urbaines, en plus de Paris, ont vu leurs compétences s'élargir et sont devenues **métropoles régionales** (loi MAPTAM).

▶ Ces métropoles sont des **établissements publics de coopération intercommunale** (EPCI). Chacune regroupe plusieurs communes dans le but de mener à bien des projets d'équipement afin de les rendre compétitives à l'échelle nationale et internationale.

Ⓒ Des petites villes sous dépendance et en déclin

▶ Les villes-centres moyennes et petites sont pour la plupart en recul (sauf dans le sud et l'ouest du pays).

▶ Elles proposent des activités industrielles, aujourd'hui touchées par des délocalisations et la concurrence des pays émergents, mais aussi des services quotidiens de proximité (commerces, professions libérales, services publics). On parle d'**économie résidentielle**.

▶ Ces villes se retrouvent sous la dépendance d'une métropole.

CONCLURE

Le processus d'urbanisation a renforcé le poids des métropoles. Si l'aire urbaine de Paris domine le système métropolitain, la création des métropoles en 2014, dont les compétences ont été accrues, devrait rééquilibrer le système urbain français.

Quel est le nouveau visage
de l'espace industriel français ?

❶ *Un secteur industriel en mutation*

Ⓐ La France semble se désindustrialiser

▶ L'essor industriel des Trente Glorieuses (1945-1973) a permis la modernisation de l'appareil productif (nucléaire, aérospatial). Au milieu des années 1970, la **crise** a touché les secteurs industriels traditionnels (sidérurgie, charbon, textile).

▶ 2 millions d'emplois industriels ont été perdus depuis 1980, l'industrie ne représentant plus aujourd'hui que 12,5 % du PNB. Les **délocalisations** en Europe de l'Est ou en Asie du Sud-Est se sont multipliées du fait de la concurrence étrangère, notamment sur le coût de la main-d'œuvre.

Ⓑ Une désindustrialisation à nuancer

▶ De nombreux emplois industriels ont été en fait **déplacés vers le secteur des services** (« théorie du déversement »).

▶ La production industrielle a été robotisée et les emplois de services aux entreprises industrielles, appelés **emplois périproductifs**, se sont multipliés : ingénierie, transport, distribution, publicité, conseil, etc.

❷ *L'évolution des localisations industrielles*

Ⓐ Le poids des héritages

▶ Auparavant, les espaces productifs industriels se situaient dans les **régions riches en matières premières** (charbon, fer) et en **main-d'œuvre** (Nord-Pas-de-Calais, Lorraine).

> **MOT CLÉ** Un espace productif est un espace aménagé et mis en valeur pour une activité économique produisant des richesses : agriculture, industrie, commerce et services.

▶ Pour faire face à la crise et à la concurrence internationale, l'État a mené dans les années 1970 une politique de **déconcentration industrielle**. L'aménagement de **zones industrialo-portuaires** (ZIP),

HIST.-GÉO, EMC

comme au Havre ou à Dunkerque, a entraîné le glissement de la sidérurgie sur les littoraux.

▶ Des activités nouvelles se sont implantées dans ces régions pour compenser les fermetures d'usines et réhabiliter les **friches industrielles**.

B De nouveaux facteurs de localisation

▶ Les entreprises privilégient la **proximité d'une métropole**. La ville offre des services de qualité, une main-d'œuvre qualifiée et facilite l'accès aux moyens de transport rapides (autoroutes, TGV, avion).

▶ Un **cadre de vie** agréable (littoral, montagne) permet aux entreprises d'attirer des ingénieurs, des chercheurs et des cadres supérieurs.

▶ Les **régions frontalières** et les zones portuaires sont dynamisées par la mondialisation et l'intégration européenne.

C Une nouvelle géographie industrielle

▶ Le cœur industriel du pays reste localisé en **Île-de-France** et dans le **couloir du Rhône** (chimie). L'Île-de-France est au premier rang pour la recherche et les **industries de pointe**. La périphérie atlantique, également dotée d'industries de pointe, s'est tournée vers le secteur agroalimentaire.

▶ Des entreprises s'implantent dans l'Ouest et au Sud : aéronautique à Toulouse (Airbus), informatique en région PACA.

▶ L'évolution la plus importante touche le développement, en zone périurbaine, de **parcs technologiques** (mêlant activités de recherche, de formation et de production) et de **clusters** (regroupement d'entreprises d'un même secteur).

▶ Aujourd'hui, 71 **pôles de compétitivité** sont implantés sur le territoire national. Créés par une loi de 2005, ils sont soutenus par des aides financières de l'État (Aerospace Valley à Toulouse).

> **MOT CLÉ** Les pôles de compétitivité sont des associations d'entreprises, de centres de recherche et de formation engagés dans des projets communs.

CONCLURE

Les espaces productifs industriels se sont adaptés à la mondialisation : ils sont aujourd'hui davantage placés sur les interfaces que sont les métropoles, les littoraux ou les régions frontalières.

Quels sont les effets de la mondialisation sur les espaces productifs agricoles français ?

1 Un secteur économique puissant mais vulnérable

A La France, une grande puissance agricole

▶ L'agriculture occupe plus de **53 % de la superficie** du territoire français, soit 29 millions d'hectares.

> **CHIFFRE CLÉ** La France est le premier producteur agricole européen et le 5ᵉ exportateur mondial. L'agriculture représente 2,3 % du PIB, et jusqu'à 6,5 % avec l'industrie agroalimentaire.

▶ Les productions sont variées et performantes : céréales, viandes (bœufs, volailles), betteraves (sucre), vigne, fruits et légumes.

▶ Depuis les années 1970, la production agricole française a augmenté de 40 % grâce à la **mécanisation** de la production, au **remembrement** des terres, à la recherche agronomique ainsi qu'à l'utilisation d'engrais et de pesticides (**intrants**) qui ont permis d'augmenter les rendements.

▶ La politique agricole commune (**PAC**), mise en place par la CEE en 1962, a permis la modernisation du secteur agricole français, tout en garantissant un revenu stable aux agriculteurs.

▶ L'agriculture s'appuie désormais sur une puissante **industrie agroalimentaire** dominée par de grandes firmes transnationales (Danone) et de nombreuses petites et moyennes entreprises, employant plus de 400 000 personnes.

B Un secteur qui connaît de profonds bouleversements

▶ Victime de son succès, la PAC a entraîné la mise en place d'une agriculture productiviste et multiplié les situations de **surproduction**.

▶ Aujourd'hui, la **concurrence internationale** fait fluctuer les prix agricoles et le revenu moyen des agriculteurs baisse régulièrement (moins 20 % à 25 % en dix ans).

▶ La population agricole est vieillissante. De moins en moins nombreux, les agriculteurs se retrouvent à la tête d'**exploitations toujours plus vastes**.

HIST.-GÉO, EMC

2 Les espaces agricoles, entre spécialisation et mutation

A Une spécialisation des régions agricoles

▶ La modernisation de l'agriculture française a entraîné une spécialisation des régions agricoles et le **recul de la polyculture** (association de plusieurs cultures).

▶ Le Bassin parisien est une région de grande culture céréalière avec de vastes **exploitations très modernes**. Le Bassin aquitain produit également des céréales (maïs).

▶ L'Ouest s'est spécialisé dans la production laitière et l'**élevage intensif hors-sol** (porcs et poulets). Les cultures délicates (vigne, fruits et légumes, fleurs) sont présentes dans les vallées de la Loire et de la Garonne ainsi qu'en Provence.

▶ Toutes ces régions sont bien intégrées à la **mondialisation** et exportent dans le monde entier.

▶ En revanche, les régions de **moyenne montagne**, dédiées à l'élevage bovin et ovin, sont peu insérées dans la mondialisation. Les exploitations, souvent de petite taille, se marginalisent.

B Une mutation des modes de consommation

▶ Rejetant une alimentation sans saveur, dont la production est souvent néfaste pour l'environnement (pollution des eaux, des sols et de l'air), les consommateurs sont de plus en plus nombreux à soutenir les expériences d'**agriculture raisonnée** ou d'**agriculture biologique**. Ils se mettent également en contact direct avec les producteurs, privilégiant les aliments locaux et les circuits courts.

> **MOT CLÉ** L'agriculture raisonnée utilise moins d'engrais et de pesticides que l'agriculture traditionnelle. L'agriculture biologique n'en utilise pas.

▶ Ainsi, les espaces agricoles à l'écart de la mondialisation connaissent une certaine revitalisation grâce à la création de **labels de qualité** et au développement du tourisme vert.

CONCLURE

Plus intégrés au complexe agroalimentaire et à la mondialisation, les espaces agricoles se sont spécialisés et les agriculteurs se sentent fragilisés. De nouveaux modes de consommation changent le paysage agricole français.

Comment l'essor des services a-t-il modifié l'organisation des territoires en France ? Comment ces derniers s'adaptent-ils à la mondialisation ?

1 Les métropoles, des espaces privilégiés

A Des services en forte croissance

▶ En France, le **secteur tertiaire** (les services) représente les deux tiers des richesses produites et emploie 76 % de la population active.

▶ Les services sont publics, organisés par l'État (20 %), ou privés, aux mains d'une multitude de petites et moyennes entreprises (PME) ou de grandes entreprises de taille mondiale : les **firmes transnationales** (FTN).

B Les services déterminent la hiérarchie urbaine

▶ Plus une ville offre de services rares et spécialisés, plus son influence est grande. Ainsi, les plus petites villes vivent d'une **économie résidentielle,** tandis que les métropoles régionales proposent des services appartenant au **secteur tertiaire supérieur** (enseignement supérieur, conseil aux entreprises, médecins spécialistes, etc.).

> **MOT CLÉ** L'économie résidentielle repose sur des services de proximité (petits commerces, supermarchés, collèges et lycées, médecins généralistes, etc.).

▶ **Paris, métropole de rang mondial**, concentre les services culturels, les commerces de luxe, les sièges sociaux des grandes entreprises, les services financiers.

▶ Certains services, consommant beaucoup d'espace, sont situés en **périphérie des grandes villes**, où le prix de l'immobilier est plus modéré : aéroports, centres commerciaux, grandes salles de cinéma, services de stockage, etc. Grâce à l'essor des **technologies de l'information et de la communication** (TIC), les services aux entreprises se multiplient dans ces espaces périurbains.

HIST.-GÉO, EMC

2 L'évolution contrastée des espaces de services

A Les espaces ruraux, des territoires délaissés

▶ Les services publics (écoles, bureaux de poste, gares, casernes, maternités) mais aussi privés (centres médicaux, commerces) tendent à fermer.

▶ Afin d'éviter la « **déprise rurale** », des solutions de regroupement des activités sont parfois envisagées : maisons médicales accueillant plusieurs médecins, offre commune de services publics.

B Des espaces récréatifs toujours plus nombreux

▶ Le **tourisme** occupe une place particulière parmi les activités de services. La France est en effet le premier pays d'accueil de touristes au monde (84,5 millions en 2015). Ce secteur représente 6,5 % du PIB.

▶ Les zones urbaines et périurbaines abritent les musées, les monuments historiques et les parcs d'attractions. Si Paris reste le premier pôle d'accueil, d'autres villes sont également des lieux du **tourisme urbain** (Bordeaux, Lyon, Nice, Strasbourg, Avignon, Lille, etc.).

▶ Les littoraux et les espaces ruraux **à proximité des grandes villes** sont privilégiés pour les séjours de courte durée (Normandie).

▶ Les **littoraux** méditerranéen et atlantique (40 % des séjours en France) et les **montagnes** (17 % des séjours, surtout dans les Alpes du Nord) bénéficient de nombreuses infrastructures d'accueil (hôtels, chambres d'hôtes, campings).

▶ Le **tourisme vert** (rural) est plus diffus, souvent localisé en moyenne montagne.

▶ Néanmoins, le secteur touristique est soumis aux aléas du contexte politique et social (grèves, attentats, etc.).

> **MOT CLÉ** Le tourisme vert concerne les espaces ruraux. Il privilégie la découverte de la nature, des produits du terroir et des traditions locales.

CONCLURE

L'essor des services contribue à recomposer la géographie des espaces productifs français. Les services sont un facteur de hiérarchisation des villes et de réorganisation des espaces urbains. Le dynamisme des espaces récréatifs varie en fonction de leur accessibilité et de leur proximité avec les consommateurs.

Quelles sont les caractéristiques spatiales, sociales et économiques des espaces de faible densité en France ?

1 Les caractéristiques des espaces de faible densité

A Des territoires où les hommes sont rares

▶ Avec une **densité** de 118 hab./km^2, la France métropolitaine est assez densément peuplée. Elle compte néanmoins des territoires de faible densité avec moins de 30 hab./km^2.

▶ Ces espaces correspondent à la « **France du vide** ». Certains ont même une densité inférieure à 10 hab./km^2 : on parle alors d'espaces **désertifiés**.

> **CHIFFRES CLÉS** Les espaces faiblement peuplés abritent **42 % des communes dans lesquelles vivent 4 millions d'habitants (6 % de la population).**

B Des espaces ruraux en difficulté

▶ Les espaces de faible densité forment une « diagonale » allant de la Champagne aux Pyrénées, à laquelle on peut ajouter les zones de montagnes et les arrières-pays normands et bretons.

▶ Ce sont des territoires essentiellement ruraux, démographiquement peu dynamiques, à l'écart des grands axes de transport qui les traversent mais ne les desservent pas toujours (« **effet tunnel** »).

▶ Les espaces de très faible densité peuvent également souffrir d'une mauvaise connexion au réseau de téléphonie mobile et Internet (**fracture numérique**).

C Des territoires de plus en plus attractifs

Les espaces ruraux ne subissent plus l'**exode rural** depuis les années 1970. Au contraire, certains d'entre eux, situés au sud de la « diagonale du vide », sont dynamisés par l'arrivée de citadins fuyant les espaces urbains ou de retraités revenant « au pays » après leur vie active. Ils bénéficient aujourd'hui d'un **solde migratoire positif**.

HIST.-GÉO, EMC

2 Sociétés et activités économiques des espaces de faible densité

A Des sociétés en mutation

▶ Les espaces de faible densité concentrent des personnes globalement **plus âgées** et socialement **plus modestes** que la moyenne nationale.

▶ Cependant, sous l'effet de l'arrivée de néoruraux mais aussi du développement des **résidences secondaires,** les sociétés rurales se diversifient. La **mixité sociale** se renforce, surtout au sud de la « France du vide », dans les espaces montagnards, normands et bretons.

▶ Les espaces ruraux voient désormais cohabiter des populations temporaires ou permanentes revendiquant des modes de vie urbains et des populations « natives » ayant des modes de vie plus repliés et peu mobiles.

B Une économie rurale qui se diversifie

Les espaces de faible densité se structurent autour de trois activités économiques qui connaissent de profondes mutations.

▶ L'**activité agricole,** qu'elle soit productiviste et tournée vers les marchés mondiaux, ou plus locale et recherchant la qualité des produits du terroir, se diversifie. Aujourd'hui les agriculteurs s'orientent vers les activités liées au tourisme vert ou de montagne. Ils entretiennent les paysages français et protègent la biodiversité.

▶ L'**économie résidentielle** repose sur des services peu exposés à la concurrence mondiale et bénéficie de la nouvelle attractivité de certains espaces ruraux.

▶ Les **activités liées à la transition énergétique et au développement durable** prennent leur essor : les nouveaux usages du bois (construction, biocombustible) revitalisent la sylviculture ; le développement de l'électricité d'origine solaire et éolienne complète la production énergétique, traditionnellement hydroélectrique.

CONCLURE

Les espaces de faible densité sont aujourd'hui en pleine mutation. Longtemps perçus comme des territoires en difficulté, ils connaissent un nouveau dynamisme démographique et économique.

Pourquoi et comment aménager le territoire français ?

1 Les objectifs de l'aménagement du territoire

A Renforcer la compétitivité des territoires

► Dans le contexte de la ==mondialisation==, les territoires français sont en compétition avec d'autres régions, européennes ou mondiales.

► La compétitivité dépend de l'==accessibilité==. Les réseaux des transport et numérique sont développés pour lutter contre l'==enclavement==.

B Atténuer les inégalités économiques et sociales

► À l'==échelle nationale==, le nord et l'est de la France, la « diagonale du vide » ainsi que les territoires ultramarins ont un ==taux de pauvreté== supérieur à la moyenne nationale.

► À l'==échelle régionale==, les inégalités sont parfois fortes entre les départements ou entre les espaces sous l'influence ou non d'une aire urbaine.

► À l'==échelle locale==, les pôles urbains concentrent davantage de personnes aux revenus modestes (retraités, étudiants) que les communes périurbaines.

C Rendre les territoires plus durables

► Depuis 1992, les collectivités territoriales doivent prendre des mesures dans le domaine du ==développement durable== en se dotant d'==Agenda 21==.

> **MOT CLÉ** L'Agenda 21 est un document qui fixe la mise en œuvre de chaque pilier du développement durable (social, économique et environnemental) à l'échelle d'un territoire.

► Les constructions d'écoquartiers, de pistes cyclables, de lignes de tramway, mais aussi de logements sociaux, répondent à ces objectifs.

2 Des acteurs et des actions multiples à toutes les échelles

A L'État et l'Union européenne

► Depuis 1963, l'État mène de grandes ==politiques de rééquilibrage== du territoire français par l'intermédiaire de la Délégation à

HIST.-GÉO, EMC

l'aménagement du territoire et à l'action régionale (**DATAR**) : aménagements touristiques, villes nouvelles, développement du réseau de transport, aménagement de zones industrialo-portuaires (ZIP). En 2014, la DATAR a pris le nom de **Commissariat général à l'égalité des territoires** (CGET).

▶ À l'échelle locale, l'État met en œuvre des **contrats de plan État-Région** pour subventionner des projets.

▶ Depuis 1975, le **Fonds européen de développement régional** (FEDER) fournit des aides financières afin de réduire les écarts entre les régions européennes.

Ⓑ Les collectivités territoriales

▶ Depuis les **lois de décentralisation** de 1982-1983, des compétences de l'État ont été transférées aux collectivités territoriales (communes, départements et régions) dans les domaines des transports, de l'action sociale et de l'économie.

▶ Les **intercommunalités** comptent quatre types d'établissements publics de coopération intercommunale (**EPCI**) : communautés de communes (souvent regroupées en « pays »), communautés d'agglomération, communautés urbaines, métropoles. Les EPCI aménagent leur territoire dans le cadre des **schémas de cohérence et d'organisation territoriale** (SCOT).

▶ La **réforme territoriale**, mise en œuvre en 2016, a remplacé les 22 anciennes régions françaises par 13 nouvelles régions agrandies aux compétences renforcées.

Ⓒ Une plus grande implication des citoyens

▶ Les citoyens financent l'aménagement du territoire par leurs **impôts**. Ils peuvent donner leur avis lors d'**enquêtes publiques**.

▶ Des **entreprises privées** réalisent aussi des aménagements et peuvent les exploiter pour les acteurs publics (distribution de l'eau, gestion des autoroutes, des déchets, etc.).

CONCLURE

Les acteurs de l'aménagement du territoire sont nombreux et disposent de compétences propres. Les enjeux de l'aménagement du territoire correspondent aujourd'hui aux trois objectifs du développement durable.

Quels sont les espaces qui permettent à la France d'être intégrée à la mondialisation ?

1 *La mondialisation encourage la métropolisation*

A La mondialisation dynamise les grandes villes

▶ Les pouvoirs publics et les entreprises ont valorisé les métropoles particulièrement bien reliées au reste du monde.

▶ **Paris** concentre les fonctions de décisions politiques et économiques. Ses aéroports assurent environ

> **CHIFFRES CLÉS** Paris concentre 19 % de la population française et réalise 30 % du PIB de la France.

60 % du trafic aérien français et l'essentiel des échanges internationaux. La création du Grand Paris, au 1er janvier 2016, vise à renforcer encore son attractivité et sa compétitivité à l'échelle mondiale.

▶ Marseille, Lyon, Lille, Strasbourg et Nice concentrent suffisamment de **services de hauts niveaux** pour rayonner au niveau européen.

B L'émergence de territoires périurbains dynamiques

▶ Les grandes entreprises s'implantent de plus en plus dans des **parcs technologiques** bénéficiant d'une main-d'œuvre qualifiée et bien reliés aux réseaux de transport internationaux.

▶ Certains espaces résultent d'une politique menée par l'État et les collectivités locales : ce sont les 71 **pôles de compétitivité**.

2 *La mondialisation privilégie les interfaces*

A Les littoraux

▶ La politique d'aménagement de **zones industrialo-portuaires** (ZIP) a adapté la France à la littoralisation des activités. Les aménagements de moyens de transport et de **plateformes multimodales** ont contribué à l'insertion de l'industrie française à l'espace mondial. Ainsi, les ports de Fos-Marseille et du Havre enregistrent un trafic très important.

▶ Les **activités touristiques** permettent à certains littoraux d'être des espaces attractifs.

HIST.-GÉO. EMC

🅑 Les régions frontalières

▶ Grâce à la libre circulation des biens, des services et des personnes mise en place par l'**Union européenne**, les régions frontalières sont devenues des interfaces.

▶ Les régions du Nord et de l'Est ont bénéficié de la **politique de reconversion** des zones minières et sidérurgiques. L'ouverture des frontières a favorisé l'essor des investissements étrangers.

▶ Environ 320 000 frontaliers français travaillent à l'étranger, où ils bénéficient de salaires plus élevés. L'essor du **travail transfrontalier** permet de stimuler les économies locales mais tend à faire monter les prix du foncier et sature les axes routiers.

③ Des territoires en marge de la mondialisation

🅐 Les périphéries du territoire français

▶ Les **espaces ruraux** au centre du pays ou à l'écart des grands axes de transport, la plupart des **espaces montagnards** mais aussi les **territoires ultramarins** s'insèrent mal dans la mondialisation.

▶ L'éloignement, les contraintes du milieu et le faible peuplement expliquent leur **manque de dynamisme**.

▶ Bien que parcourus par des axes de transport autoroutiers ou des LGV, certains de ces territoires sont victimes de l'« **effet tunnel** ». Leurs activités économiques restent essentiellement résidentielles.

🅑 Les politiques en faveur des espaces peu intégrés

▶ L'État s'allie aux collectivités territoriales autour de **projets d'équipement**. Des lignes de TGV pourvues de nombreuses gares sont à l'étude, des antennes relais sont posées pour réduire la fracture numérique.

▶ Les territoires ultramarins (→ FICHE 161) bénéficient de **financements** afin de soutenir les secteurs économiques, participer à la formation professionnelle, adapter les services de santé et d'éducation et moderniser les transports.

C O N C L U R E

La mondialisation renforce le poids des métropoles et des interfaces (littoraux et régions frontalières) du territoire français. Elle laisse néanmoins en marge les espaces peu connectés aux réseaux de communication.

Quelles spécificités distinguent les territoires ultramarins du territoire métropolitain ? Quelles relations entretiennent-ils entre eux ?

1 Les territoires de la diversité

A Une grande variété de statuts

La France dispose d'une présence planétaire grâce à ses territoires ultramarins.

▶ Les **départements et régions d'outre-mer** (DROM) – Guadeloupe, Martinique, Guyane, Mayotte (depuis 2011) et La Réunion – ont le même statut que les régions et départements de métropole.

▶ Les **collectivités d'outre-mer** (COM) rassemblent la Polynésie française, Saint-Barthélemy, Saint-Martin, Saint-Pierre-et-Miquelon et Wallis-et-Futuna.

▶ La Nouvelle-Calédonie et les terres australes et antarctiques françaises (TAAF), la terre Adélie et Clipperton ont des **statuts très divers** (tout comme les COM).

B Des situations géographiques diversifiées

▶ Les territoires ultramarins sont composés d'îles volcaniques situées en zone tropicale (Martinique, Guadeloupe, La Réunion). Ils sont donc exposés aux **aléas naturels** (éruptions, séismes, cyclones).

▶ La Guyane **(→ FICHE 162)** est le seul territoire ultramarin continental en zone équatoriale. Quelques archipels sont en zone polaire (Saint-Pierre-et-Miquelon, Kerguelen, terre Adélie…).

2 Des territoires qui peinent à se développer

A L'isolement

▶ Peuplés de 2,7 millions d'habitants, les territoires ultramarins sont très **éloignés de la métropole** (la Nouvelle-Calédonie est à 16 700 kilomètres de Paris).

▶ L'éloignement ainsi que l'**insularité** isolent les territoires ultramarins de la métropole mais aussi de leur environnement géographique immédiat.

B Une grande dépendance vis-à-vis de la métropole

▶ Les économies des territoires ultramarins sont dominées par un ou deux secteurs d'activité : extraction minière, pêche, tourisme, agriculture de plantation…

▶ L'apport d'**argent public** (salaires des fonctionnaires, prestations sociales…) fait augmenter le pouvoir d'achat, les importations et les prix. Le secteur privé, non protégé, est ainsi soumis à la concurrence des pays voisins à bas coûts.

▶ Les écarts de richesse entre les territoires ultramarins et leurs voisins attirent une **immigration,** souvent clandestine, qui concurrence les populations ultramarines déjà touchées par le **chômage.**

3 Des territoires à aménager

A Des atouts à mettre en valeur

▶ Les territoires ultramarins permettent à la France d'être présente militairement sur tous les océans. Ils lui assurent la 2e plus grande **zone économique exclusive** (ZEE), soit 11 millions de km^2 d'espaces maritimes.

> **MOT CLÉ** La ZEE est une zone de 200 milles nautiques (370 km) que l'État côtier peut exploiter de façon exclusive (minerais, pêche).

▶ Grâce à la diversité géographique des territoires ultramarins, la France dispose de produits tropicaux, de ressources minières (nickel en Nouvelle-Calédonie), d'espaces touristiques attractifs (Antilles) et d'un pas de tir de lancement spatial en Guyane.

B Des aménagements pour compenser les handicaps

▶ La France mène une **politique de continuité territoriale** avec ses territoires d'outre-mer (accès aux mêmes services publics qu'en métropole). Certains avantages fiscaux y attirent les investisseurs.

▶ Les DROM ont reçu le statut européen de **régions ultrapériphériques** (RUP). Des subventions européennes financent des infrastructures de transport, le secteur agricole, etc. (→ FICHE 164).

CONCLURE

Les territoires ultramarins souffrent de nombreux handicaps qui freinent leur développement. La France et l'UE tentent de compenser ces inégalités par des aides financières et des aménagements.

Comment la France aménage-t-elle le territoire guyanais afin de répondre à ses spécificités ?

1 La Guyane, le plus grand territoire d'outre-mer

A Un vaste territoire

▶ Française depuis le XVIIe siècle, l'ancienne colonie de Guyane est devenue un département en 1946. Située à 7 000 kilomètres de la métropole, elle est le deuxième plus vaste département et région français, dont la superficie représente **16 % du territoire national**.

> **MOT CLÉ** Le terme métropole désigne ici la France métropolitaine, c'est-à-dire les territoires français situés en Europe.

▶ La Guyane est bordée au nord par l'océan Atlantique et partage ses frontières avec le Surinam à l'ouest et le Brésil au sud et à l'est. Seul territoire ultramarin continental, la Guyane est couverte à 94 % par la **forêt dense**, infime partie de l'Amazonie.

B Une faible population concentrée sur le littoral

▶ La Guyane n'est peuplée que de **250 000 habitants**, dont 90 % sont regroupés sur une étroite bande côtière où sont localisées les principales villes : Cayenne, Kourou, Saint-Laurent-du-Maroni.

▶ Toutes les activités s'y concentrent : élevage, riziculture, cultures maraîchères, artisanat, commerce.

C Un territoire attractif

▶ La Guyane constitue un **îlot européen**, riche et développé, au milieu d'un « océan de pauvreté ». Les migrants, pour la plupart illégaux, représenteraient 40 % de la population.

▶ Ces migrants sont nombreux à vivre de l'**orpaillage** (recherche et exploitation de l'or dans les rivières) et à peupler illégalement la forêt amazonienne et les bidonvilles qui se multiplient aux périphéries des grandes villes comme Cayenne.

HIST.-GÉO, EMC

② Un enjeu stratégique majeur

Ⓐ Pour l'aérospatiale

Le **centre spatial guyanais**, situé à Kourou, fournit près du quart des emplois. Cette base de lancement des fusées européennes Ariane représente 16 % du PIB guyanais. Elle bénéficie d'une latitude idéale pour placer en orbite les plus gros satellites. Sa large ouverture sur l'océan limite les risques d'accident sur terre.

Ⓑ Pour la présence militaire française en Amérique

▶ La Guyane représente un enjeu géostratégique, permettant à la France d'être présente militairement sur le continent américain.

▶ Environ 2 000 hommes garantissent la sécurité du territoire et luttent contre l'immigration clandestine, la pêche et l'orpaillage illicites dans la **zone économique exclusive** (ZEE).

Ⓒ Pour la connexion avec l'Amérique latine

▶ Isolée du reste du continent par la forêt amazonienne, tournée vers l'océan Atlantique, la Guyane appartient davantage à l'**espace caraïbe** qu'au continent américain.

▶ La France cherche à renforcer les liens avec l'Amérique latine en améliorant les **réseaux de transport** vers le Brésil (construction d'un pont sur l'Oyapock, routes nationales).

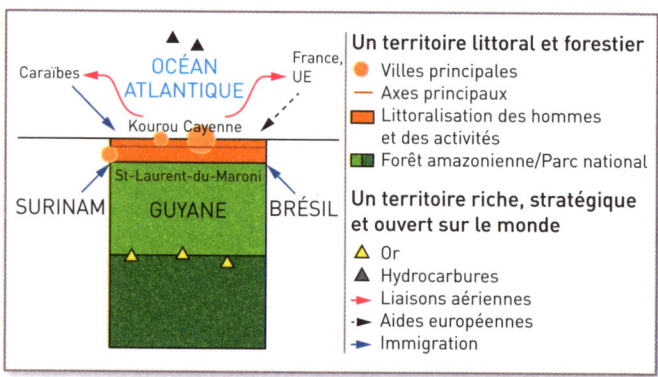

Un territoire littoral et forestier
- Villes principales
- Axes principaux
- Littoralisation des hommes et des activités
- Forêt amazonienne/Parc national

Un territoire riche, stratégique et ouvert sur le monde
- Or
- Hydrocarbures
- Liaisons aériennes
- Aides européennes
- Immigration

CONCLURE

La France est présente en Amérique latine grâce à son plus grand DROM. Mais la Guyane ne joue pas encore le rôle d'interface entre l'UE et l'Amérique latine.

Pourquoi peut-on qualifier l'Union européenne de territoire en construction ?

1 L'Union européenne, un projet géopolitique

A Un élargissement continu

▶ L'Union européenne (UE) est une organisation régionale initiée par six États d'Europe de l'Ouest en 1951 (→ FICHE **144**). Depuis les **traités de Rome** en 1957 (CEE) et le **traité de Maastricht** en 1992 (UE), le nombre d'États membres est passé de 6 à 28. La chute du mur de Berlin en 1989 et l'implosion de l'URSS en 1991 ont entraîné un élargissement sans précédent à 12 États d'Europe centrale et orientale dans les années 2000.

▶ La construction européenne est portée par des pays qui ont surmonté leurs divisions pour s'unir autour de **valeurs communes** comme la démocratie, les Droits de l'homme et le **libéralisme**. L'UE s'est ensuite recentrée sur son projet économique.

B Les institutions communautaires

▶ La **prise de décision** au sein de l'UE nécessite des institutions communautaires : le Parlement européen siège à Strasbourg et à Bruxelles, la Commission européenne et le Conseil européen à Bruxelles, la Banque centrale européenne (BCE) à Francfort.

▶ Des décisions concernant l'agriculture, l'environnement, la recherche ou encore la justice y sont prises et s'imposent aux États membres. Ces derniers restent néanmoins **souverains**.

2 Une Europe à géométrie variable

A Un projet ambitieux

▶ Le **marché unique** (1993) permet aux marchandises, aux capitaux et aux services de circuler librement à l'intérieur de l'UE.

▶ Une personne ayant la nationalité d'un État membre est de fait un **citoyen européen** depuis le traité de Maastricht : il élit ses représentants au Parlement européen et peut être éligible à des mandats locaux, même s'il n'a pas la nationalité du pays européen dans lequel il réside.

HIST.-GÉO, EMC

B Une Europe « à la carte »

▶ Pourtant, cette union à 28 ne concerne pas tous les domaines. En vigueur en 1995, l'**espace Schengen** ne concerne aujourd'hui que

> **MOT CLÉ** L'espace Schengen permet aux hommes de circuler librement, sans contrôle aux frontières, entre les pays signataires de l'accord.

22 États sur 28 et quatre autres États y sont associés.

▶ Depuis 2002, seuls 19 des 28 États européens ont adopté l'**euro**. Certains pays, comme le Danemark ou la Suède, refusent d'intégrer la zone euro, souhaitant conserver leur souveraineté dans le domaine monétaire. D'autres ne remplissent pas les conditions économiques nécessaires pour y adhérer.

3 Une construction inachevée

A L'Europe : jusqu'où ?

▶ L'UE est un espace attractif. Les **candidatures d'adhésion** se multiplient : la Turquie, la Serbie, la Macédoine, le Monténégro et l'Albanie ont le statut de candidats officiels ; la Bosnie-Herzégovine et le Kosovo sont candidats potentiels. Ces candidatures posent la question des limites de l'Europe.

▶ Pour répondre en partie à l'attente des pays candidats, l'UE a mis en place en 2004 une **politique de voisinage** qui consiste à aider financièrement les États limitrophes.

B Un projet européen en crise

▶ Depuis 2008, l'UE rencontre un certain nombre de crises, financières et politiques, qui **menacent sa cohésion** : endettement excessif (Grèce depuis 2008), crise des migrants (2015), référendum sur la sortie du Royaume-Uni de l'UE (Brexit en 2016), attentats (France, Belgique, Allemagne).

▶ Certains partis politiques remettent donc en cause l'espace Schengen, souhaitant un retour aux frontières nationales. Dans de nombreux pays, l'**euroscepticisme** se renforce.

CONCLURE

L'UE est un projet géopolitique et économique ambitieux qui exerce une forte attractivité sur ses voisins. Mais le projet européen connaît aujourd'hui une crise sans précédent.

Comment l'Union européenne essaie-t-elle de répondre aux disparités entre les territoires riches et développés et les régions en retard de développement ?

1 Des inégalités de richesse et de développement

A À l'échelle européenne

▶ Des inégalités importantes existent entre les États fondateurs de l'Union européenne (UE) et ceux plus récemment intégrés.

▶ Les pays d'Europe de l'Ouest et du Nord sont riches et développés, tandis que les pays d'Europe centrale et orientale sont plus pauvres et en **retard de développement.**

▶ Les États méditerranéens (Portugal, Espagne, Grèce) sont dans une situation intermédiaire. Leur économie, peu industrialisée, est caractérisée par un secteur touristique important. Leur rattrapage économique, entamé dans les années 1990, est aujourd'hui fragilisé par un **fort endettement** (Grèce).

▶ L'Europe orientale constitue la **périphérie** la plus lointaine de l'UE. Son agriculture est peu productive et ses services sont insuffisants. Elle constitue un réservoir de main-d'œuvre peu coûteuse, attirant les **délocalisations** d'usines du nord-ouest de l'Europe.

B À l'échelle des régions européennes

▶ La logique de la mondialisation met les **territoires en concurrence** et accroît les inégalités régionales en favorisant les territoires les mieux connectés au reste du monde, comme les métropoles et les littoraux.

▶ L'**Europe rhénane** (ensemble des territoires traversés par le Rhin) est le cœur démographique et économique de l'UE.

> **INFO** La dorsale européenne (ou mégapole européenne) regroupe les régions reliées à l'Europe rhénane et qui profitent de son dynamisme.

▶ En **Europe centrale et orientale,** les capitales sont plus développées que le reste du territoire national.

HIST.-GÉO, EMC

▶ Les territoires présentant de **fortes contraintes** (massifs montagneux, régions situées au nord de l'Europe, territoires ultramarins) sont souvent en retard de développement.

② *Les politiques européennes pour réduire les inégalités*

Ⓐ Cohésion et développement durable

▶ La solidarité entre les régions fait partie du projet européen. Le Fonds européen de développement régional (FEDER), créé en 1975, et le Fonds social européen (FSE) participent aujourd'hui à la « **politique de cohésion et de convergence** » entre les États membres.

▶ L'UE consacre **plus du tiers de son budget** à améliorer l'accessibilité des territoires, favoriser l'activité économique et la formation professionnelle des régions en retard de développement.

▶ Le **développement durable** est aussi au cœur des préoccupations européennes à travers les aides à la dépollution des régions industrielles en reconversion ou encore au développement rural des régions isolées.

> **MOT CLÉ** Le développement durable est un développement qui permet de satisfaire les besoins économiques, sociaux et environnementaux des générations actuelles sans compromettre ceux des générations futures.

Ⓑ Des disparités qui s'accentuent au sein des États

▶ Les disparités de développement à l'intérieur des États membres ont aujourd'hui tendance à s'accentuer. Les régions espagnoles, irlandaises, hongroises et polonaises les plus éloignées de la **dorsale européenne** se dépeuplent et sont particulièrement touchées par le chômage.

▶ La Grèce, frappée par la **crise de la dette** en 2008, a bénéficié d'une aide financière d'urgence de la part de ses partenaires européens mais sa situation reste précaire.

CONCLURE

L'intégration de nouveaux États au sein de l'Union européenne entraîne l'augmentation des inégalités de développement et de richesses entre ses membres. L'enjeu des politiques communautaires est alors de réduire ces écarts par des aides financières dites de « cohésion ».

Comment l'intégration à l'Union européenne transforme-t-elle le territoire français et particulièrement ses régions frontalières ?

1 La place de la France dans l'Union européenne

A L'insertion de la France dans le territoire européen

▶ La France est un des six **pays fondateurs** de l'Union européenne (UE) : elle participe à tous ses programmes (PAC, zone euro, espace Schengen). Le Parlement européen siège en partie à Strasbourg, une des capitales européennes.

▶ Les pays de l'UE sont ses **principaux partenaires commerciaux** (deux tiers des échanges). L'essentiel des investissements étrangers en France provient de ses voisins européens.

▶ **Carrefour européen**, ses infrastructures autoroutières et ferroviaires sont connectées avec le réseau européen : au nord (Eurostar vers Londres ; Thalys vers Bruxelles, Cologne et Amsterdam) ; à l'est (LGV Rhin-Rhône ; connexion du TGV Est avec l'Inter City Express allemand).

▶ Avec l'élargissement de l'UE vers l'est, l'enjeu des transports est primordial. Le **raccordement** est en cours au sud, vers l'Espagne (LGV L'Océane) et l'Italie (Lyon-Turin). La circulation des Français vers les pays européens est donc facilitée.

B L'influence européenne en France

▶ De nombreuses **FTN européennes** sont présentes en France : Airbus, dont le siège est basé à Toulouse, assemble les A 380 à partir de pièces produites en France, en Espagne, au Royaume-Uni et en Allemagne.

▶ Plus de 25 000 étudiants européens sont accueillis dans les universités et les grandes écoles françaises dans le cadre du programme d'échange **Erasmus.**

▶ La présence européenne en France s'inscrit également sur les principaux **bâtiments publics** (drapeau européen).

▶ Deux tiers des **lois** votées en France transposent en droit français des directives européennes.

HIST.-GÉO, EMC

② Des régions transfrontalières très intégrées à l'UE : l'exemple de la Grande Région

Ⓐ Les régions frontalières : des bassins de vie et d'emplois

▶ Avec la construction européenne, les régions frontalières sont devenues des espaces traversés par des flux intenses : ce sont des **interfaces.**

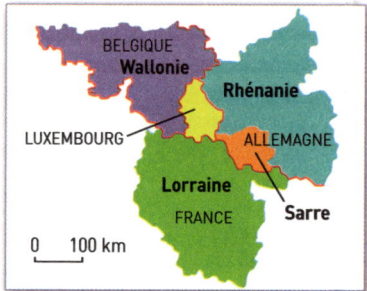

▶ La **Grande Région** (anciennement Saar-Lor-Lux) est un groupement européen de coopération territoriale (GECT) créé en 2010, situé entre le Rhin, la Moselle, la Sarre et la Meuse. Elle s'étend sur une superficie de 65 401 km² et regroupe des régions de quatre pays parmi les plus riches de l'UE : l'Allemagne, le Luxembourg, la Belgique et la France.

▶ Peuplée de 11,2 millions d'habitants, la Grande Région réalise 3 % du PIB de l'UE. Chaque jour, **200 000 travailleurs frontaliers** se rendent dans un pays voisin, dont 160 000 au Luxembourg.

Ⓑ La coopération transfrontalière

▶ La Grande Région a pour but d'améliorer la coopération économique, politique et de développer les projets transfrontaliers. Elle perçoit des **aides financières** de l'UE.

▶ Les projets concernent aussi bien l'emploi que la culture, la santé, les transports et l'environnement. Mais l'**absence d'institutions communes** ralentit leur réalisation.

▶ Le **Luxembourg** reste le véritable moteur de la Grande Région et polarise les flux.

▶ L'importance de cette eurorégion est surtout **symbolique** : autrefois territoires de conflits, elle est aujourd'hui un espace de paix entre les peuples européens.

CONCLURE

L'intégration de la France à l'Union européenne permet le développement de régions transfrontalières traversées par des échanges économiques et des migrations humaines intenses.

Quels sont la place et le rôle de la France dans le monde ?

1 Une puissance économique, touristique et culturelle

A Une puissance économique

▶ La France est la **5ᵉ puissance économique mondiale**. Une trentaine de ses FTN sont classées parmi les 500 premières mondiales.

▶ La France est une puissance commerciale bien **intégrée au processus de mondialisation** : ses principaux partenaires sont les pays de l'Union européenne (UE), les États-Unis, l'Asie-Pacifique et le Moyen-Orient.

B Une forte attractivité touristique

Avec plus de 84 millions de touristes accueillis en 2015, la France est la **1ʳᵉ destination touristique mondiale**. Son patrimoine historique, le rayonnement mondial de sa capitale, ses littoraux atlantiques et méditerranéens ainsi qu'un climat favorable sont ses principaux atouts.

C Une puissance culturelle

▶ La France exerce un rayonnement culturel mondial. Le français reste, avec près de **280 millions de francophones**, une des langues les plus parlées au monde. Les sommets de la **Francophonie** réunissent tous les deux ans les pays qui reconnaissent le français comme langue officielle.

▶ Le rayonnement linguistique de la France s'appuie aussi sur le réseau des lycées français à l'étranger (492 établissements), les centres culturels et l'**Alliance française**. Des médias comme TV5 Monde, France 24 ou Radio France internationale (RFI) sont reçus par plus de 200 millions de foyers et participent au *soft power* de la France.

2 Une puissance géopolitique fragile

A Une présence territoriale et humaine

▶ La France dispose de territoires ultramarins présents sur tous les continents (→ FICHE 161). Ceux-ci assurent à la France la deuxième plus grande **zone économique exclusive** (ZEE) du monde, soit 11 millions de km² d'espaces maritimes.

HIST.-GÉO, EMC

▶ Depuis la fin du XXᵉ siècle, le nombre d'**expatriés français** ne cesse de croître. Ils seraient entre 1,5 et 2 millions à avoir quitté la France, dont plus de la moitié âgés de moins de 35 ans et résidant dans un pays européen.

Ⓑ Un acteur géopolitique et militaire

▶ La France fait partie de toutes les organisations inter-nationales qui lui per-mettent de conserver

> **MOT CLÉ** Le *hard power* est la capacité de contrainte, par la force politique et militaire, tandis que le *soft power* est la capacité d'influencer, par la culture et le mode de vie.

son *hard power* : elle est l'un des cinq membres permanents au Conseil de sécurité de l'Organisation des Nations unies (ONU). Elle dispose du **deuxième réseau diplomatique mondial**, derrière les États-Unis, par l'intermédiaire de ses consulats et ambassades.

▶ La France est également une **puissance militaire** qui possède l'arme nucléaire. L'armée française est présente à l'étranger où elle effectue des missions sous mandat international de l'ONU ou de l'Organisation du traité de l'Atlantique nord (OTAN), dont elle a réintégré le commandement en 2009 (après l'avoir quittée en 1966).

Ⓒ Les limites de la puissance française dans le monde

▶ Les exportations françaises ne concernent que certains secteurs et dépendent essentiellement du marché européen. Les **coûts de pro-duction** sont élevés, ce qui rend la France peu compétitive face aux pays émergents (Chine).

▶ La puissance géopolitique de la France est remise en question. Depuis les interventions militaires récentes au Mali et en Syrie, la France est régulièrement touchée par des **actes de terrorisme** de la part de mouvements islamistes, alors que son budget militaire a baissé de 20 % depuis 1990.

C O N C L U R E

La France cherche à exercer une influence mondiale dans les domaines géopolitique et culturel. Si elle pèse dans les relations internationales, en partie grâce à ses interventions militaires, elle ne peut être considérée comme une grande puissance du fait de ses difficultés économiques et financières.

Quelles sont les forces et les faiblesses de la puissance européenne dans le monde ?

1 L'UE rayonne sur son voisinage

A Un centre attractif

▶ L'Union européenne (UE) est devenue un pôle de stabilité et de croissance, dont la force d'attraction s'exerce sur son voisinage. Cinq pays sont aujourd'hui des ==candidats== officiels à l'adhésion à l'UE : la Macédoine (ARYM), le Monténégro, la Turquie, la Serbie et l'Albanie. Deux autres sont des candidats potentiels : la Bosnie-Herzégovine et le Kosovo.

▶ Afin d'assurer la stabilité et la prospérité économique des régions proches, l'UE a mis en place en 2004 une ==politique européenne de voisinage.== Cette aide économique, de plus de 2,2 milliards d'euros annuels, permet d'atténuer les écarts de richesse et de développement à l'intérieur du continent.

B L'Union pour la Méditerranée

▶ La Méditerranée est une ==aire de relations privilégiée== de l'UE. En 2008, l'Union pour la Méditerranée a été définie comme une « union de projets » et a fixé des objectifs concrets en termes de protection de l'environnement et de flux migratoires.

▶ Mais depuis les révolutions arabes (2011) et la montée des menaces islamistes, le processus est au point mort.

2 Une puissance économique et commerciale en recul

A Les attributs de la puissance européenne dans le monde

▶ L'UE est la ==2e puissance économique== du monde, très proche des États-Unis en 2015, et une puissance financière attractive.

> **CHIFFRES CLÉS** L'UE réalise 22 % du PIB mondial et près de 32 % des échanges mondiaux. Elle attire 21 % des flux d'investissement étrangers mondiaux.

▶ L'UE participe à la **gouvernance économique mondiale**. Membre de l'Organisation mondiale du commerce (OMC), elle abrite un

HIST.-GÉO, EMC

tiers des firmes transnationales (FTN) classées parmi les 500 premiers groupes mondiaux. Les points forts de son économie reposent sur les secteurs de l'énergie, de la banque et de l'assurance, de l'automobile, de la chimie, de la distribution, de l'aéronautique.

▶ Les ports situés entre Le Havre et Hambourg forment la façade maritime de la Northern Range, qui constitue une **interface dynamique.** Rotterdam, aux Pays-Bas, est une porte d'entrée du territoire européen et un nœud de redistribution des marchandises venues du monde entier.

▶ Avec 508 millions d'habitants, l'UE est enfin **le plus grand marché de consommation** du monde. La main-d'œuvre européenne, très qualifiée, participe à sa puissance économique.

🅑 Les limites de la puissance européenne dans le monde

▶ Plus des deux tiers des échanges commerciaux sont **intra-européens.** Les politiques économiques des différents États membres sont peu coordonnées ; les États restent des concurrents dans le contexte de la mondialisation.

▶ Face aux grandes puissances mondiales (États-Unis, Chine), l'UE souffre d'un **manque d'unité politique.** Sans armée ni diplomatie communes, elle ne parvient pas à s'affirmer au sein de l'Organisation des Nations unies (ONU), où elle n'est qu'un observateur.

▶ L'UE est **fragilisée** par la dette publique de ses membres, la crise actuelle de l'euro, le vieillissement de sa population, les disparités économiques entre ses régions et la montée de l'euroscepticisme (Brexit en juin 2016).

▶ Enfin, elle doit faire face à de nombreux **défis** : la reconversion des activités industrielles en déclin, la dépendance énergétique, la compétitivité de ses activités agricoles et industrielles face à la concurrence des pays émergents (Brésil, Chine), la crise des migrants depuis 2015.

CONCLURE

L'Union européenne, puissance régionale au cœur du continent européen, est également une puissance économique à l'échelle mondiale. Cependant, l'insuffisance d'un projet politique commun constitue un frein majeur à son rayonnement mondial.

Comment identifier et protéger mes identités ?

1 Mes différentes identités

A L'identité légale

C'est celle qui permet de reconnaître officiellement une personne. Chacun de nous est **unique** et possède sa propre identité légale qui figure sur sa carte d'identité et sur des actes d'état civil. Elle rassemble notamment le nom, la date de naissance et la nationalité.

B L'identité personnelle

L'identité personnelle est liée au parcours et à la **personnalité** de l'individu. Chacun construit sa propre identité en interaction avec

> **MOT CLÉ** La **personnalité** désigne l'ensemble des attitudes, comportements et émotions qui caractérisent une personne.

son entourage, au fil des événements de la vie, prévus ou imprévus.

C L'identité numérique

Elle désigne l'**ensemble des données personnelles** que l'on trouve sur Internet au sujet d'une personne. Ces informations sont en général transmises par les individus eux-mêmes sur les blogs, les réseaux sociaux ou lors d'achats faits en ligne.

2 Des identités exposées à des risques

A Le vol de données personnelles

L'**usurpation d'identité** consiste à prendre l'identité d'une personne vivante dans le but d'en tirer des avantages. Elle est interdite par la loi et **sévèrement sanctionnée** (jusqu'à un an d'emprisonnement et 15 000 euros d'amende).

B Internet et vie privée

► Les informations personnelles ne sont jamais totalement confidentielles, même si des **précautions** peuvent être prises (réglage des paramètres de confidentialité).

► Les internautes laissent des **traces volontaires** (un commentaire sur un blog), mais aussi des traces involontaires de leur activité numérique (**cookies**).

HIST.-GÉO, EMC

De quels groupes et communautés ai-je le sentiment de faire partie ?

❶ Les différents types de sentiments d'appartenance

▶ Se sentir appartenir à un groupe, c'est avant tout se sentir proche de ses membres, par le partage des mêmes ==centres d'intérêt== (pratique d'un sport) ou des mêmes ==expériences== (origine, métier).

▶ Des individus se sentent proches parce qu'ils partagent les mêmes ==valeurs== : valeurs civiques (la liberté) ou valeurs portées par des groupes spécifiques (sens de l'effort dans les associations sportives).

> **MOT CLÉ** Une valeur est une cause à défendre ou un idéal à atteindre.

▶ Au-delà des valeurs, des groupes humains partagent parfois ==toute une manière de vivre==. Leurs membres ont les mêmes goûts (musicaux, vestimentaires) et une vision commune de la société (« gothiques » ou skateurs par exemple).

❷ Des appartenances multiples en chaque individu

Ⓐ Des appartenances à plusieurs échelles

▶ Beaucoup de nos sentiments d'appartenance portent sur des groupes réduits, tels que la ==famille== ou les ==amis==. Mais ils peuvent aussi concerner des ensembles plus vastes, comme une ==communauté nationale==, ==religieuse== ou ==linguistique== (francophonie).

▶ L'ensemble le plus vaste qui soit est l'==humanité==. Par leur mode de vie ou leur engagement, certains individus ressentent profondément ce sentiment d'appartenir à une seule et même communauté humaine. Ainsi, des hommes militent pour la cause écologiste afin de permettre aux futures générations de vivre sur une Terre préservée.

Ⓑ L'emboîtement des appartenances

Nos sentiments d'appartenance multiples se superposent et composent toute la complexité de nos identités. Cette superposition nous est propre et fait alors de nous des ==individus uniques==.

Quels liens unissent les citoyens en France et en Europe ?

1 Des principes et des valeurs à défendre

A Les fondements de la citoyenneté

▶ La citoyenneté est le fait de reconnaître à une personne la qualité de citoyen, de membre actif d'une société. Cette qualité s'obtient avec la **nationalité**.

▶ Les citoyens ont des **droits** (liberté d'expression, vote…) et des **devoirs** (respecter les lois, payer ses impôts). Ils possèdent une part de la **souveraineté** nationale qu'ils exercent par le vote.

> **MOT CLÉ** La souveraineté désigne le droit absolu d'exercer une autorité sur un pays ou sur un peuple.

B Valeurs républicaines et européennes

▶ Se sentir citoyen, c'est aussi adhérer à des valeurs républicaines : la **liberté**, l'**égalité**, la **fraternité** et la **laïcité**.

▶ Depuis le traité de Maastricht (1992), les citoyens des pays membres de l'Union européenne (UE) sont aussi des citoyens européens. Cette citoyenneté s'accompagne de **droits** (pouvoir étudier dans tout pays de l'UE par exemple) et repose sur des **valeurs** : liberté, égalité, démocratie et respect des Droits de l'homme.

2 Des symboles pour incarner ces valeurs

▶ Les valeurs de la citoyenneté française sont incarnées par des symboles : le **drapeau**, l'**hymne** (*La Marseillaise*), la **devise** qui reprend les grandes valeurs républicaines (Liberté, Égalité, Fraternité), **Marianne** ou le **14 juillet**.

▶ Des symboles de la citoyenneté européenne ont été instaurés pour renforcer le sentiment d'appartenance des Européens : un **drapeau**, une **devise** (« Unis

> **INFO** Composé de douze étoiles de taille égale, le drapeau européen symbolise l'union et la solidarité entre les peuples européens.

dans la diversité ») et un **hymne** (tiré de la *Neuvième symphonie* de L. van Beethoven). Une **journée de l'Europe** est instituée le 9 mai.

HIST.-GÉO, EMC

De quels droits fondamentaux doivent bénéficier l'ensemble des êtres humains ?

1 Les Droits de l'homme : reconnaissance et application

A Des textes fondateurs

► En 1789, la **Déclaration des droits de l'homme et du citoyen** (DDHC) affirme l'existence de droits naturels (liberté, égalité), universels (ils concernent tous les êtres humains) et inaliénables (ils ne peuvent être retirés).

► En 1948, la **Déclaration universelle des droits de l'homme** (DUDH) est adoptée par l'Organisation des Nations unies (ONU). Elle réaffirme ces droits fondamentaux et ajoute le droit à la vie.

► La DUDH est le **fondement du droit international** relatif aux Droits de l'homme.

B Des droits fondamentaux pas toujours respectés

► Dans de nombreux pays, même signataires de la DUDH (la Colombie par exemple), une partie de la population reste privée de nombreux droits (liberté d'expression, accès aux soins…).

► Dans des sociétés reconnues comme démocratiques, **des progrès restent souvent à accomplir**. En France, les femmes perçoivent toujours des salaires inférieurs de 20 % à ceux des hommes.

2 Les droits de l'enfant

► Depuis la signature de la **Convention internationale des droits de l'enfant** en 1989, les enfants bénéficient de droits spécifiques (protection et instruction) qui évoluent en fonction de leur âge.

► En France, un enfant possède des droits dès sa naissance, puis en obtient d'autres en grandissant (droit de travailler en tant qu'apprenti à partir de 15 ans par exemple). Il reste soumis à l'**autorité parentale** jusqu'à ses 18 ans.

> **MOT CLÉ** L'**autorité parentale** désigne l'ensemble des droits et des obligations que les parents ont vis-à-vis de leurs enfants (veiller à leur sécurité, assurer leur éducation).

La justice désigne ici l'institution chargée de faire appliquer le droit. Comment fonctionne-t-elle dans une société démocratique ?

1 La nécessité de la justice

▶ La justice sert à **protéger** les libertés, les intérêts et la sécurité de chacun ; à **punir** ceux qui ne respectent pas les

> **MOT CLÉ** Un litige est un différend entre deux ou plusieurs parties.

règles (justice pénale) ; à **trancher les litiges** entre personnes (justice civile) ou entre particuliers et administration (justice administrative).

▶ La justice est à la **base du fonctionnement d'une société démocratique**. Les citoyens peuvent y faire appel s'ils estiment leurs droits bafoués. Ils sont inculpés s'ils ne respectent pas les lois de la République.

2 Les principes de la justice

Ils garantissent son **fonctionnement démocratique** : la présomption d'innocence (tout individu est considéré comme innocent jusqu'au verdict du juge) ; les droits de la défense (avoir un avocat, échanger des arguments avec l'accusation) ; les voies de recours (demander à être rejugé) et l'égalité d'accès pour tous.

3 Les différentes cours de justice

Il existe de **nombreux tribunaux** selon les types d'affaires, tels que :
– le tribunal de police, pour les infractions les moins graves ;
– le tribunal correctionnel, pour les délits (peines allant jusqu'à 10 ans d'emprisonnement) ;
– la cour d'assises, pour les crimes (peines de prison allant jusqu'à la perpétuité) ;
– la cour d'appel, qui rejuge une affaire lorsque l'une des parties conteste la décision du tribunal ;
– le tribunal de grande instance pour les affaires civiles (divorces) ;
– le conseil des prud'hommes, pour les affaires opposant salariés et employeurs ;
– le tribunal administratif, pour les affaires mettant en cause l'État.

HIST.-GÉO, EMC

*Comment les lois sont-elles élaborées
dans une démocratie représentative comme la France ?*

1 La loi et l'état de droit

Ⓐ La nécessité de la loi

► Les lois sont à la base de la vie en **société organisée**, car elles permettent d'adopter des règles communes. Elles sont la source du droit (appliqué ensuite par la justice).

► Les lois imposent des **obligations**, mais permettent aussi de mettre en œuvre des **politiques publiques** (comme en réformant l'école) ou de reconnaître des **droits** (comme le mariage pour tous).

Ⓑ L'expression du peuple

► En France, le peuple est à l'origine des lois. Il exprime sa volonté par l'intermédiaire de **représentants élus** (c'est la démocratie représentative).

► Le **référendum** permet d'associer plus étroitement le peuple pour le vote de lois particulièrement importantes (ratification d'un traité, révision de la Constitution).

> **MOT CLÉ** Un référendum est un vote direct des électeurs qui répondent « oui » ou « non » à une question législative précise.

2 Les étapes de l'élaboration d'une loi

► L'initiative d'une loi peut venir du gouvernement (projet de loi) ou des parlementaires (proposition de loi). Néanmoins, le **pouvoir législatif** (pouvoir de faire les lois) appartient uniquement aux deux chambres du **Parlement** : Assemblée nationale et Sénat.

► La complexité du parcours d'une loi permet de respecter les **règles de fonctionnement de la démocratie** : les députés et les sénateurs débattent, modifient et votent les lois.

► Avant la promulgation d'une loi par le président de la République, le Conseil constitutionnel doit vérifier qu'elle respecte les **règles de la Constitution** (qui représente la loi suprême) et le Conseil d'État qu'elle est conforme aux traités internationaux signés par la France.

Une discrimination consiste à traiter différemment certaines personnes par rapport à d'autres. Pourquoi faut-il lutter contre cette inégalité de traitement ?

❶ L'égalité, une valeur au cœur du projet républicain

▶ « Les hommes naissent et demeurent libres et égaux en droit » (DDHC, art. 1). L'égalité est une des valeurs principales de la République française. C'est une **cause à défendre** et un **idéal à atteindre**.

▶ Les sociétés démocratiques reconnaissent deux formes d'égalité : l'**égalité politique** (les citoyens ont tous les mêmes droits et devoirs) et l'**égalité morale** (tout le monde a droit au respect, à la dignité et à la liberté).

▶ La discrimination s'oppose à l'égalité : elle est **antirépublicaine**.

❷ Le combat contre les discriminations

▶ En France, la **loi** distingue 20 critères qui permettent de définir plusieurs types de discrimination : raciales, religieuses, antisémites, xénophobes, sexistes ou encore homophobes.

▶ Les discriminations sont **punies par la loi** française.

▶ Elles peuvent être difficiles à prouver, c'est pourquoi des associations s'engagent en soutenant les victimes, en les assistant lors des procès ou en recourant à des opérations de *testing*.

> **MOT CLÉ** Un *testing* (ou test de discrimination) est une expérimentation menée dans le but de déceler une discrimination.

❸ La question des inégalités sociales

▶ Les inégalités sociales **ne sont pas des discriminations**, car elles ne reposent pas sur des critères illégaux.

▶ Même si l'égalité sociale n'est pas un droit reconnu, il n'en est pas moins nécessaire, **au nom de l'égalité morale et du droit à la vie**, d'ouvrir des droits aux citoyens les plus pauvres pour améliorer leurs conditions de vie.

HIST.-GÉO, EMC

Comment la laïcité permet-elle de mieux vivre ensemble ?

1 *Un principe d'organisation de la société*

Ⓐ Historique de la loi de 1905

▶ L'idée de laïcité naît avec l'affirmation de la **liberté de conscience** en 1789. Elle s'enracine au XIXᵉ siècle chez les républicains, en réaction à l'influence de l'Église catholique.

▶ La laïcité, d'abord instaurée à l'école, est étendue à toute la société à partir de la loi de 1905. L'État adopte une stricte **neutralité à l'égard de toutes les religions** et ne finance plus aucun culte.

Ⓑ Une République laïque (Constitution, art. 1ᵉʳ)

La laïcité devient un **principe républicain**. Le fonctionnement de la société repose désormais sur la séparation entre l'espace privé, lieu de la liberté de conscience, et l'espace public, lieu de la citoyenneté et de l'intérêt général.

2 *Une valeur pilier de la République française*

▶ **Aucune distinction** fondée sur la religion ne peut être faite entre les citoyens : tous ont les mêmes droits et les mêmes devoirs.

▶ La laïcité est un facteur d'**égalité**. Elle favorise la **tolérance** en instaurant un respect de toutes les croyances. Le « vivre-ensemble » suppose aussi des efforts d'ouverture : la liberté de conscience s'accompagne en retour d'une **acceptation des croyances des autres**.

3 *D'importants enjeux actuels*

▶ Les citoyens sont libres d'exprimer leur avis sur les religions. La laïcité s'accompagne du **respect des opinions** de chacun, même si celles-ci peuvent heurter des croyances.

▶ La **Charte de la laïcité à l'école** reprend les règles à appliquer dans les établissements scolaires, comme l'interdiction de porter des signes religieux trop visibles. En effet, cette valeur républicaine donne parfois lieu à de vifs débats et nécessite d'être vécue, expliquée et défendue à l'école.

Qu'est-ce qu'une démocratie ?

Quels principes un État doit-il respecter pour être considéré comme démocratique ?

1 Les caractéristiques d'une démocratie

▶ La **séparation des trois pouvoirs** législatif, exécutif et judiciaire, la fréquente **consultation du peuple** et le **pluralisme politique** (l'existence de plusieurs partis politiques) garantissent le fonctionnement démocratique d'un État.

▶ Le pouvoir est détenu ou contrôlé par le peuple, qui exerce sa **souveraineté** par le suffrage universel.

▶ Les citoyens bénéficient de l'**égalité politique**. Ils ont des droits et doivent respecter des devoirs.

2 Les régimes démocratiques

▶ Les démocraties directes ont aujourd'hui disparu au profit de **démocraties représentatives**.

▶ On parle de **démocratie participative** lorsque des dispositifs sont mis en place pour augmenter le rôle des citoyens dans la prise de décision (conseils de quartiers par exemple).

▶ Un « indice de démocratie » a été créé pour **évaluer le niveau démocratique** d'un pays. En 2015, la France a ainsi été classée au 27e rang mondial : par exemple, malgré les lois en faveur de la parité, la vie politique reste peu ouverte aux femmes.

3 Les régimes non démocratiques

▶ Les dictatures se caractérisent par la **concentration des pouvoirs** aux mains d'une personne (monarchie) ou de quelques personnes (oligarchie), par l'absence de consultation du peuple et d'alternance politique.

▶ Une république n'est **pas nécessairement une démocratie**. En République populaire de Chine, seul le Parti communiste est autorisé et des opposants politiques sont emprisonnés. À l'inverse, le Royaume-Uni est une monarchie parlementaire qui respecte les principes de la démocratie.

HIST.-GÉO. EMC

Pourquoi et comment des citoyens s'engagent-ils au niveau associatif, syndical ou politique ?

1 La diversité des engagements

▶ Depuis la loi de 1901, les associations doivent être composées d'au moins deux personnes et avoir des statuts déposés en préfecture. Celles-ci doivent **partager un but ou un intérêt commun**.

▶ La France compte un million d'associations (regroupant 11 millions de bénévoles) dont la variété est infinie, allant d'une petite association de quartier à une **ONG** présente dans différents pays.

> **MOT CLÉ** Une organisation non gouvernementale (ONG) fonctionne de manière autonome, sans dépendre d'un État.

▶ Les citoyens peuvent aussi s'engager dans des **syndicats** ou dans des **partis politiques**. Il existe aujourd'hui une cinquantaine de partis nationaux et plusieurs centaines de micro-partis impliqués

> **MOT CLÉ** Les syndicats sont des associations professionnelles qui regroupent des personnes exerçant des métiers similaires pour défendre des intérêts communs.

uniquement dans la vie politique locale. Les citoyens peuvent être sympathisants, adhérents, donateurs ou militants.

2 Les enjeux de l'engagement citoyen

▶ Intégrer ces structures est une **démarche volontaire**. Les citoyens choisissent de s'y engager lorsqu'ils sont en accord avec les objectifs et le mode de fonctionnement.

▶ Ces structures permettent aussi aux citoyens de mener des actions collectives **pour défendre leurs idées ou leurs intérêts**. Les syndicats peuvent par exemple engager des actions de protestation (pétitions ou grèves).

▶ Les associations, syndicats et partis politiques sont **nécessaires** pour porter des attentes, défendre des droits ou exprimer des choix politiques (et permettre ainsi le pluralisme politique).

Comment les hommes se protègent-ils des risques qu'ils ont contribué à créer ?

1 Les responsabilités face aux risques majeurs

▶ On distingue les **risques naturels** (liés à un **aléa** naturel, comme un tremblement de terre) des **risques technologiques** (liés aux activités humaines, comme l'explosion d'une usine).

> **MOT CLÉ** Aléa signifie « coup de dés » en latin. Il désigne un hasard défavorable.

▶ L'ensemble des biens et des personnes susceptibles d'être affecté par un aléa représente l'enjeu. Le risque est constitué de la **superposition de l'aléa et des enjeux dans un même lieu.** Les hommes peuvent donc, par leur présence, avoir occasionné le risque.

2 De la responsabilité à l'engagement

▶ Les pouvoirs publics mettent en place des **mesures de prévention.** Par exemple, chaque établissement scolaire doit élaborer un PPMS (Plan particulier de mise en sûreté) en fonction des risques locaux.

▶ On parle de catastrophe lorsqu'un événement cause des **dégâts particulièrement importants.** Au niveau local, les secours (pompiers, SAMU, etc.) sont coordonnés par le préfet pour permettre des interventions rapides et efficaces.

3 La sécurité au quotidien

▶ Les sociétés humaines sont confrontées à d'autres formes d'insécurité, liées à des **dangers directement dus aux hommes** : les atteintes aux personnes et aux biens, la mortalité routière, la mauvaise qualité de l'alimentation qui peut nuire à la santé des consommateurs…

▶ La police nationale (dans les zones urbaines) et la gendarmerie (dans les zones rurales) sont chargées de veiller à l'**ordre public.** Des mesures sont adoptées en faveur de la **sécurité routière** (limitation de la vitesse sur les routes) et de la **sécurité alimentaire** (contrôle de la provenance des aliments).

HIST.-GÉO, EMC

Comment la France et ses citoyens participent-ils à la sécurité mondiale ?

1 Les engagements militaires français

▶ Avec une armée de 300 000 hommes, la France est une **puissance militaire** de premier plan.

▶ Elle est capable d'intervenir rapidement partout dans le monde grâce aux 15 000 soldats de ses **bases militaires** (Mali en 2013, Irak en 2014, Syrie en 2015).

2 Les engagements solidaires et coopératifs

▶ Les interventions militaires françaises sont toujours menées avec l'accord de l'**Organisation des Nations unies** (ONU).

▶ La France participe aussi directement à des opérations militaires dans le cadre de l'ONU (République centrafricaine), de l'**OTAN** (Syrie) ou de l'**Union européenne** (côtes somaliennes).

▶ Pour aider les populations en difficulté, les militaires jouent souvent un **rôle humanitaire direct** (distribution de nourriture…).

▶ La France apporte un soutien financier aux pays en grande difficulté sous la forme d'**aides publiques au développement** (APD).

3 Les Français et la Défense nationale

▶ La Journée défense et citoyenneté (JDC) est la troisième étape du **parcours de citoyenneté.**

▶ Elle permet aux jeunes Français de découvrir la communauté militaire. Elle montre aussi que l'exercice des libertés démocratiques nécessite un engagement actif des citoyens.

▶ Les citoyens qui choisissent de s'engager au service de la **Défense nationale** participent aux opérations extérieures, mais peuvent aussi effectuer des missions d'intérêt général sur le territoire national (service civique…).

> **MOT CLÉ** La Défense nationale désigne l'ensemble des moyens et des actions mis en œuvre pour garantir la sécurité du territoire et de sa population.

L'épreuve orale

Cochez la case quand vous avez révisé ☑ la fiche ou la partie

SOMMAIRE
L'ÉPREUVE ORALE

CHECK LIST

Préparer son projet

OK ☐

Présenter son travail à l'oral

OK ☐

Votre professeur a présenté le thème de l'EPI et le projet à mener. Quelles vont en être les étapes ? Il est important d'organiser votre travail dès le début du projet.

1 Comprendre le sujet

▶ Chaque EPI a ses propres caractéristiques : matières différentes, type de projet, durée. Il est important de **bien comprendre ce qu'il faut faire avant de se lancer** dans le travail et les recherches.

▶ Seul(e) ou en équipe, il faut d'abord réfléchir aux questions ci-dessous :

	Questions à se poser	Actions à entreprendre
Quoi ?	Quelle est la production finale attendue ? Devez-vous choisir le sujet vous-même ?	Faire des recherches préalables pour choisir un sujet.
Comment ?	Quels sont les objectifs à atteindre ? Quelles sont alors les tâches à accomplir ?	Lister les étapes du projet ainsi que le matériel nécessaire, les personnes à contacter…
Quand ?	Quelles sont les dates limites pour les différentes étapes du projet ?	Élaborer un planning (qui pourra être ajusté par la suite).
Qui ?	Dans le cas d'un projet en groupe, comment répartir le travail ?	Faire le point sur les envies et les compétences de chacun (→ FICHE 182).
Avec quoi ?	Quel budget faut-il prévoir ? Comment le financer ?	Lister toutes les dépenses prévisibles.

2 Établir un calendrier

▶ Pour planifier le travail, il faut **utiliser un calendrier scolaire** afin d'intégrer les périodes de vacances et les absences possibles à l'occasion d'un voyage scolaire ou du stage en entreprise. Le planning des réunions doit aussi tenir compte des disponibilités de chacun si le travail se fait en groupe.

ÉP. ORALE

▶ Le projet va évoluer au fur et à mesure de vos recherches et de l'avancée des cours en classe. Soyez **attentif(-ve)** car les connaissances que vous acquérez vous aident dans

ASTUCE Votre professeur est là pour vous aider : n'hésitez pas à le solliciter pour discuter de vos idées ou pour demander un coup de pouce s'il faut contacter une association ou une administration.

votre projet, et restez **flexible** : ce n'est pas grave si certains délais sont modifiés ou certaines dates décalées, le tout est d'avancer.

③ *Élaborer un plan d'action*

▶ Le plan d'action sert de **check-list**. C'est un pense-bête de tout ce que vous devez faire. Il vous permet d'organiser le travail en grandes étapes, sur une période plus ou moins longue.

▶ Chaque étape doit être vue comme un **objectif à atteindre,** une réalisation. Chaque objectif est lui-même divisé en tâches avec une **échéance** fixée à l'avance. Faites un tableau pour mieux visualiser l'ensemble du travail à fournir.

Vous travaillez en petit groupe pour réaliser une affiche qui sera présentée lors d'une exposition. Votre plan d'action peut commencer ainsi :

Étapes et tâches	Échéance
étape 1 : comprendre le sujet	…
• faire des recherches sur la propagande et les régimes totalitaires	…
• collecter plusieurs affiches de propagande	…
étape 2 : concevoir le panneau	…
• choisir deux ou trois affiches et les analyser	…
• faire le plan du panneau	…
…	…

▶ Vous pourrez suivre l'avancement de votre plan d'action en tenant un journal de bord (→ FICHE 181). Le plan d'action est **évolutif** : il doit être remis à jour si nécessaire en fonction de votre avancée.

▶ Chaque plan d'action se bâtit en fonction du projet. Il faut être **réaliste** sur les objectifs à atteindre et se laisser un délai suffisant. Tenez compte aussi du planning de travail prévu par votre professeur. Vous pouvez lui faire valider votre plan d'action.

Un journal de bord est un outil qui permet de maîtriser l'organisation du travail et de suivre l'évolution du projet.

① À quoi sert le journal de bord ?

▸ Au cours du travail, le journal de bord permet de **voir clairement les avancées** (ce qui est déjà fait) **et les difficultés** (ce qui reste à faire, ce qui pose problème). Vous devez aussi y noter vos idées, vos recherches, vos questions…

▸ Lors de la préparation de l'épreuve orale, le journal de bord est indispensable pour **se remémorer les étapes du projet**.

> **ASTUCE** Votre journal de bord n'est utile que si vous l'utilisez tout le temps et si vous en prenez soin ! Choisissez un cahier à votre goût et veillez à l'avoir toujours avec vous.

② Comment faire concrètement ?

Ⓐ Les premières pages

▸ Commencez par inscrire sur la première page de votre cahier votre nom, votre classe, les noms des professeurs responsables et le thème de l'EPI. Collez sur la page suivante **un calendrier scolaire**, pour pouvoir y noter les dates clés du projet (→ FICHE 180).

▸ Indiquez **la date de l'oral** dès qu'elle vous est communiquée et prévoyez d'avoir fini au moins deux semaines avant pour avoir le temps de vous préparer.

▸ Une fois que votre sujet est défini, faites un *brainstorming* : notez toutes les connaissances, les idées et les questions qui vous viennent à l'esprit. Vous pourrez y revenir au cours du travail pour trouver de nouvelles idées.

Ⓑ Faire le compte rendu d'une séance de travail

▸ Au début de chaque séance :
– relisez les notes de la séance précédente ;
– écrivez sur une nouvelle page la date du jour, la durée de la séance et le nom des éventuels absents si vous travaillez en groupe ;
– notez **l'objectif de la séance** (interview, achat de matériel…) et la répartition des tâches décidée avec vos camarades.

ÉP. ORALE

▶ En cours de séance :
– **prenez des notes** sur les recherches que vous effectuez, sans oublier d'indiquer les sources (références d'un livre, adresse d'un site internet, coordonnées d'une personne à interviewer…) ;
– inscrivez également vos questions si vous ne pouvez pas les poser directement à votre professeur.

▶ À la fin de la séance :
– faites le **bilan de la séance** : avez-vous accompli vos objectifs ? quelles difficultés avez-vous rencontrées ? ;
– déterminez les **objectifs de la séance suivante** et le travail à faire entre-temps si nécessaire.

ASTUCE Pour planifier le travail à plusieurs, vous pouvez utiliser l'application gratuite Trello sur smartphone ou tablette (→ FICHE **182**).

15/11/2016   (1 h)

• Objectif de la séance : faire des recherches sur les scientifiques dans l'Antiquité.

• Répartition des tâches :
– Pauline : les découvertes d'Archimède
– Malik : la vie des savants dans l'Antiquité
– moi : l'influence d'Archimède sur la science moderne

• Documents et sites consultés :
1. …
2. …   [références des documents
3. …   consultés et notes de lecture]

• Objectif accompli mais pas le temps de mettre en commun.
Pour la prochaine fois : relire les notes et ne garder que l'essentiel pour l'expliquer à Pauline et Malik.

→ Séance du 22/11 : faire un point sur ce que chacun a appris et poursuivre les recherches.

Savoir travailler à plusieurs est indispensable mais cela s'apprend : il faut avant tout bien s'organiser, communiquer efficacement et respecter les autres.

1 S'organiser

A Répartir les rôles et les tâches

▶ **La planification et la répartition** des tâches doivent être claires et connues de tous. Il est important que chaque membre de l'équipe puisse dire ce qu'il a envie de faire et comment il souhaite participer.

▶ Si au cours du projet, un membre de l'équipe se trouve un peu débordé ou si une partie du travail a pris du retard, il faut garder de la **souplesse** et la possibilité de réorganiser le partage du travail. Bien sûr, il faut veiller à ce que chacun s'investisse équitablement.

▶ Il peut être utile de donner **un rôle à chaque membre du groupe,** en fonction du projet à accomplir : secrétaire, responsable matériel, porte-parole, animateur/modérateur de débat, gardien du temps…

▶ Ces rôles peuvent bien sûr tourner d'une séance à l'autre.

B Faire des bilans réguliers

▶ Lorsque vous vous réunissez, il faut prévoir un **ordre du jour**, c'est-à-dire une liste de points à aborder, pour ne pas risquer de se disperser et de manquer de temps en fin de séance.

▶ Une partie des tâches doit se faire **en autonomie**. Chacun est tenu de s'investir et il est important de pouvoir compter sur les autres. Au début de chaque séance, commencez par faire le point pour savoir où en est chaque membre de l'équipe.

CONSEILS PRATIQUES

L'utilisation du numérique est un atout pour le travail en équipe.

• **Pour collaborer** : grâce aux pads (**Etherpad, Framapad, Google Docs**), qui sont des outils d'écriture collaborative, plusieurs personnes peuvent intervenir sur un même document.

• **Pour partager des documents** : stockez vos fichiers en ligne sur **Google Drive** ou **Dropbox** pour que chacun puisse y avoir accès tout au long du projet.

ÉP. ORALE

• **Pour s'organiser** : le logiciel gratuit **Trello**, utilisable sur ordinateur et sur smartphone, est une sorte de journal de bord en ligne. Il vous permet de visualiser le partage des tâches et leur avancement (ce qui est à faire, ce qui est en cours et ce qui est terminé).

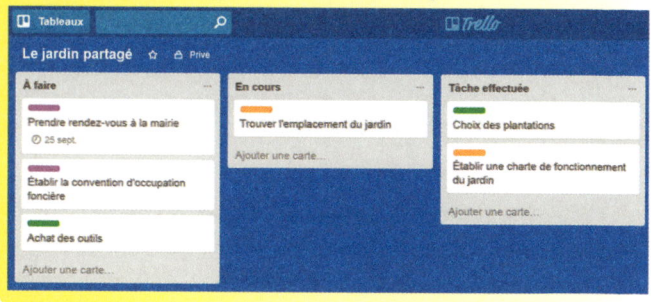

2 *Communiquer*

A Créer une atmosphère propice au travail

▶ Un travail en équipe est basé sur **la confiance et la solidarité** au sein du groupe. Soyez toujours agréable et poli(e) avec les autres. Ne dénigrez pas leur travail, essayez plutôt d'apporter des **critiques constructives.**

▶ Lorsqu'un membre du groupe propose une idée :
– posez des questions pour vérifier que vous avez bien compris ;
– pointez les aspects que vous trouvez intéressants ;
– faites des suggestions sur les points à améliorer.

▶ Entraidez-vous sur les tâches plus longues ou plus difficiles. **Réfléchir ensemble** permet de trouver des solutions.

B Prendre des décisions en groupe

▶ **Restez à l'écoute** des autres et gardez votre calme en cas de désaccord. Désignez un modérateur de débat pour veiller au bon déroulement des échanges.

▶ Vous serez amenés à faire des choix, à prendre des décisions de groupe. Si personne n'arrive à convaincre les autres, le **vote** peut être une solution efficace pour trancher.

Dans le cadre de votre projet, vous allez effectuer des recherches en bibliothèque ou sur Internet. Comment faire pour trouver facilement la documentation appropriée ?

1 *Traduire un sujet en mots clés*

A **Les mots clés du sujet**

▶ Tous les outils de recherche sont informatisés, que ce soit en bibliothèque ou sur Internet. Pour les interroger, il faut utiliser des mots clés.

▶ Pour **passer du langage courant au langage documentaire**, supprimez les articles et les termes trop vagues : utilisez des mots précis reprenant les notions essentielles de votre sujet.

> ASTUCE Pour tous les outils de recherche, n'utilisez que des lettres minuscules non accentuées.

sujet → | Les découvertes scientifiques dans l'Antiquité gréco-romaine |

↓

~~Les découvertes~~ scientifiques ~~dans~~ l'Antiquité ~~gréco-romaine~~

↓

| sciences Antiquité | → langage documentaire

B **La sélection des mots clés**

▶ Utilisez des **synonymes** ou des termes de sens proche.

Pour « jardin partagé », cherchez aussi « agriculture urbaine ».

▶ Saisissez d'abord des termes précis. De **nouveaux mots clés** vont émerger au fil de votre recherche.

2 *Consulter différentes sources*

A **Les sources écrites**

▶ Commencez par consulter des **sources papiers** (manuels, livres, revues). Elles contiennent des informations qui ont déjà été vérifiées et triées par des auteurs et des éditeurs. C'est un moyen de ne pas faire d'erreurs mais aussi de gagner du temps.

▶ Après avoir trouvé des informations dans les documents de référence, vous pouvez aller sur **Internet** (→ FICHE 185).

B S'inspirer du réel

▸ Il est également possible de s'inspi-
rer de son environnement et de l'**expérience vécue** de personnes proches en
les interrogeant.

▸ Vous pouvez aussi vous rendre dans
un musée, dans une entreprise ou un service public. Cela vous permettra de lier théorie et pratique et de créer **un savoir « vivant »** en
connectant ce que vous apprenez au collège avec le monde extérieur.

3 *Constituer une bibliographie ou une sitographie*

A Présenter une bibliographie

▸ Les éléments de la bibliographie doivent toujours être classés **par
ordre alphabétique** du nom d'auteur.

▸ Vous devez indiquer toutes les informations nécessaires pour **permettre de retrouver facilement la source**, en respectant des codes de
présentation spécifiques.

- **Pour un livre :** Panafieu, Jean-Baptiste de. *Sur les traces de
  Darwin.* Gallimard Jeunesse, 2011. 127 p.
- **Pour un article :** Winock, Michel. « Il était une foi », *L'Histoire*,
  novembre 2015, n° 417, p. 32-35.

B Présenter une sitographie

▸ Lorsque vous faites référence à un site Internet,
copiez-collez le lien exact et
précisez toujours **la date à
laquelle vous l'avez consulté**
car le site peut évoluer.

▸ La présentation est similaire à celle d'une source papier :
Région Île-de-France, *L'agriculture urbaine et la biodiversité :
agriculture urbaine et fonctions écologiques.* (consulté le 24 juillet
2016), http://agricultureurbaine-idf.fr/agriculture-urbaine-fonc-
tions-ecologiques-1

Chercher directement dans les rayonnages du CDI permet de découvrir des ouvrages intéressants, mais pour être sûr de trouver ce dont on a besoin, il faut utiliser le catalogue informatisé du collège.

❶ *Chercher sur le catalogue informatisé du CDI*

Ⓐ Accéder au catalogue du CDI

► Aujourd'hui, la plupart des CDI de collèges sont informatisés, ce qui permet d'effectuer des recherches depuis n'importe quel ordinateur, sur place ou à domicile, et à n'importe quelle heure.

► Lorsque vous vous connectez de l'extérieur de l'établissement, il faut entrer sur le site du collège pour accéder au catalogue du CDI.

Ⓑ Faire une recherche

► Les documentalistes utilisent un logiciel appelé PMB pour organiser le classement et les recherches.

► Cochez d'abord la case qui correspond au type de documents que vous recherchez : documentaire ou fiction. Pour effectuer une recherche précise, cliquez sur « + » dans la rubrique « Rechercher dans » et entrez vos mots clés :

Si vous connaissez...	Saisissez...	Cochez...
Le titre	*Élise ou la vraie vie*	Titre
L'auteur	*Claire Etcherelli*	Auteur
Le sujet : *Les sciences dans la Grèce antique*	Les mots clés : *sciences* et *Grèce antique*	Titre Résumé et notes Tous les champs

► Notez les **références du document** que vous souhaitez consulter.

► Vous pouvez également créer un panier avec toutes les notices qui vous intéressent, puis les enregistrer ou les imprimer. Ce document sera utile pour la constitution de la bibliographie (→ FICHE 183).

❷ Chercher dans les rayons

▶ Pour classer **les livres documentaires,** les bibliothèques utilisent un système universel mis au point par l'Américain Melvil Dewey (1851-1931). Chaque domaine et chaque sous-domaine correspondent à un nombre, appelé cote.

- 500 : Sciences pures
→ 510 : Mathématiques ; 520 : Astronomie…
- 900 : Histoire
→ 910 : Histoire-géographie ; 940 : Histoire de l'Europe…

▶ **Les documents de fiction** sont classés à part car ils n'entrent pas dans cette classification. Leur cote est composée de quatre lettres : la première définit le genre (R pour roman, C pour conte…) ; les trois suivantes correspondent aux premières lettres du nom de l'auteur.

La Gloire de mon père de Marcel Pagnol : R PAG

❸ Chercher dans les ouvrages

Ⓐ Ouvrages de référence

▶ Commencez par chercher les mots clés de votre recherche dans des **encyclopédies.** Certains, comme le *Dictionnaire encyclopédique Larousse* sont classés par ordre alphabétique. D'autres, comme l'*Encyclopédia Universalis,* utilisent un système de renvois assez complexe : demandez de l'aide au documentaliste.

▶ Vous pouvez également utiliser les **manuels** à votre disposition.

Ⓑ Documentaires et revues

▶ Pour les documentaires, sélectionnez les chapitres qui vous intéressent dans **le sommaire** ou la table des matières.

▶ Certains ouvrages de référence comportent **un index** qui vous permet de trouver dans l'ouvrage toutes les mentions d'un mot.

▶ Consultez également des revues : pour simplifier vos recherches, sélectionnez dans le catalogue celles qui comportent un **dossier spécial** sur votre sujet. Vous pouvez aussi parcourir rapidement le sommaire des numéros les plus récents, rangés dans le présentoir.

Mathématiques et sciences : *Sciences et Vie junior, Cosinus…*
Sciences humaines : *Archéo, Histoire Junior, Citoyen Junior, Virgule…*
Arts : *Le Petit Léonard, Connaissance des Arts…*

Aujourd'hui, la plupart des recherches s'effectuent sur Internet. Google est le moteur de recherche le plus utilisé : comment s'en servir efficacement, sans se perdre dans la masse d'informations disponible ?

1 Cibler sa recherche

A Quelques astuces

▶ Utilisez des **guillemets** si vous cherchez une expression exacte. Vous pouvez ainsi retrouver l'auteur d'une citation mais aussi réduire drastiquement le nombre de résultats.

- *appel du général de Gaulle* : toutes les pages qui parlent de l'appel du 18 juin 1940 (398 000 résultats).
- *« De Gaulle lance son appel de Londres »* : toutes les pages qui présentent cette suite de mots à l'identique (782 résultats).

▶ Pour affiner vos recherches, utilisez des **mots clés** pertinents (→ FICHE **183**).

B Faire une recherche en langue étrangère

▶ Google donne également la possibilité de faire des recherches dans une autre langue que le français :
– cliquez sur la roue crantée ⚙
– puis sur « Paramètres de recherche » et « Langues ».

▶ Pour trouver rapidement une information sur une page en langue étrangère, utilisez le raccourci clavier **« ctrl+F »** (= *find*). Une fenêtre s'ouvre : saisissez un mot clé, appuyez sur « Entrée » et toutes les occurrences du mot sur la page seront surlignées.

2 Trouver des informations fiables

A Comprendre une adresse URL

▶ L'URL (Uniform Resource Locator) ou localisateur uniforme de ressource correspond à l'**adresse internet du site.**

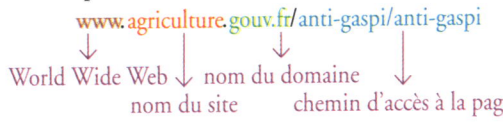

www.agriculture.gouv.fr/anti-gaspi/anti-gaspi

World Wide Web ↓ nom du domaine ↓
nom du site   chemin d'accès à la page

ÉP. ORALE

▶ Il faut faire particulièrement attention aux **noms de domaine** :

.gouv, .gov : sites gouvernementaux → fiables.

.org, .asso : organisations à but non lucratif → fiables.

.over-blog.com, .free.fr : blogs ou sites personnels → peu fiables.

B Évaluer l'information sur Internet

▶ Tout le monde peut publier un contenu sur Internet : personne ne contrôle, ni ne valide. C'est pour cela qu'il faut absolument adopter une **attitude critique** en se posant un certain nombre de questions.

▶ Établissez une **grille de validation des informations** selon le modèle suivant. Si vous pouvez répondre « oui » à toutes les questions, les informations sont fiables.

Questions pour évaluer la fiabilité d'un site		Réponses
Qui ?	Le **nom de l'auteur** ou de l'organisme apparaît-il ?	☐ Oui 😊 ☐ Non 😠
	Est-il qualifié pour traiter le sujet ?	☐ Oui 😊 ☐ Non 😠
	Y a-t-il un **formulaire de contact** ?	☐ Oui 😊 ☐ Non 😠
Quoi ?	La **nature de l'activité** du site est-elle identifiable ?	☐ Oui 😊 ☐ Non 😠
Quand ?	La **date** de publication du document est-elle indiquée ?	☐ Oui 😊 ☐ Non 😠
Comment ?	Le site est-il **structuré** (page d'accueil, menu…) ?	☐ Oui 😊 ☐ Non 😠
Pourquoi ?	L'**intention de l'auteur** est-elle bien d'informer et non de vendre, militer ?	☐ Oui 😊 ☐ Non 😠

3 Utiliser les informations trouvées

▶ Il faut toujours comparer une information collectée sur un site Internet avec d'autres sources d'informations (un autre site, un livre, une revue). Cela s'appelle **« recouper une information »**.

▶ Vous pouvez copier-coller des informations pour vous en resservir plus tard mais, si vous les utilisez dans votre exposé, vous devez toujours les **reformuler avec vos propres mots**.

▶ Enregistrez au fur et à mesure les liens que vous consultez. Si vous citez le texte d'une page web ou que vous utilisez une image trouvée sur Internet, indiquez toujours **la source** (→ FICHE 183).

*L'épreuve orale du brevet est une soutenance de projet :
vous êtes évalué(e) sur votre capacité à présenter un projet,
et non sur le projet lui-même. Il s'agit donc de préparer un
exposé mettant en valeur le travail réalisé.*

1 Quels éléments inclure dans la présentation orale ?

A Présenter le projet

▶ Indiquez d'abord **le thème général** de l'EPI ou du parcours dans lequel s'inscrit votre projet : parcours Éducation artistique et culturelle (→ FICHE 187), parcours Avenir (→ FICHE 188) ou parcours Citoyen (→ FICHE 189). Précisez **les disciplines concernées.**

▶ Présentez ensuite **le projet** : quel était l'objectif ?

▶ Exposez enfin **la démarche** : comment êtes-vous parvenu(e) au résultat final ? Présentez **les difficultés rencontrées** et expliquez comment vous avez réussi à les surmonter.

> **ASTUCE** Ne vous vantez pas trop : si vous dites que le projet a été trop facile, le jury pourrait croire que cela ne vous a rien apporté !

B Faire un bilan

▶ Expliquez votre **intérêt** pour cet EPI : pourquoi avez-vous choisi de présenter ce projet ? Soyez concret. Vous pouvez justifier votre choix en utilisant des arguments personnels.

▶ Qu'avez-vous appris ? Déterminez **ce qui vous a le plus intéressé(e)** pendant la phase de recherche, et pensez aussi aux **compétences pratiques** que vous avez acquises (gestion d'un planning, travail en équipe…).

2 Comment s'y prendre concrètement ?

A Organiser sa présentation

Adoptez **un plan simple et clair.** Par exemple :

Introduction
- présentation générale du thème et du projet en insistant sur son caractère pluridisciplinaire
- annonce du plan de la présentation

ÉP. ORALE

Développement

I. Présentation de la démarche (grandes étapes) et du résultat

II. Bilan personnel (connaissances et compétences acquises, difficultés rencontrées…)

Conclusion

- reprise en quelques phrases de l'essentiel de l'exposé
- ouverture : par exemple, sur un projet réalisé dans le cadre d'un autre EPI ou sur les suites possibles de votre projet.

🅑 Faire des fiches faciles à utiliser

▶ Utilisez des fiches bristol (petit format, 75 × 125 mm) en appliquant ce principe de base : **une idée = une ligne**.

▶ Ne rédigez pas intégralement votre présentation orale : notez juste **les idées essentielles** ainsi que les noms propres et les dates. Espacez-les, pour pouvoir reprendre le fil facilement lorsque vous levez les yeux vers le jury ou que vous présentez un document.

▶ Chaque fiche correspond à une partie : pour vous y retrouver, notez le titre de chaque partie en haut de chaque fiche. Choisissez **un code couleur identique pour toutes vos fiches** (titres en rouge, exemples en vert, idées importantes surlignées en jaune…).

🅒 Utiliser un support visuel

▶ Vous pouvez présenter votre réalisation concrète (enregistrement, affiches…) mais elle ne peut intervenir qu'en appui de l'exposé. S'il s'agit d'un événement (débat, spectacle, projection, collecte…), montrez des photos ou des vidéos pour **illustrer les étapes et le résultat final** de votre projet.

▶ Pour maintenir l'attention du jury, pensez à écrire les informations importantes au tableau. Vous pouvez également

> ASTUCE Assurez-vous que la salle où aura lieu votre présentation dispose du matériel nécessaire pour projeter votre diaporama.

réaliser un **diaporama** reprenant les éléments clés de votre exposé.

Le parcours Éducation artistique et culturelle est l'un des trois parcours dans lesquels votre projet peut s'inscrire. Il vous conduit à créer une œuvre individuelle ou collective et à la présenter devant un public, puis au jury lors de l'épreuve orale.

1 Anticiper pendant l'année

► Comme pour tout autre projet, il faut avoir l'épreuve orale à l'esprit dès le début de l'année. Pour cela, **tenez un journal de bord** (→ FICHE 181). Il doit vous permettre de vous souvenir du déroulement du projet et de l'évolution de votre état d'esprit.

► Photographiez ou filmez régulièrement votre travail pour **illustrer les différentes étapes de création**. Si vous présentez votre projet à un public, interrogez les spectateurs sur leurs impressions, prenez des notes et faites-en le compte rendu.

► Votre projet s'inscrit dans le parcours Éducation artistique et culturelle : **gardez une trace** de toutes vos activités et découvertes artistiques (artistes, mouvements, musées…) pour montrer au jury que vous avez enrichi votre culture artistique. Vous pouvez par exemple utiliser l'application *Folios* (→ FICHE 188).

2 Faire le bilan du projet

A Réception par le public

► Tirer le bilan d'un projet artistique, c'est d'abord évaluer la manière dont votre travail a été reçu par le public. Pour cela, formulez clairement **les sentiments et les idées que vous avez voulu exprimer et partager** à travers votre œuvre, puis comparez-les aux réactions des spectateurs.

► Cette confrontation vous permettra ensuite d'**évaluer la réussite de votre projet**.

L'œuvre a-t-elle été perçue comme vous le pensiez ?
Dans le cadre d'un spectacle, les réactions du public ont-elles correspondu à ce que vous aviez prévu ?

B Bilan personnel

▶ Dans un second temps, vous devez évaluer le projet **de votre point de vue** en identifiant les aspects positifs et les aspects négatifs.

Le résultat correspond-il à l'idée que vous en aviez au début ?
Sinon, qu'est-ce qui a échoué (problèmes techniques, difficultés matérielles, manque de temps…) ?

▶ Comme pour tout projet, il est attendu que vous ayez acquis de **nouvelles connaissances et compétences** qu'il faudra mettre en valeur lors de l'oral.

Vous avez expérimenté une nouvelle technique pour composer de la musique : présentez et expliquez vos explorations. Quels artistes ou mouvements avez-vous découverts ? Quels lieux de culture avez-vous visités ?

▶ Vous pouvez aussi montrer en quoi ce projet a changé **votre perception de la création artistique**, voire votre vision de vous-même.

3 Présenter efficacement un projet artistique

▶ L'épreuve orale n'évalue pas la qualité de votre production mais votre prestation orale et votre capacité à mener un projet, à présenter le travail réalisé et à en tirer un bilan.

> **ASTUCE** Essayez de rendre votre prestation la plus concrète possible : si la création est transportable, apportez-la. Sinon, présentez un extrait vidéo, des photographies…

▶ Il est donc important d'**expliquer la démarche de création** que vous avez adoptée. Pour cela, montrez ce qui vous a inspiré et influencé.

Si vous vous êtes inspiré(e) d'une technique, d'un artiste, d'une œuvre, présentez-les et expliquez comment votre travail se situe par rapport à ces modèles.

▶ Vous devez être capable de **justifier vos choix artistiques.**

Dans le cas d'une œuvre picturale, parlez des couleurs, des formes, de la lumière que vous avez choisis et expliquez pourquoi.

▶ Le jury appréciera particulièrement que vous soyez capable de **croiser les différents arts** et de **faire des liens**.

Si vous créez une œuvre picturale à partir d'un texte ou d'une musique, expliquez comment vous avez associé les différents modes d'expression et comment ils se répondent.

Le parcours Avenir est l'un des trois parcours dans lesquels votre projet peut s'inscrire. Il vous donne des clés tout au long de votre scolarité pour préparer vos études et comprendre le monde professionnel.

1 *Anticiper pendant l'année*

▶ Le parcours Avenir vous aide à **découvrir le monde professionnel** tout au long de votre scolarité, à travers des visites, des forums et des conférences, mais aussi par la rencontre avec des salariés et par l'immersion en milieu professionnel lors du stage effectué en Troisième.

▶ Tenez un journal de bord (→ FICHE **181**) et listez précisément toutes les démarches que vous effectuez. Notez les coordonnées des professionnels que vous contactez et pensez à **garder une copie des emails** que vous échangez avec eux.

▶ Soignez particulièrement votre **rapport de stage** : il vous sera très utile pour préparer votre présentation orale.

2 *Faire le bilan du projet*

A Se poser les bonnes questions

Pour faire le bilan du projet, relisez votre journal de bord et **posez-vous les bonnes questions.**

▶ **Qu'avez-vous appris** sur les différents métiers rencontrés ? Quels sont leurs avantages et leurs inconvénients ? Correspondent-ils à l'idée que vous en aviez ? Si non, pourquoi ?

▶ Est-ce que votre choix d'orientation a été renforcé ou avez-vous changé d'avis ? Pourquoi ?

▶ Avez-vous découvert ou développé de nouvelles compétences ? **Quelles compétences** faudra-t-il avoir pour le secteur d'activités qui vous intéresse ? Comment pouvez-vous les acquérir ?

B Un outil utile : le portail Folios

▶ Le **portail Folios,** mis en place par l'ONISEP dans chaque académie, vous permet de recenser toutes vos actions liées au parcours Avenir, à l'adresse https://folios.onisep.fr.

ÉP. ORALE

▶Ce portail est pratique car les fichiers restent disponibles pendant toute votre scolarité, y compris au lycée.

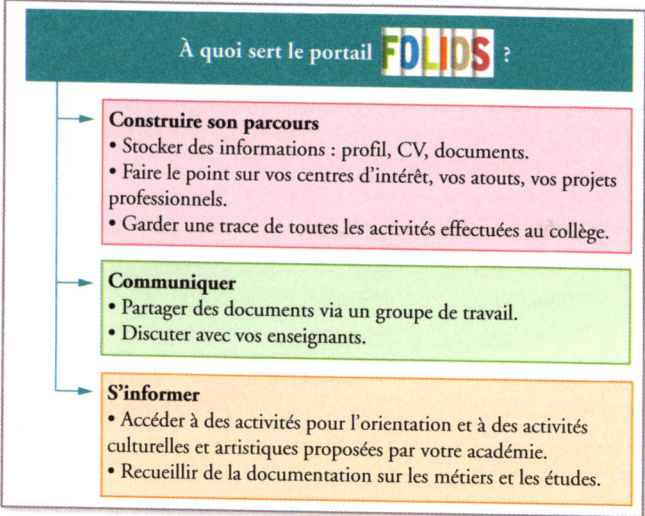

À quoi sert le portail **FOLIOS** ?

Construire son parcours
• Stocker des informations : profil, CV, documents.
• Faire le point sur vos centres d'intérêt, vos atouts, vos projets professionnels.
• Garder une trace de toutes les activités effectuées au collège.

Communiquer
• Partager des documents via un groupe de travail.
• Discuter avec vos enseignants.

S'informer
• Accéder à des activités pour l'orientation et à des activités culturelles et artistiques proposées par votre académie.
• Recueillir de la documentation sur les métiers et les études.

3 *Présenter efficacement un projet du parcours Avenir*

▶Vous serez d'abord jugés sur votre capacité à vous exprimer et à vous présenter.

ASTUCE Pensez à intégrer votre CV dans votre présentation.

▶Vous devrez mettre en avant **la logique de votre parcours,** le lien entre vos expériences (stage, projet, forums…) et votre projet d'orientation ou projet professionnel. Pour cela, relisez votre rapport de stage et résumez en quelques mots les éléments importants pour vous.

▶Le jury voudra enfin vérifier votre implication et savoir **ce que vous avez appris.** La réflexion sur le projet et la découverte du monde professionnel sont les aspects les plus importants de l'oral. Prouvez au jury que vous avez été actif et non pas passif.

▶Vous pouvez organiser votre présentation en trois temps :
I. Décrire le projet en lui-même.
II. Présenter le secteur d'activité dont il relève, les différents métiers, leurs avantages et inconvénients. Mettez-ici en avant votre parcours de découverte du monde professionnel.
III. Expliquer quelle orientation vous envisagez finalement.

Le parcours Citoyen est l'un des trois parcours dans lesquels votre projet peut s'inscrire. L'objectif du projet mené dans ce cadre est de vous préparer à devenir des citoyens responsables et libres.

1 Anticiper pendant l'année

▶ Un projet du parcours Citoyen doit vous permettre de découvrir par exemple le développement durable, le principe de laïcité, les règles du vivre ensemble, le pluralisme des opinions et les valeurs de la République française. Il s'appuie notamment sur l'EMC.

▶ Tenez votre journal de bord dès le début de l'année (→ FICHE 181) et conservez tous les documents liés au projet. Pour cela, vous pouvez utiliser l'application *Folios* (→ FICHE 188).

▶ **Soyez curieux(-se)** : intéressez-vous à l'actualité et aux enjeux liés à votre projet (solidarité, protection de l'environnement…).

2 Faire le bilan du projet

Pour faire le bilan du projet, relisez votre journal de bord et **posez-vous les bonnes questions.**

▶ Quelles sont les **valeurs** défendues par le projet ? Pourquoi les trouvez-vous importantes ?

> Vous avez participé à la mise en place d'un jardin partagé : il vous semblait important de contribuer à la vie de votre quartier, de donner aux gens la possibilité d'avoir des légumes frais produits localement…

▶ Quelles **démarches** avez-vous effectuées ? Selon quel planning ?

> Exposez les différentes étapes de la réalisation du jardin : choix d'un emplacement, rencontre avec la mairie, rédaction de la charte d'usage, séances de jardinage…

▶ Quelles ont été les principales **difficultés** ?

> Comment avez-vous choisi et contacté les partenaires du projet ? Avez-vous eu des difficultés à réunir le financement ?

▶ Quelles **compétences** avez-vous travaillées ? Quelles **connaissances** avez-vous acquises ? Quel **résultat** avez-vous obtenu ?

ÉP. ORALE

Vous avez participé à une action éco-citoyenne et depuis vous vous sentez davantage concerné(e) par l'environnement : vous triez davantage vos déchets, vous faites plus attention à votre consommation d'eau et de papier et vous avez pris conscience des enjeux de l'agriculture urbaine.

3 Présenter efficacement un projet du parcours Citoyen

A Organiser son exposé

▶ Pour présenter efficacement un projet de ce type, vous devez :
– faire part de **l'intérêt** que vous portez au sujet ;
– retracer **les étapes** du projet ;
– expliquer **les difficultés rencontrées** et les solutions trouvées ;

> ASTUCE Dans la présentation de ce type de projet, votre implication et votre attitude volontaire et engagée seront particulièrement valorisées. C'est cela que vous devez mettre en avant.

– faire **le bilan** de l'expérience et de ce que vous avez appris.

▶ Vous pouvez structurer votre développement en trois parties :
I. Présentation du projet
• présentation des objectifs
• réflexion sur l'utilité (sociale, environnementale…) du projet
II. Déroulement du projet
III. Bilan du projet
• objectifs atteints, difficultés rencontrées, améliorations possibles
• bilan personnel

B Anticiper l'entretien

▶ Durant l'entretien, le jury va chercher à comprendre **votre rôle exact dans le projet** mais aussi **ce que vous en avez retenu** en tant que citoyen.

▶ Votre analyse doit vous permettre de répondre aux questions du jury telles que :
Existe-t-il d'autres types de projet ayant les mêmes objectifs ?
Ce projet peut-il être reconduit ? Le conseilleriez-vous aux prochains élèves de Troisième ? Pourquoi ?
Avez-vous gardé des contacts avec les partenaires du projet ?
Quelle est la valeur la plus importante à vos yeux dans ce projet ?

Pour réussir sa présentation orale, il faut bien se préparer avant et s'exprimer avec aisance devant le jury (la qualité de l'expression orale vaut pour la moitié des points).

1 **Bien se préparer**

Ⓐ **Préparer son exposé** (→ FICHE 186)

► Faites des **fiches** claires et efficaces, comportant le plan de votre exposé et les informations essentielles à développer.

► Pour rendre votre soutenance vivante et concrète, présentez des **documents** (photographies, documents sonores, vidéos, objets…).

> Vous avez réalisé un automatisme piloté par ordinateur : ne vous contentez pas de présenter la réalisation finale, intégrez les plans et des photographies des différentes étapes de la construction, des machines et outils utilisés…

► Ne laissez pas dans l'exposé des mots dont vous ne connaîtriez pas le sens : si vous ne comprenez pas ce que vous dites, ou s'il y a des confusions, le jury vous interrogera sur ces points lors de l'entretien.

Ⓑ **S'entraîner**

► Dans les jours qui précèdent l'oral, entraînez-vous à dire votre exposé devant un miroir, votre famille ou des amis. **Chronométrez-vous** pour vous assurer que votre exposé n'est ni trop court ni trop long.

> **ASTUCE** Filmez-vous puis visionnez la vidéo, avec un témoin, et notez tous les petits défauts. Recommencez jusqu'à ce que vous vous trouviez parfait(e) !

► Plus vous aurez répété, plus vous serez à l'aise. Si vous présentez un projet avec des camarades, **répétez ensemble** : il faut que chacun sache ce que les autres vont dire (→ FICHE 192).

Ⓒ **La veille de l'oral**

► **Préparez votre tenue**, qui doit être sobre et correcte : un jean, une chemise ou un chemisier, et une veste, dans lesquels vous vous sentez bien, sont un bon choix.

► **Couchez-vous tôt** pour être en forme le jour J. Prévoyez d'arriver avec une avance de 10-15 minutes, afin de trouver la salle.

2 ► S'exprimer avec aisance devant le jury

A Utiliser un langage correct

Vous devez vous exprimer dans un **langage courant ou soutenu**, sans faute de français.

► Prononcez les négations et toutes les lettres des mots.

Ne dites pas : *Je sais pas*. Dites : *Je ne sais pas*.
Ne dites pas : *un ch'fal*. Dites : *un cheval*.

► Évitez les mots abrégés et bannissez les onomatopées et les mots familiers ou enfantins.

- Ne dites pas : *photo, télé*. Dites : *photographie, télévision*.
- Ne dites pas : *euh..., bah...*
Utilisez des mots de liaison et dites : *eh bien, alors, donc*.
- Ne dites pas : *la dame, le monsieur, faire un bisou*.
Dites : *la femme, l'homme, embrasser*.

► Utilisez un **vocabulaire adapté** à votre sujet, notamment le vocabulaire technique du domaine dans lequel s'inscrit votre projet.

Si vous présentez une lecture, ne dites pas que vous avez lu « un livre » mais dites que vous avez lu « un roman ».

B Trouver le rythme juste

► Un rythme trop rapide rendra peu compréhensible votre exposé. Un rythme trop lent lui fera perdre son intérêt.

► Il faut articuler et **adopter un ton vivant** : augmentez le volume de votre voix pour mettre en valeur les idées fortes.

► **Ne lisez pas** votre exposé et ne l'apprenez pas par cœur, cela vous ferait perdre toute spontanéité.

C Bien se tenir

► Le langage du corps compte autant que la parole. Adoptez une **attitude sérieuse et professionnelle** (→ FICHE 191).

Ne vous recoiffez pas, ne vous balancez pas...

► Tenez-vous droit, les pieds bien à plat. Pour éviter d'être trop statique, déplacez-vous pour présenter vos documents ou pour écrire au tableau. **Occupez l'espace** !

Lors de l'épreuve orale, vous devez convaincre votre auditoire et être suffisamment captivant(e) pour que le jury reste attentif durant les dix minutes de l'exposé. C'est l'occasion de montrer votre différence.

❶ Présenter un exposé construit et personnel

Ⓐ Organiser ses idées

▶ Votre présentation doit être organisée selon <mark>un plan rigoureux et clair.</mark> Annoncez votre plan au début et faites-y référence à chaque transition (→ FICHE 186).

▶ Classez vos idées <mark>des plus évidentes aux plus originales</mark> afin de maintenir l'attention du jury et de lui laisser une impression positive.

▶ N'hésitez pas à <mark>faire des rappels,</mark> de manière à conserver l'attention de l'auditoire.

> « Comme nous l'avons vu dans le document… » ;
> « Dans un premier temps, nous avons vu que… ».

Ⓑ Montrer son implication

▶ Vous présentez un projet dans lequel vous vous êtes impliqué(e) personnellement : il est donc essentiel que vous montriez votre <mark>motivation</mark> et vos impressions.

▶ Le jury doit comprendre <mark>pourquoi et comment</mark> vous avez travaillé sur le projet.

❷ Se faire comprendre

Ⓐ La voix

▶ Pour être compris, <mark>articulez</mark> (sans exagérer) et parlez suffisamment fort.

▶ Variez le ton pour mettre en valeur les idées importantes et les liens entre les différentes parties de la présentation.

▶ Il ne faut ni lire ni réciter par cœur un texte préalablement rédigé. Au contraire, <mark>parlez naturellement</mark> à partir de vos fiches et, éventuellement, du diaporama-support.

ÉP. ORALE

▶ Ayez l'air **convaincu(e) et sûr(e) de vous** : si vous semblez hésitant(e), le jury doutera du bien-fondé de votre travail ou de votre motivation pour le projet.

Ⓑ L'attitude

▶ Votre posture doit être **naturelle et dégagée**, mais pas relâchée : épaules ouvertes, bras mobiles, les deux pieds au sol, visage souriant.

▶ Évitez tous les mouvements parasites qui font oublier le contenu de votre exposé (balancements d'un pied sur l'autre, croisements de doigts, main dans les cheveux…).

▶ Il est également recommandé de ne pas s'appuyer contre un mur ou un bureau, de ne pas mettre ses mains dans ses poches et de ne pas croiser les bras afin de ne pas être trop statique (→ FICHE **190**).

> **ASTUCE** Regardez chaque membre du jury individuellement pour que chacun se sente impliqué et reste attentif.

▶ Regardez votre auditoire dans les yeux.

Ⓒ Le vocabulaire

▶ Évitez les termes trop généraux, soyez clair(e) et précis(e).
   Ne dites pas : « on ; les personnes ; un endroit ».
   Dites plutôt : « je ; les comédiens ; la scène du théâtre ».

▶ **Impliquez votre public** : sans en abuser, vous pouvez vous adresser au jury en posant des questions, auxquelles vous répondez ensuite.
   Dites par exemple : « Vous êtes-vous déjà demandé… ? »

❸ S'appuyer sur des supports de qualité

▶ Votre présentation sera plus convaincante et dynamique si elle est **concrète**.

▶ Les supports doivent **illustrer votre propos** et non le remplacer.

CONSEILS PRATIQUES

• Tout doit être préparé et organisé à l'avance : mettez tous les documents numériques sur une clé USB qui ne contient rien d'autre.
• Classez et numérotez vos notes et documents dans un dossier réservé pour vous repérer facilement.
• Faites une **sauvegarde** (voire deux) de tout votre travail.

L'épreuve orale offre la possibilité de présenter un projet à plusieurs (trois candidats maximum). Elle se compose d'un exposé de 10 minutes et d'un entretien avec le jury de 15 minutes. Le temps de parole de chacun doit être égal.

1 Pourquoi présenter un projet à plusieurs ?

▶ Une soutenance collective est pertinente si le groupe a **travaillé ensemble** sur le projet. Cela ne convient donc pas à tout type de projet. Il ne faut pas présenter à plusieurs des projets distincts ou vaguement liés.

- Si vous avez chacun écrit une nouvelle littéraire différente, la soutenance à plusieurs n'est pas pertinente.
- Si vous montez une pièce de théâtre dans laquelle chaque membre de l'équipe occupe une fonction différente, cela se prête parfaitement à la soutenance en groupe.

▶ Vous devez montrer que vous êtes **une véritable équipe** : vous avez travaillé ensemble tout au long de l'année (→ FICHE 182) et vous vous êtes tou(te)s impliqué(e)s dans le projet.

▶ Chaque candidat est noté et évalué individuellement.

2 Comment présenter un projet à plusieurs ?

A Préparer l'exposé

▶ Répartissez de manière logique les différents points abordés : il ne faut pas changer de locuteur à chaque phrase, mais **donner la parole à chacun** dans chaque grand axe de la présentation. Un partage bien fait évitera les répétitions.

▶ Tout en montrant que c'est un projet commun, il faut aussi montrer au jury **la part personnelle de chacun dans le projet** : chacun doit avoir son propre avis, tirer son propre bilan de l'expérience.

▶ Mettez en valeur votre **travail d'équipe** :
– avez-vous apprécié de travailler à plusieurs ?

Vous avez trouvé cela enrichissant et stimulant ou bien c'était une source de stress et de frustration.

ASTUCE Vous avez le droit de ne pas avoir aimé travailler en équipe, mais dites-le avec diplomatie et ne rejetez pas la faute sur vos camarades.

ÉP. ORALE

– quelles difficultés avez-vous rencontrées ? comment les avez-vous surmontées ?

> Vous avez peut-être eu du mal à travailler efficacement sans vous laisser distraire ou à prendre des décisions ensemble. Vous avez alors nommé un gardien du temps, établi un système de votes…

– qu'avez-vous appris sur vous-même ?

> Vous avez appris à écouter les autres, à vous remettre en question à faire des compromis…

▶ Vous pouvez par exemple organiser la présentation ainsi :

I. Introduction [candidat 1] : présentation du projet et de ses objectifs, plan de l'exposé…

II. Les grandes étapes

 A. Préparation [candidat 2] : réflexion, recherches…

 B. Réalisation [candidat 3] : matériel, mise en œuvre, résultat.

III. Bilan [candidats 1, 2 et 3 à tour de rôle] : difficultés rencontrées, connaissances et compétences acquises.

Ⓑ S'organiser le jour J

▶ Lors de l'épreuve orale, chacun doit bénéficier d'un **temps de parole égal**, tant durant la soutenance du projet que durant l'entretien avec le jury. Le temps de parole et le contenu de chaque intervention doivent être **définis à l'avance et respectés**.

ASTUCE Désignez un responsable du temps et élaborez un code discret qui vous permettra de savoir où vous en êtes, si vous devez accélérer ou ralentir.

▶ **Ne coupez pas la parole** à celui ou celle qui est en train de parler.

▶ Afin de montrer que vous constituez une équipe, **ne restez pas inactif(-ve)** pendant que les autres membres du groupe s'expriment : écrivez les mots clés au tableau, faites défiler le diaporama, pointez sur une image ce dont parle votre camarade…

CONSEILS PRATIQUES

• Il est essentiel de bien se préparer à la soutenance à plusieurs **en répétant ensemble plusieurs fois**. Il ne faut pas hésiter à changer l'organisation jusqu'à ce que chacun ait trouvé sa place.

• Ne faites **pas de changement de dernière minute** sans l'avoir testé, cela déstabiliserait l'ensemble du groupe.

Si votre projet le justifie, vous pouvez effectuer une partie de votre présentation (exposé ou entretien) dans une langue étrangère ou régionale, à condition que celle-ci soit enseignée dans votre établissement.

1 Avant l'épreuve

A Rédiger un brouillon

▶ Quelle que soit la langue choisie, vous devez bien vous préparer (→ FICHES 186 ET 190) : **structurez votre propos** (introduction, plan en deux ou trois parties, conclusion) et illustrez-le.

▶ Puisque la présentation ne sera pas en français, vous devez bien sûr vous assurer de **connaître tous les mots de vocabulaire nécessaires** à votre exposé. Entraînez-vous à l'oral à partir de vos notes pour voir si vous êtes capable de parler en continu.

> **ASTUCE :** Vous pouvez rédiger votre exposé intégralement au brouillon, mais n'emportez pas le texte le jour de l'oral car votre exposé ne serait pas spontané.

▶ N'utilisez pas de sites de traduction automatique pour traduire des phrases complètes : vous risquez de recopier des erreurs. En revanche, vous pouvez chercher des mots sur un dictionnaire en ligne tel que WordReference.

B Travailler la prononciation et enrichir son vocabulaire

▶ Pour **travailler la prononciation**, allez sur Google Traduction et écrivez les mots ou les phrases qui vous posent problème. Cliquez sur le pictogramme du haut-parleur afin d'entendre la prononciation correcte. Répétez autant de fois que nécessaire.

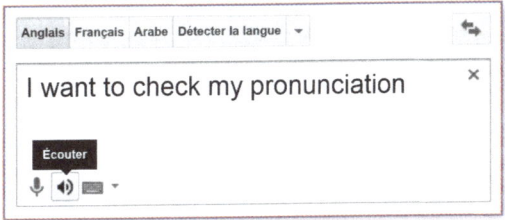

▶ Écoutez des émissions de télévision et de radio dans la langue vivante choisie, et regardez des films en **version originale** (avec des sous-titres dans la langue originale ou sans sous-titres).

▶ Dans le cas d'une langue régionale, multipliez les conversations avec des proches qui la pratiquent.

2 *Durant l'épreuve*

A L'exposé : un contenu culturel

▶ En premier lieu, expliquez **pourquoi** vous avez choisi de faire ce projet dans une langue étrangère ou régionale, ce que cela vous a apporté et quels enseignements vous en avez tirés.

> Vous avez fait un voyage scolaire en Espagne et interviewé des collégiens espagnols pour votre chaîne YouTube : expliquez que vous avez découvert un système scolaire différent, que vous avez apprécié de pouvoir dialoguer en espagnol, de vous immerger dans une autre culture…

▶ Insistez sur la **dimension culturelle** de votre projet. Précisez comment votre connaissance de la langue vous a permis de mieux comprendre la culture du pays ou de la région (histoire, coutumes, gastronomie, croyances, mode de vie…).

▶ Pour capter l'attention du jury, appliquez les mêmes conseils que lorsque vous vous exprimez en français (→ FICHE **191**).

B L'entretien avec le jury

▶ Si vous choisissez de faire l'entretien en langue étrangère ou régionale, écoutez attentivement les questions et n'hésitez pas à demander au jury de répéter ou de reformuler s'il y a un mot que vous ne comprenez pas. Formulez toutes vos demandes **dans la langue choisie** pour l'épreuve orale.

▶ Pensez à mentionner les **voyages scolaires ou personnels** que vous avez faits à l'étranger et qui vous ont permis de pratiquer la langue.

▶ Appliquez les conseils valables pour tout entretien avec un jury (→ FICHE **194**).

Durant l'entretien, le jury cherche à vérifier que votre travail est personnel et que vous en avez retiré quelque chose.
Pour cela, il peut vous poser des questions directement liées à votre exposé et des questions plus larges.

1 **Les questions sur l'exposé**

A Anticiper les questions

▶ Les questions posées par le jury peuvent s'anticiper : essayez d'==imaginer une dizaine de questions== que le jury pourrait vous poser sur votre exposé et préparez les réponses.

▶ Vous pouvez aussi ==susciter certaines questions==. Dans votre exposé, faites exprès de ne pas aborder certains points en détails. Cela amènera le jury à vous questionner sur ces aspects que vous avez volontairement éludés et que vous maîtrisez.

> Dans votre exposé sur Archimède, si vous mentionnez l'école d'Alexandrie et les découvertes d'Ératosthène sans détailler, le jury vous questionnera sur ce point durant l'entretien.

▶ Le jury veut s'assurer que vous n'avez pas fait du « copier-coller » sans comprendre : prouvez-lui que vous maîtrisez votre sujet.

B Répondre clairement

▶ Si vous connaissez la réponse, formulez-la clairement et efforcez-vous de la ==justifier==. Pour vous aider, vous pouvez reprendre la structure de la question posée.

▶ Si vous ne connaissez pas la réponse à une question, dites-le avec simplicité. Ne vous découragez pas et ==rebondissez sur un autre élément==, assez proche, qui vous vient à l'esprit.

▶ Comme lors de l'exposé, surveillez ==votre attitude et vos mouvements== afin de ne pas laisser le langage de votre corps parasiter vos réponses (→ FICHES **190** ET **191**).

ÉP. ORALE

2 Les questions larges

Ⓐ Rester soi-même

▶Le questionnement de la seconde partie de l'entretien porte davantage sur **votre expérience personnelle.** C'est le moment de mentionner les expériences acquises dans un autre EPI ou dans certaines activités scolaires ou périscolaires intéressantes.

▶Pour préparer ces questions, réfléchissez à ce qui vous a particulièrement marqué(e) pendant vos années au collège. Faites une liste de vos trois activités préférées

> **ASTUCE** Par les réponses que vous donnez, essayez d'orienter le jury sur les sujets que vous souhaitez aborder.

et essayez d'**expliquer pourquoi** elles vous plaisent. C'est cet aspect qui retiendra l'attention du jury.

▶**Ne vous dévaluez pas.** Parlez de ce que vous savez le mieux faire. Si vous avez rencontré des problèmes, vous pouvez l'évoquer mais n'accusez pas vos camarades, ni vos professeurs : expliquez plutôt comment vous avez essayé de les surmonter.

▶Le jury cherche avant tout à évaluer votre travail personnel. Montrez que le sujet vous a intéressé(e) et que vous avez travaillé honnêtement, sans plagiat.

Ⓑ Avoir de la répartie

▶Si une question du jury vous désarçonne, réfléchissez quelques secondes. Pour répondre, vous pouvez utiliser des **connaissances acquises hors de l'école** : inspirez-vous de vos lectures, des films, des séries télévisées que vous connaissez.

▶Le jury cherche à cerner **votre culture personnelle,** vos centres d'intérêt mais aussi **votre esprit de répartie.**

> Si vous avez travaillé sur un scientifique à l'époque gréco-romaine et que l'on vous demande de faire une comparaison avec un scientifique d'aujourd'hui, utilisez l'exemple d'Alan Turing, dont la vie est retracée dans le film *Enigma,* ou celui de Bill Gates sur qui vous pouvez avoir lu un article dans un magazine.

▶Prenez garde toutefois à ne pas vous montrer insolent(e). Il est toujours mal venu de prétendre que l'on en sait plus que le jury.

▶Restez **naturel(le) et souriant(e)** et n'oubliez pas de prendre congé poliment avant de quitter la salle.